沈醉回忆录

一个军统特务的忏悔录

我的特务生涯

沈醉 口述
沈美娟 整理

中国文史出版社

图书在版编目（CIP）数据

我的特务生涯 / 沈醉口述，沈美娟整理．—2版．—北京：中国文史出版社，2009.6（2019.10重印）

ISBN 978-7-5034-2404-5

Ⅰ．我…　Ⅱ．沈…　Ⅲ．沈醉（1913~1996）—回忆录　Ⅳ．K827=7

中国版本图书馆CIP数据核字（2009）第086929号

责任编辑：胡福星

出版发行：**中国文史出版社**

社　　址：北京市海淀区西八里庄69号院　　邮编：100142

电　　话：010-81136606　81136602　81136603（发行部）

传　　真：010-81136655

印　　装：廊坊市海涛印刷有限公司

经　　销：全国新华书店

开　　本：787mm×1092mm　1/16

印　　张：19.5

字　　数：270千字

版　　次：2010年1月北京第2版

印　　次：2025年11月第14次印刷

定　　价：49.80元

前　言

沈　醉

人生的道路是漫长而曲折的。我的一生就经历了热血青年—反革命刽子手—新中国公民这一漫长的历程。我由刽子手到新中国公民的转变过程，曾在《我这三十年》一书中做了较详尽的叙述。而我在解放前18年中的活动，虽在《文史资料》《戴笠其人》和《军统内幕》中有所披露，但真正涉及我个人罪恶生涯的并不多。与一般人相比，那18年的军统生涯也可谓是曲折离奇的了。然而，曲折也罢，离奇也罢，我毕竟是当时社会的产儿，绝非天生怪物。

说实在的，我在刚刚懂事，即上小学、中学时，也曾立志要做个热爱祖国、能为人民做些好事的人。但家庭、社会、环境以及自己的个性、品质等等复杂原因，竟使我从18岁起就开始了反共反人民的罪恶生涯。

不少人常来信或当面问我：你既不是黄埔学生，又不是蒋介石、戴笠的同乡，你一个普普通通的初中生，怎么能在28岁就当上国民党军统少将总务处处长了呢？问者可以脱口而出，答者可就不那么轻松了。这个问题，正是我在写文史资料时羞于说出也无法三言两语说清的问题。过去，我对于上司指派我干的罪恶活动，往往还敢于揭露出来告诸读者，因为那是奉命而为。可是出于自己私心，出于欲求升官发财的意念而犯下的罪行，就难于启齿了。

1961年2月21日，敬爱的周总理接见第二批特赦战犯时，曾当面指示我，要我把过去的所作所为、亲见亲闻如实地写出来，让后人知道革命成功来之不易，从而更加热爱党、热爱祖国。遵照总理的指示，我虽然做了一些这方面的工作，但是出于私心，我并没有把全部都写出来，每思此事，“汗未尝不发背沾衣”，觉得愧对总理。

前年，我70岁了，寿辰之日，我曾即兴赋诗以自勉，诗曰：

古稀今不稀，盛世多期颐。
报国献余热，无鞭自奋蹄。

我反复考虑，觉得只有毫无保留地将自己见不得人的往事公之于世，才对得起周总理的教导，百年之后，才有面目去向周总理汇报。我决心讲述出自己的亲身经历，让后人了解旧社会的黑暗，了解旧社会对青年的毒害、腐蚀以及统治者的反动、腐朽，从而更加认识到社会主义制度的优越、共产党的伟大，激发起更强烈的爱国热情。

现在我因年迈多病，无力胜任长篇回忆录的写作，只好把事情讲出来，由我女儿整理成书，用它来作为我对往事的忏悔，作为后人的反面教材。如果这本书能对读者有一点好的作用，那也算是没辜负周总理对我的教导和期望。

由于事隔多年，我解放前的全部日记又在云南和平解放时被通通搜去，迄今未能领回，许多回忆可能与事实有出入，尚请知道当时情况的读者，随时给予纠正补充。因为这不是一本小说，而是一本回忆录，应力求真实。这是我向读者最诚恳的请求。

还有，此书出版前夕，有几位我一向最尊敬的前辈和社会知名人士，曾表示愿为此书题写书名或作序，而我不敢玷污他们的笔墨，更怕有损他们的威望，但这种深情厚谊和对我的鞭策、鼓励，我将刻骨铭心，永远感激，特在此表达我最诚挚的谢意和敬意。

目录

目录

目 录

目录

目录

目录

目录

第一章　误入歧途

湘江水宽阔浩荡，碧波滚滚；浏阳河迂回曲折，清漪粼粼。这两条美丽如画的故乡水啊，曾哺育了多少英雄儿女。然而，她也养大了一些像我这样的不肖子孙。此绝非故乡水有何偏爱。她是圣洁的、慈祥的，宛如慈母用同样的乳汁，喂养着自己的每一个儿女。

说来，读者也许不相信：少年时代的我，也曾像故乡水一样淳朴。

北伐战争时期，叶挺独立团攻克长沙、岳州等地，军阀吴佩孚逃往河南郑州。北伐军开进长沙城之际，城内城外，欢呼声、鞭炮声震耳欲聋，举城民众夹道欢迎。一个十二三岁的少年蹦蹦跳跳地跟在队伍旁边，跑前跑后，端茶递水，在剪着短发、身着灰色军装的女兵中，寻找着自己的姐姐。他知道姐姐从湖南湘雅医学院毕业后，又进了武汉军分校，此时正在北伐军中做随军医生。

他多么羡慕那些威风凛凛的北伐战士，多么希望能像姐姐一样跟着部队去冲锋陷阵啊！可惜他年岁太小，只会举着小旗跟着大人呼口号，只会把同学领到自己家去，冲着父亲高喊“打倒土豪劣绅”！

他为姐姐参加革命部队而自豪，为父亲靠房产、地租生活而羞耻。

“马日事变”前夕，他亲眼看见何键、许克祥手下的长沙警备司令危宿钟，从乡下窜回城来，在城门口得意地扬着马鞭说：“哼，老子又回来啦！看这回有多少人头落地吧！”他不知发生了什么事，只是不久之后就看见，一批批他曾很敬佩的农会干部、革命党人经过他家门口，被押往浏阳门外的十字岭刑场处死。

他曾偷偷地为他们哭泣，为他们不平。

1932 年初，他在长沙文艺中学上初中，因跟高年级同学一起闹学潮，被开除出校门。社会的压力、父亲的咒骂，并未泯灭他对革命的向往。他不愿像父亲一样过寄生生活，毅然决定弃家出走，去上海投奔姐姐、姐夫，想像他们一样为国家、为民族做出一番事业来。

那个少年就是我！那时的我是多么天真、单纯啊，慈母的乳汁在我身上同样化成了一腔热血。

当时，有一艘英国怡和公司的小火轮客船从长沙直开上海。我买了张统舱船票，用布包了两件换洗的衣服，就决然地离开了家门，甚至没有去向父亲辞行。

客船徐徐离开了长沙大西门码头，我心里骤然感到一阵慌乱。然而母亲的慈颜、父亲的威容，都随着客船的前进渐渐远去了。我这个初中未毕业的青年，就这样开始走向社会，踏上了人生的征途。社会等待着我的是什么呢？不得而知。不过，我相信姐夫，一想到有他在上海，心情就舒畅多了。

姐夫余乐醒是我那时最敬佩的人。他曾去法国参加过勤工俭学，又去苏联留过学，而且北伐战争时，他任叶挺“铁团”的团教导员……仅凭他的经历，我就佩服得五体投地，更何况姐姐曾来信说，姐夫在上海也混得不错呢！我越想越觉得自己的决策是对的，有姐夫这样才学兼备的亲戚栽培，难道还怕干不出一番事业来吗？

客船在碧绿的湘江上行进着，激起朵朵白色的浪花；岸边山上的红叶，如同片片绚丽的彩霞。我渐渐陶醉在家乡壮美的山水之间，忘却了离愁，忘却了烦忧。

船顺着湘江口驶进长江。江面渐渐开阔，波涛汹涌，浪花拍打着船舷，景色更加壮观。我从船头跑到船尾，从甲板登上顶舱，尽情地观赏浩瀚的长江，极目眺望那水天一线的远方。

“滚下去！Country Man（乡巴佬）！”一个声音呵斥道。

转身一看，一个黄发碧眼的外国海员正怒目圆睁，双手叉腰站在我身后，仿佛我偷了他什么东西似的。我知道这头等舱住的大多是外国人，可是我在这里看看祖国的长江又有何妨？真想争辩两句。转念一想，尽管是在自己的国土上，但坐的是外国人的船啊，初次出门何必惹是生非？我郁郁不乐地走下舷梯，方才的雅兴一扫而光。

“哐啷！”没走几步，一个东西从上面飞落到甲板上，我吓得本能地往后一跳。定睛一看，原来是个贴着外国商标的空罐头盒。再一抬头，刚才骂我的那个外国海员，正在上面得意地哈哈大笑。两个妖艳的外国女人站在离我不远的甲板上，见此情景也笑得前仰后合。我觉得仿佛有人猛地扇了我一个耳光似的。我狠狠地瞪了那俩外国女人一眼，一脚把那空罐头盒踢进长江。说心里话，我真想连他们一起踢进江里。但理智告诉我，外国人是不好惹的，弄不好就会引火烧身呢！临行时母亲一再叮嘱我说：“在外面不要惹是生非，要好自为之。忍得一时之气，免去百日之忧……”我也只好强咽下了这口窝囊气。我想，这都是因为国家太不强盛了，否则，外国人怎能在这里逞凶霸道啊！

好不容易才到了上海。正如姐姐信中所说的那样，姐夫确实混得不错，漂亮的洋房，华丽的摆设，可比父亲的“沈家大屋”阔气多了。看到这些，我对姐夫的敬佩又增添了一成。我认为这才叫本事呢！靠自己的才能挣下家业，而不是像父亲那样靠祖产、靠地租过寄生生活。

其实，我哪里知道，此时的姐夫已完全不是北伐时的姐夫了。“四一二”之后，他与组织失去了联系，从革命队伍里一个跟头栽进了反革命的巢穴。他与父亲所不同的是，一个在幕前，一个在幕后；一个赤裸裸，一个戴着假面具而已。这时的姐夫已成为复兴社特务处上海特区区长，而我却仍然对他佩服得五体投地、言听计从。

初到上海，姐姐、姐夫让我先玩几天再找工作。我便骑上自行车到处闲逛。上海可真大，鳞次栉比的高楼、五颜六色的霓虹灯、奇装异服的男男女女，看得我眼花缭乱。我想，这下可真是大开眼界了。然而让人心里憋气的是，上海租界林立，如同我所乘坐的英国怡和公司的客轮一样，外国人在这里同样是趾高气扬。更令人吃惊的是，听说不久前，外滩公园门口还有块“华人与狗，不得入内”的牌子，我越想越生气。为什么在中国的国土上，外国人能如此作威作福、侮辱我们呢？当时，我可真不明白。现在我才懂得，这些反常的现象，都是政治

20 世纪 30 年代的老上海外滩

腐败、技术落后的半封建半殖民地的社会制度造成的啊！

半个月后，我又一次催姐夫，让他介绍我参加革命工作。姐夫漫不经心地笑了笑，说："你口口声声喊要参加'革命'，你懂得什么叫'革命'吗？"我没想到他会问我这样的问题，一时竟不知如何回答。我搔着后脑勺，憨笑地盯着姐夫说："革命?！革命不就是像你们北伐那样吗？"

"对！北伐战争是一次伟大的革命，它打垮了认贼作父的旧军阀，结束了军阀割据的局面。不过，不同的时期有不同的革命任务。现在旧军阀打倒了，但革命尚未成功，社会上秩序很乱，各党各派彼此争斗很激烈，随时都可能再度出现割据的局面。你还年轻，有些问题一时也很难说清楚，以后你慢慢会明白的。如果你想参加革命的话，那我就向上面反映一下，先在我这里当交通联络员吧，我这里正需要人呢！"

我似懂非懂地听着姐夫的议论。没想到姐夫话题一转，竟这么痛快地答应留下我。我高兴得从沙发上蹦起来，拉着姐夫的手喊道："姐夫你真好！一言为定，你要我干什么，我就干什么！"

姐夫这次反而没有笑。他轻轻地把我按回沙发上，郑重其事地说："这可不是小孩子过家家，你要好好考虑一下。参加这个组织，首要一条是严守团体秘密，对任何人，包括父母、妻儿、好友都不能泄露，否则是要受纪律处分的。另外，就是

1932年3月，复兴社成立。它是国民党内部带有特务性质的派系组员。

要绝对服从上级命令，参加了这个组织，就不能任意退出；不能擅自结婚，要结婚也必须经团体审查，批准才行。还有一条，就是这个工作有时是要冒危险的，没有胆量可不行！给你三天时间，好好考虑考虑，想好了再找我，填份简历表，免得日后怨我这个做姐夫的没交代清楚。”

说实在的，当时我刚刚18岁，正是乐于冒险的年龄，越是神秘的事情越是想去做，于是当即就向姐夫要了张简历表。我就这样高高兴兴地踏进了军统的前身——蒋介石亲任社长的中华复兴社特务处，一个被人们称为“魔窟”的团体，开始了我的特务生涯。

古人云：“一失足成千古恨，再回首已百年身。”今天，我才明白这句话的真正含义啊！

当上联络员后，我化名陈沧，主要任务是给姐夫所管辖的法租界、英租界、华界及沪西的四个情报组、一个行动组和几十个直属通信员递送文件，取回情报。

有一天，姐夫叫我往杭州去给戴老板送封信。我知道，“戴老板”就是特务处长戴笠。在当上交通联络员的几个月中，经常听人说到他，大多数人都很惧怕他，我也不免有些紧张。

当时，复兴社在杭州警官学校办了一个特训班，戴笠兼任特派员，经常去那里办公。到了警官学校，我交出姐夫给我的信，就有几个卫士把我送到戴笠的办公室。办公室里，一个身着灰色中山服的中年人正在打电话。有人悄悄地告诉我说，这就是戴老板。我借着他打电话的机会，仔细地打量他。他中等身材，长方脸显得有些过长，嘴巴又宽又大，除了那双眼睛和又粗又黑的剑眉让人望而生畏之外，其他都很平常，不像那些人所说的那么可怕。

军统头子戴笠

打完电话，警卫向他报告说我是上海特区派来送信的，并连忙毕恭毕敬地双手把信递给他。他微笑着打量着我，边拆信边问："你是新来的吧？"我机械地点了点头。他指了指沙发，示意我坐下，然后匆匆地看完信，就坐到我旁边，和蔼地询问我个人和家庭的情况。

看到他对待我那么和气、亲热，我便毫不拘束地把情况告诉给他。他边听边点头，鼓励我往下说。当我谈到自己被学校开除的前后经过时，他哈哈大笑起来，说："年轻人干点莽撞事没什么！我小时候跟你一样，也是让学校赶了出来。只要你在这里好好干，就有前途！"他越说越上劲，索性站起来，双手叉腰说："你知道，我们这个组织是当前最先进的革命团体，它进可做革命的先锋，退则保卫革命的安全，这是项很神圣的工作，你好好干，就前途无量。你很幸运啊，这么年轻就能参加到我们这个团体里来，我可是经过了多少年的奋斗，才有今天的啊！"

他跟我谈了足足有一个多小时。临走时，他掏出100元钱，让我在杭州玩玩，并拍着我的肩膀说："你以后常到我这里来玩吧，我儿子跟你同岁，在上海上大学，放寒假你就同他一道去南京玩。"

戴笠待我的态度，简直让我受宠若惊，我不知道他为什么待我这么好。回到上海，我把情况告诉姐夫，姐夫也很奇怪，他说："戴老板这么喜欢你，这可真是难得啊！说不定戴老板有心要栽培你呢！"

多少年来，我一直也不明白戴笠为什么第一次见我就待我那么好。现在我才懂得，当时复兴社刚成立不久，他急需要有自己的人手和心腹，可是当时的工作人员大都各有自己的一套打算，思想很复杂，有些人资历比他还老，而我则是初出茅庐，年轻、单纯、可塑性大，完全有可能培养成他的忠实门徒。

果然如姐夫所料，第二年，也就是1933年5月，戴笠就提拔我当了上海法租界情报组组长。

情况是这样的：原法租界情报组组长徐昭俊，常常情报不实，戴笠便怀疑这个共产党的脱党分子又与该党发生了联系，命令姐夫派人把他押送南京。姐夫就把这个任务交给我去完成。

徐昭俊是黄埔三期毕业生，懂军事，会打枪，而我当时除送信跑腿外什么也不懂，连枪也没摸过，怎么能把他押到南京呢？姐夫灵机一动，出了个主意：他写封信让徐昭俊拿着，说是我犯了“团体”纪律，让他把我押送到南京。当时徐昭俊很高兴，一路上总是盯着我，生怕我跑了。实际上，我怀里也揣着一封押送他的信，也在暗中盯着他。当火车开到南京车站时，戴笠早已派了认识我的人开着一辆专门抓人的小旅行车在站台等候。

下车后，接站的人跟我握了握手，却没人理他，只是示意他上车。他忙指着我向来人悄悄地说：“他是送来的犯人！”我心里觉得好笑，可因为他还没上车，怕他借旅客多的机会逃跑，所以仍然装着什么也不知道，随同他一起钻进了汽车。车开到特务处秘密监狱附近的北门桥时，停了下来，来人从我手里接过信，就让我下车了，因为一般的工作人员是不许进入监狱的。

徐昭俊一见我下车就有点急了，冲着车里其他的人嚷道：“他是犯人，他是犯人！怎么把他放了？”

车里的人冷笑道：“没错，没错，押来的是你！”说着还把头伸出车窗，笑着对我说：“没你的事啦，你回去吧！”

我高兴地点点头。

我为自己成功地完成这项任务而得意，立即跑到鸡鹅巷53号戴笠在南京的办公处去看他，希望得到他的夸奖和赏识。我把自己押送徐的经过绘声绘色地向他做了汇报。他高兴地夸我能干，并当即写了一个条子给我姐夫，让我代替徐昭俊担任法租界情报组组长。

听到这个决定，我着实吓了一跳。情报组的情况我是了解的，组员的成分很复杂，不仅年龄都比我大，而且阅历都比我深，有的是黄埔学生，有的出身土匪，我这个初中尚未毕业的十几岁的小青年怎么能管得了他们呢？

我连忙又摆手又摇头地说："不行！不行！我怎么能管得了那些人？"

戴笠见我那副着急的样子，反而笑了起来，说："怕什么？他们又不吃人！多动动脑筋嘛！要想让组员信服你，首先你自己就要学会一套搞情报的方法，对组员要奖惩分明，恩威并用，特别不听话的，还有团体、纪律嘛！我这是给你个锻炼的机会，干也得干，不干也得干！"

听他这么一说，我也只好硬着头皮答应下来，内心深处虽然十分感激他对自己的栽培，可一想到组里的成员和情报组的任务，不免又有些苦恼，恐怕自己的无知无能会有负于他。

情报组工作涉及的范围很广，除了着重收集刺探共产党和进步组织的情况外，还要收集其他反蒋势力的情报，并了解地方军阀派往上海的代表人物的活动情况，如有关两广的陈济棠和李济深、桂系的李宗仁和白崇禧、山西的阎锡山、四川的刘湘等方面的情报。这使我错误地理解，共产党和新、旧军阀，都是想与国民党蒋介石争夺地盘，想再度造成北伐前那种军阀割据的局面。特别是在北伐时与国民党平分秋色的共产党，现在居然在江西、湖南一些地区开辟了根据地，这真是大逆不道。我竟把"马日事变"时自己亲眼看到国民党屠杀共产党的事情忘得一干二净。

为了不辜负戴笠的栽培，不辱没所谓"革命先锋"的称号，我下定决心要把这个情报组组长当好。我一方面向组里的组员请教，另一方面冥思苦想地寻找刺探情报的门路。

不久，我发现上海常常发生火灾，救火员可以爬房顶，自由地进出受灾者的家，而且还有所谓的"业余消防队"，一般人都可以报名参加。于是我自己买了套救火员的服装，自愿报名参加了"业余消防队"，哪里有火灾就往哪里跑，不过不是为了去救火，而是"趁火打劫"，企图从受灾者家里寻找到有用的情报。

可没过多少日子，我就发现自己这个办法实在太笨了，不仅很难发现什么有用的情报，而且弄不好还有被烧死的危险。就在我一筹莫展的时候，碰到了一个意外的好机会。

一天，我正在咖啡馆里喝咖啡，发现与我同桌的一个青年说着一口地道的湖南话，一问才知道，他是湖南湘光通讯社的记者，被派到该社驻沪办事处工作。我突然灵机一动，跟他拉上老乡，并对他说："我给你们当个义务通讯员怎么样？不要报酬，只要你们发给我个记者证。我有了新闻材料，一定发给你们通讯社。"对方听我这么一说，很痛快地就答应了。从此，我对外的公开身份就成了湖南湘光通讯社驻沪办事处的记者，化名陈仓。有了记者这块招牌，我就可以大摇大摆地挎着个照相机出入各种场合，收集情报了。

渐渐地，我的工作进行得顺利多了。我除了可以自由地参加各种文艺团体的集会外，还可以自由地去采访某些会议代表或知名人士，从而窥察他们的思想动态。姐夫和戴笠也没想到我如此能钻营，对我的工作很赏识。我也为自己的"才干"而自豪，却毫不知正是这种撒旦式的才干，使自己在罪恶的泥潭里越陷越深。

第二章　十里洋场

十里洋场是冒险家的乐园、魔鬼的天堂。我虽到上海一年多了，但对上海社会的实质仍是知之甚少。当了情报组组长后，办公室就设在法租界，那里烟馆、妓院、赌场比比皆是。在这段日子里我可真的大开了眼界，长了不少“见识”，思想上也起了很大的变化。

初到情报组，组员们大都不把我放在眼里，表面上敷衍我，背地里各行其是。只有一个叫黄漫芝的内勤人员待我还不错，闲来无事，他就把组里的情况告诉我，有时还带我出去玩。烟馆、妓院，我认为只有自暴自弃没出息的人才往那里跑，我是断然不肯去的，而赌场我倒很想去看看。

一天，黄漫芝领我去附近一家赌场闲逛。他不像其他人那样去买筹码，而是领着我一直往里走，不但没有人拦阻，反而有人迎上来笑着打招呼。

赌场门面虽不大，里面可不小，除了各种方式不同的赌博场地外，还有供赌徒们吃饭、休息的地方，不进赌场是很难看到这种场面的：赌台四周的人，大都像饿鹰似的，神色紧张地盯着那转动的轮盘或骰子，赢了钱的兴奋得两眼发亮，红光满面，热汗腾腾，还想着再赢再赢；输了钱的则急得眼睛发绿，面色晦暗，冷汗淋淋，恨不得嗓子眼里都要伸出手来，把输掉的钱捞回来；而围观者则无动于衷，就像是在欣赏一场猴戏。看了一会儿，我就拉着黄漫芝往外走，只见门房正往外推搡着一个没穿上衣的男子，说：“输了衣服算啥？回去拿了钱再赢回来嘛！站在这里有什么用?”

赢者贪婪的目光，输者绝望的神情，围观者冷漠的态度，都使我觉得不舒服。打那以后，我再也不愿去赌场闲逛了。可是闲得没事时，总得找点什么消遣啊，于是我就寻找了一些自认为比较正当的娱乐，如打网球、游泳、骑马等。

想不到，上海的怪事真是太多了，只要走出家门，随时都可能遇上意想不到的事情。我刚参加了骑射会不久，有天早上，天蒙蒙亮，我就去外面跑马。我正骑着马在一条新开的、尚未竣工的公路上奔驰时，突然发现半山坡上伸出半截棺材头，上面的木板还在活动。我向来不信鬼神，但看到棺材板在动，也不由得有些惊诧，就立即下马，握着手枪走过去，想看个明白。谁知，棺材头的木板推开后，从里面爬出个黄头发、蓝眼睛的外国小伙子，手里还端着一把咖啡壶。他见了我就用熟练的中国话说："早上好！请跟我一起喝杯咖啡吧！"他的爽快和热情一下子吸引了我，我毫不犹豫地把马拴好，坐下跟他聊了起来。

原来他是一个白俄青年，父母死后，无钱租住房子，发现这个地方很幽静，就把棺材里的尸骨拖出来，把里面打扫干净，每天晚上都睡在这儿。白天，他有时出去打短工，有时穿着整齐，像个阔少爷，去偷、去骗，只要能搞到钱，什么都干。他还得意地告诉我说，住在这里既不怕人偷，又不怕人抢，比住在高楼大厦里还"舒服"。他每天出去就把个骷髅头放在棺材边上，一般人不会走近，就是小偷对此也不会感兴趣，所以他不用担心放在棺材里的咖啡壶和生活必需品丢掉。我想，如果利用他收集些情报倒也不错。我们就这样认识了，我总是叫他"毛子"，他也毫不在意。

不久，有几个新认识的青年约我去苏州、杭州游玩，我顺便邀了毛子一起去。他倒很爽快，说："只要你管饭，去哪里都行。"同行的共五六个人，大都是西服革履，衣着整齐，只有我的这个白俄朋友，刚刚三四月份却只穿着衬衫和短裤。

"上有天堂，下有苏杭"，苏杭的美景真是名不虚传。那清雅多姿的苏州园林，那潇洒飘逸的杭州西子湖，确实妙不可言。遗憾的是，游览之中所发生的事情却大煞风景。

那天，当我们几个人兴致勃勃地来到苏州虎丘，登上一个约三四层楼高的山崖时，远处带状的小溪、依依的垂柳，近处盛开的鲜花、碧绿的草坪，尽收眼底。

沈醉

突然，同伴中一个大腹便便的阔少说：“这儿可真高！谁敢从这里跳下去，我送他100块钱。”

“说话算话？”毛子急不可待地问。他大概长这么大也没有过这么多钱。

“钱就在这里，你敢吗？”阔少得意地一拍衣兜。我尚未来得及制止，那个要钱不要命的家伙，已经嗖的一声跳了下去。随着一声惨叫，他坠落崖下。我们忙探头张望，只见他正抱着一条血肉模糊的断腿在草坪上打滚。

我们跑下山崖，看见他的一条小腿无力地耷拉在一边，骨头都露了出来。他面无人色，满头大汗。我忙去扶他，他却伸出一只惨白而颤抖的手对阔少喊道：“钱！钱！拿钱来！”

这件事比赌场的情景更使我震动，前者拿运气做赌注，后者拿生命做赌注，这都是为了钱啊！钱竟有这么大的威力？我想，一年多以前，自己负气离家出走，若没有姐夫的帮助、戴笠的提拔，是不是也会堕落到他们那种地步呢？想起来不禁有些后怕。此时，我又想起了在浦东区看到的一件事情。

一次，情报组的一个组员得到情报，说在上海浦东区工人村，共产党正召开秘密会议，区长便决定行动组前去搜捕。我因初上任不久，对什么都感到新鲜，也就跟着一起去了。特务们赶到那里时，被一个在村口望风的年轻工人发现了。他知道特务也看见了他，转身就往村里跑，边跑还边喊了一声。一个特务一枪打在他腿上，他摔倒了，特务们一拥而上抓住了他。可是当特务们包围并冲进开会的地方时，与会者早都从敞开的窗口跑走了。这个会场就是这个年轻工人的家。他家的房子跟其他工人的一样，又矮又小，不同的是他是单身，室内除了一张破木板搭的单人床和床上那渔网般的棉花套外，还有几把破木板凳，大概是借来的吧，墙角还有一个只剩几粒米的小陶罐。看样子他跟我年岁相当，但是比我显得粗壮。在往回押解的路上，我出于好奇，禁不住问他：“你看，你跟共产党闹了半天，结果还是穷成这样，你这是何苦呢?”

他不屑地白了我一眼，说：“跟你说，你也不懂，这是革命!”

“革命?”我不觉心头一震，心想，姐夫和戴老板都说我们是在干革命，这个同龄人也说他是在干革命；我们的“革命”，有钱有官，冠冕堂皇；而他的革命，缺吃少穿，杀头坐监。相形之下，我觉得还是我们的“革命”合算。

想起这件事，我更觉得自己是一个幸运儿。我不愿像赌徒那样靠运气发财，更不愿像毛子那样用命去换钱，当然也不愿像浦东那位同龄人一样贫困潦倒，家无隔夜粮。想到这些，我更加欣赏、珍爱自己已获得的地位。但我也清楚地知道，要想维护自己现有的地位，也是很不容易的。一年多来，我看见不少同事因工作疏忽而受处分，我的前任情报组组长仅仅因为戴笠怀疑他有“通共嫌疑”就被关押。一个人要怎样去做才能巩固、提高自己已有的地位，平步青云呢?很快我就找到了答案。

自从毛子跳崖之事发生后，我再也不愿和其他年轻人一起出去游玩了。我自己买了支猎枪，到哪里去玩都把猎枪一背，边打猎边游览，别有一番情趣。

这天，我因公去浙江，顺便到普陀山游玩。当时正值香火旺季，善男信女们三五成群地到山上寺中烧香、还愿，听法师讲经。山上苍松翠柏，林中庙宇飞檐，念经声阵阵，木鱼声梆梆，人人的表情都是那样虔诚、肃穆。这是一个多么圣洁、幽静的地方啊！我信步来到庙中，想看看香客们如何磕头作揖、顶礼膜拜。

路过讲经殿时，看见一群佛门信徒正虔诚地坐在蒲团上聆听法师讲经。这位法师年纪并不大，约40来岁，身着袈裟，光头危坐，犹如一尊佛像，显得神圣、庄重。真怪，这法师怎么这么面熟?在哪里见过?一时想不起来，于是我也加入信徒们的行列，坐下来听他讲经。他讲得头头是道，声音悠长悦耳，真像是从天上传下来似的。讲罢，他说：“各位居士明天请早。”信徒们便纷纷离去。我仍坐在那里不走，眼睛直直地盯着他。他诧异地看了我一眼，忙走过来，笑眯眯地冲我一合掌说：“阿弥陀佛！朋友，你怎么也到这里来了?”这下我才想起来，他曾跟我做过邻居。

我当情报组组长之后，曾住在英租界静安别墅一个白俄老太太开的公寓里。

这所公寓环境很幽静，里面住的都是单身的男子汉。胖胖的白俄老太太做得一手很好的俄国菜，她不仅出租房子，而且包饭。在这个公寓里还有一个比较神秘的中年人，他衣着整齐，风度翩翩，戴一副玳瑁眼镜，很像个学者。他和气而又寡言，从不与邻居们来往，有时在餐厅、楼道碰见了，他也只和善地笑着点点头，很少说话，连房东也不知道他是干什么的。我出于好奇曾偷偷地跟踪过他，发现他在上海除了吃喝玩乐、和漂亮女人跳舞外，从不干正经事。我想他大概是海外某阔佬的公子吧，否则谁又能像他那样逍遥自在呢？

我望着面前这位身披袈裟已摘掉了眼镜的邻居，实在迷惑不解。他什么时候出家了呢？他从我眼神中看出了我的疑惑，就拍拍我的肩说："老弟奇怪吧？来，到屋里坐坐，我慢慢告诉你。"

他的卧室与其他出家人一样简单、朴素。他从床铺底下拿出几听贴着素菜商标的罐头和一瓶上好的白酒请我。我不喝酒，只夹了几筷子罐头菜，出乎意料的是，这些素罐头里面大都是荤菜。他一边吃喝，一边讲起了自己的身世。

他父母早亡，是在南洋经商的叔叔供他上了大学。他原以为发愤读书就能有所作为，所以读书很刻苦，是上海工科大学的高才生。毕业后，他因国内没有靠山，始终找不到专业对口的工作，便想去南洋找叔叔，可是年迈的祖母无人照顾，他苦闷极了。闲居在家时，看见祖母整天烧香念经，出于一时的好奇，他顺手翻看了一下祖母的佛经，并问祖母是否明白这其中的意思。祖母告诉他说，很多都看不明白，但寺里有时会花钱请来高明的经师给讲解，所以多少懂得一些。祖母的话给了他很大启发，他便开始潜心研究佛经。凭着他的聪明和才识，他很快就当上了经师，每年香火旺季，他就到各名山古寺去讲经。

他讲着讲着渐渐激动起来，也许多喝了两杯酒的缘故吧，他的话语变得异常激奋。他说："在如今的世道上，知识才学有什么用？社会不需要你。老老实实地做人，就无立足之地。我要生活、要吃饭，我不能靠叔叔一辈子。我自己没有后台，没有钱财，要想自立就得弄虚作假，或者是投人所好，或者去制伏别人。不过，我没本事制伏别人，只好放弃我的学业，投人所好。现在我讲经，信徒们爱听，各得其所。我每年讲三个月的经，就能挣够我一年的花销。其余九个月，我就往上海一住，袈裟一脱，西服一穿，凡人一个!”说完他又哈哈大笑起来，对我一举杯，说，“喝！今朝有酒今朝醉!”然后一仰脖，把酒一下全倒进嘴里。

告辞后，我心里久久不能平静，躺在床上辗转不宁，无法入睡。赌徒的眼睛、毛子的断腿、浦东工人的破被、邻居的袈裟，都一一呈现在我的面前。赌徒的道路太悬，毛子的道路太蠢，浦东工人的道路太险，那么邻居的道路呢？我说不出来。可我觉得他所说的投人所好和制伏别人的手段，倒是可以兼而用之的，我自信有这个能力。从此，我决心把这两种手段运用到工作中去，因为我不愿自己在这个社会上无立足之地。

第三章　小刀初试

蔡廷锴

常言说："师傅领进门，修行在个人。"那位经师的话虽然给了我很大启发，但要付诸行动，可不是那么简单的。

情报组 14 个组员，个个老奸巨猾，每人嗜好各异。他们表面上对我唯唯诺诺，实际上各行其是。我绞尽脑汁想制伏他们，却又不知从哪里下手。

1933 年底，原从上海撤往福建的十九路军的负责人蔡廷锴、蒋光鼐等人，在广东反蒋势力陈济棠等人支持下，成立了"福建中华共和国人民政府"，宣布脱离国民政府的统治，蒋介石派大军围剿。戴笠也要赶到那里去搞特务活动，他让我一起去，给他做随从亲信，协助搜集情报。

我们从南京出发，翻过闽浙界的仙霞岭，悄悄地到达厦门鼓浪屿。一路上，我把组里的情况和自己的苦恼一一告诉戴笠，他笑着安慰我说："年轻人，别着急嘛，干什么都要慢慢来。这次我带你出来，也是想让你开开眼界，学习学习。"他还告诉我说："对部下要根据每个人的不同情况，采用不同的方法。对那些不服从命令、软硬不吃的，就要抓住他的小辫子，狠狠整治一下，杀一儆百，这样他们就不会再不听话了。”

鼓浪屿是一个四面环海的狭长岛屿。站在厦门码头远远望去，它如同万顷碧波中停泊的一艘巨轮。岛上的日光岩高高耸立着，就像是巨轮上的瞭望台。岛上建筑精美别致，风景优美雅洁，驻有十几个外国领事馆，其余大都是巨商富贾的住宅。我和戴笠就住在一个茶叶商人的家里。

蒋光鼐

戴笠到达鼓浪屿后，立即着手组织福建地方民团，把事先准备好的委任状发给他们，用名利地位诱使他们成立“讨逆军”，配合蒋介石的大部队对福建新政权进行围剿。同时，他还通过各种渠道分化瓦解福建新政权内部的一些领导干部，让原十九路军的参谋处长范××，把该军的密电码全部拿走，等到打起仗来，部队找不到密码，只好用明码发报，从而造成了军事上的失败。福建政权被扼杀后，戴笠得意地对我说，对这些敢于与委员长作对的人，就得这样对付他们，毫不留情。我当时也认为这种做法对，心想，脱离国民政府，另立中央，无疑是一种军阀割据的行为，理应予以清除。

厦门之行，戴笠言传身教，我确实长了不少见识，回到上海之后，就开始整顿我的情报组。我首先逐个地摸底调查，然后决定对不同的人采取不同的办法。摸底之后，我发现组里大致可分为三种人：一种人仗着自己的资历深，玩世不恭，根本就不把工作放在眼里。这种人不多，其中最突出的是一个黄埔四期毕业的组员叫周迅予。另一种人本人有其他正式职业，同时家里又比较有钱。这种人软硬不吃，用金钱收买吧，他并不在乎钱，因为钱他有的是；给纪律处分呢，更不吃那一套，他可以从此不再给情报组提供情况，谁也奈何不了他。要制伏这种人比较棘手，其中有个叫范广珍的组员，他的情况就很典型。第三种人较多，他们主要看风使舵，别人好好干，他们也不敢怠慢，别人吊儿郎当，他们也乐得偷

懒，反正是“法不责众”嘛！

于是，我决定先拿周迅予“开刀”。周迅予是四川人，30 多岁，个子不高，原来是四川军阀派驻上海的联络人，言谈举止不像个政客，也不像个军人。他每天借搜集情报为名，进赌场，逛妓院，搞投机生意，向组里汇报工作时就胡编瞎造，并接受四川军阀给他的特殊费用。为了掌握他的情况，我经常到他家去串门，他常常不在家。他老婆罗华是个没什么文化的家庭妇女，丈夫不在家时，她总是向我诉苦，说丈夫不给她钱，不管家，一天到晚在外面玩。我装作很关心她的样子说：“这可真难为你啦！你整天操劳家务，他要是常不给你钱，你可怎么过呀？”

这女人听了感动地说：“组长啊，没想到你年纪轻轻，说话这样通情达理。你可要好好帮帮他呀，别让他在外面学坏啦！”

我忙接过话头说：“这好办，只要你把他每天干些什么、和什么人接触的情况告诉我，我就好想办法帮助他。这样吧，我每月从你丈夫的奖金里扣下 40 块钱，给你过日子，你不要告诉他。”他老婆听了这话，真是千恩万谢，答应一定把她丈夫的情况如实告诉我。

几个月后，我把周迅予不务正业、玩忽职守，并与四川军阀派到上海的人往来等情况完全掌握了，就向上级写了一份报告，要求给予他纪律处分。这时，我姐夫已调到杭州警官学校当教务主任去了，新来的区长吴迺宪很快把上级的批示交给我，让我把周迅予押到南京总部去。于是，我又采用了第一次姐夫教我的方法。

我假装对周迅予说：“总部让你和我去南京办事，马上就出发。”他老婆和他毫不怀疑。出门时，他还对妻子说：“我到南京去给你捎两只板鸭回来。”然后就高高兴兴地跟我走了。

到了南京，周迅予就被总部关了起来。他老婆知道内情后，悔恨莫及，跑到我家抓住我大吵大闹。为了躲开她的纠缠，我悄悄地搬了家。这事发生后，组里一部分组员便不敢再像以前那样敷衍我了。

可是，那个范广珍仍然是我行我素，不肯买我的账。他的公开职业是法租界的华探目，他父亲又是一个帮会头子，所以他很骄横。对于这种人，用金钱利诱或纪律处分都行不通。

怎么办呢？虽然他一个人不服从我并无大碍，但我心里总是不舒服，决心要让他也听从我的指挥。为了他，我可费了不少心机。后来，我才了解到，他这个人很爱虚荣，之所以参加法租界情报组，也无非是想多个头衔，并没有把这工作当成一回事。针对他的虚荣心，我向戴笠要求发给他一枚“甲种光华”奖章，说是表彰他协助工作有功。他对此非常高兴，把奖章高高地挂在他家客厅的正面墙上，来了客人，总要炫耀一番。打那以后，他对我交给的任务总是尽力完成，从不推却。不过我还是不能放心，又通过他的关系，并用了 500 元的活动费，介绍一个黄埔六期毕业的特务阮兆辉，去法租界巡捕房当华探，表面上协助他工作，实际上是通过他的关系去搞情报活动。

在整顿小组的过程中，我尝到了要手腕的甜头，于是推而广之，开始进一步分析、了解我周围所有的人，特别是对我的上司，更是去多方了解他们的言行。我逐渐意识到，上海特区区长其实是个无足轻重的人物，真正主宰我命运的只有戴笠。他的一句话，可以使我平步青云，也可以把我送进监狱。我下决心绝对忠于戴笠，尽力地干好工作，讨他喜欢。这样不久，他又派我去他掌握的淞沪警备司令部侦察大队，兼当督察员。

杨杏佛（1893—1933），近代中国人权运动的先驱者，欲行独裁的蒋介石视之为眼中钉

当时，《塘沽协定》的签订和中国民权保障同盟副会长杨杏佛被特务暗杀之事，激起了全国人民的反抗。上海真茹、暨南大学的学生运动闹得最凶。戴笠一再指示说：“一定要严密注视学生的活动，防患于未然。中国的许多大事件，多数都是学生闹起来的。”

那时，我早已把自己少年时曾在学校里闹学潮之事忘得一干二净了，一心只想多干事情，以讨戴笠欢心。上海的大学大都集中在郊外江湾、真茹等地区，所以我每星期都要骑摩托到那里，搜集情报，了解学生活动情况。

有一次，复旦大学的右派学生告诉我说，当晚几个大学的进步学生要在江湾郊外的庄稼地里秘密开会，可能是共产党组织的。

得到这一情报，我请示了上海特区，获准由侦察大队派两个组去搜捕。这天夜里很黑，当我领人来到指定的开会地点附近时，就让两个组的人分别从两边包抄过去，但先不要采取行动，我自己则带两人从正面走过去。当时我装成学生样子，穿一身白西装，假装碰巧从这里经过。我想只要那里有动静，行动组就可以立即扑上去，免得黑咕隆咚地乱搜反而暴露目标，让开会的人跑了。

不承想，行动组的人还未散开，就听见砰的一声枪响，我觉得好像有人在我左肋处猛击了一拳似的，连忙低头一看，左肋下的白西装上已经染上了血。我当时并不觉得疼，就把衣服掀起来用手一摸，原来这是一枚小手枪的子弹，它正好卡在我的两条肋骨中间，我顺手就把它拔了出来。这下血就顺着内衣一直流下来了，我忙靠在旁边的一根电线杆子上，嘴里还不停地喊："追上去，追上去！"结果，两个组的人追了半天，也只抓到了那个开枪的青年。

那青年见我被打伤了，满面怒容地说："我不知道打中了，要是知道打中了，我就再开几枪打死你！"

这个青年后来被押往南京去了。他到底是干什么的？我不知道。因为按规定，一般抓到重要的政治犯后，都是尽快往南京一送了事。所以我们对抓到的人有时连姓名身份都不知道，只有少数才由我们自己进行审讯。

我挨了一枪后，住了两个星期的医院就好了。戴笠更加赏识我，我胆子也大了。

一出院，我就发现情报组有一个叫胡继业的组员经常不露面，到他原来的住处一打听，才知道他已经搬到千爱里附近的日本人居住区去了，还不断地给日本人提供情报。

对这种情况，我不知如何处理才好。正赶上戴笠的儿子戴藏宜借了我 300 元公款，快到发饷时也不还给我。我知道，戴笠是最反对手下的人任意挪用公款的。我很着急，告诉了区长。区长训了我一顿，说："谁让你借给他？发不出薪水你想办法！"

我一生气，就跑到南京去找戴笠。那时，我到底是年轻，见了戴笠开口就要债。

"你还我300块钱，藏宜借了我的钱不还我，我又找不到他，明天就发薪水，我拿什么给组员呀？我只好向你要！"

戴笠开始被我说得一愣，听完后，他反而笑了，说："对，对！对组员不能失信。他借钱不还，当然应该来找我，以后可不准再借钱给他！"说完，就给我开了张300元的支票。

为这事，后来戴笠在年底过年的时候把我叫去陪他吃饭，当着我的面用鸡毛掸子把戴藏宜打了一顿，骂他没出息，让他向我学习。当时，我觉得很是得意。

那天，戴笠替儿子还完债后，就开始问起情报组的情况。我连忙把胡继业的事告诉了他，还建议把胡继业开除出去，不要他了。戴笠连忙摇头说："不行！留着这种人是个祸害，必须干掉他！"

"那你派行动组的人去干吧！"我说。

"不！这次你亲自干。"戴笠突然严肃地盯着我说。

"我？"我几乎不相信自己的耳朵。

尽管我很想取悦戴笠，很想尽力去完成他交给我的任何工作，但是让我去杀人，我是从来没有想到的，也不愿去干这种事。我不由得脱口而出："不！我干不了，你还是让别人去干吧！"

"不！我就让你去，这是命令。"他声音不高，但这句话真是如雷贯耳，震得我目瞪口呆，顿时满头大汗。

戴笠见我那惊恐的样子，就缓和一下语气说："怕什么？青年人，慢慢锻炼嘛！"他又开导似的对我说，"胡继业把情报交给日本人，这种做法就是汉奸行为。把他干掉，就是为国除奸、为民除害。你懂吗？"

"懂。只是我什么也不会，怎么能干掉他呢？"我此时也镇静下来，推托着说。

"这好办，我写个条子，你去找技术股和行动股，他们会教给你个好办法的。"既然话已说到这个地步，我也无法推托了，只好硬着头皮答应下来。临走，

他又写了一个条子："发陈沦特别费贰佰元。"我当时心里一怔，明白这200元就等于是叫我杀人的赏钱。我接过这条子，手都有点抖了。

我怀着紧张的心情离开戴笠，到特务处行动股去。戴笠已经电话通知了他们，有人接过戴笠交给我的条子后，就递过来一根削得又薄又尖的竹刀。我伸手去接，却被那人一下子拦了回来。

"这是有毒的竹刀，快极了，刀尖上有剧毒，只要碰破一点皮，这人就别想活！"说着，他小心翼翼地捏着刀柄，把刀装进一个牛皮套里交给我。我又拿着戴笠的条子去领了200元的特别费。

回上海的路上，我忐忑不安，口袋里的竹刀和200元钱仿佛有千斤重。我胆子虽大，但要我亲手去杀一个人，这太不可思议了。记得小时候，我经常爱到长沙十字岭刑场去看杀人，不知为什么，我对那些被杀的犯人总是抱有一种同情感。我11岁那年，在十字岭刑场认识了一个职业刽子手，他是继承父业的。他有一个职业习惯，平时看人总爱看别人的后脖颈，摸摸这种脖子要杀头时如何下刀，所以没人愿与他来往。我那时小，胆子却大，每次有犯人在刑场砍头，我总是看见这个刽子手夹在看热闹的人群里，一把用牛皮套套着的一尺多长、两寸多宽的利刀，紧贴在臂肘上。当被杀者被两旁挟持的人推到刑场并跪下后，他才从人群中快步走出，上前一拍犯人的后脖颈，将已经拔掉牛皮套的刀顺手用臂肘往犯人脖子上一推，犯人头一落地，他便朝尸体猛踢一脚，然后转身就走，前后不到一分钟。他总是边走边把刀再套进牛皮套里。不知是因为怕鬼魂跟他，还是怕人知道他的住址，他杀完人之后并不先回家，而总要绕着大街转半天才回去。我跟踪过他好几次。他见我是小孩，也不在乎，有时还摸摸我的头和我说几句话，为此我不知挨了家里多少骂。记得那时我还问他："你不害怕吗？你为什么要干这个？"他总是苦笑着说："害怕有什么用？全家人要吃饭呀！"

火车轰隆隆地向前飞驰，我望着车窗外匆匆掠过的房屋、树木发呆，心里反复地问自己：难道我也将变成那样没人敢理的刽子手吗？这样做对得起母亲吗？我苦恼极了。我明白，戴笠是想借此来考验我对他的忠实，如果这次不按他的意思办，势必不能再取得他的信任。可是人命关天呀！我怎么能凭戴笠一句话就去杀人呢？离开家乡时母亲不是一再叮嘱我：“你在外面不管干什么，都要记住：一个人可以不做官，但要做人！”而这之后，我又如何面对母亲？

算了，不干这工作了！我越想越不安，愤愤地站起身来，走进列车的厕所，一把从衣服口袋里掏出用纸包着的那200元钱和那把竹刀，真想把它们一起扔进厕中，然后远走高飞，永远脱离这个让我去杀人的地方。然而，手举起来了，可怎么也扔不出去。这沉甸甸的一包银圆扔掉了多可惜！我每个月的薪水、办公费等加起来也只是200多元，这竹刀和200元一扔，等于扔掉了一切：金钱、地位、前程。赌徒的眼睛、毛子的断腿、浦东工人的破被套、邻居的袈裟，又一一在我眼前浮动。我举起的手慢慢地放了下来。不能扔，扔了怎么办呢？现在连大学高才生都找不到合适的工作，我一个初中未毕业的青年，离开了戴笠的提拔，又到哪里去找这种一个月200多元钱的差使呢？

我心烦意乱地回到家中，打开房门，一眼就看见了母亲的照片。母亲的照片镶在镜框里，摆在桌上，我觉得她那慈祥的目光突然变得异常严肃，仿佛盯着我说：“孩子，你要干什么？”我不由自主地扑到桌边，跪到母亲的像前，喃喃地说：“妈妈，我怎么办？我不干怎么办？”我伏在桌上几乎要哭出声来。

我翻来覆去地想，干，还是不干？总下不了决心。我开始失眠了，连着两夜没睡着觉，白天也昏昏沉沉的，吃不下饭。第三天，我实在受不了了，跑到药铺买了两片安眠药吃了下去。睡一夜，脑子总算清醒一些。我想起戴笠的话：“这是为国除奸，为民除害嘛！”我的良心总算找到了一个“避难所”。决心下定了，心情也平静下来，我再次跪在母亲像前，说：“妈，原谅我吧，我实在没有别的办法呀！”

头几次我去胡继业家，他妻子在身边。他神色惊慌，总说他有病，现在不能出去工作。我表面上安慰他，让他好好养病，可心里想着怎么下手。

有一次，他妻子送我出门，我故意说：“老胡有病，可真难为你了，里里外外都要你操劳。”

他妻子忙说：“可不是，我一会儿不在身边都不行，有时候我早上出去买菜，回来晚了，他都要发脾气的。”我这才知道，他妻子早上不在家。

一天早上，我带着两个人一起躲在他家马路斜对面的人行道树后，见他妻子提着菜篮子走出大门，便让那两人在外面看着，自己悄悄跑上楼去。门是随手带上的，没有上锁，我轻轻推门进去，胡继业还没起床。他听见门响慌忙坐起来，一见我，顿时吓得脸色发白，结结巴巴地说："组长，我……我没干什么，我真的是有病，腰疼！"

我的心里也像打鼓似的怦怦乱跳，强作镇静地笑着说："你别动，我学过国术，会按摩。"说着，掀开被子，按照他指的地方给他按摩了几下。我边按摩边想，再不下手就晚了。心里这么一想，手不由得有些发抖，他似乎也感觉到了，正要转身，我索性心一横，从腰里拔出竹刀就扎了下去。我并没有看见扎在哪里，只听他啊的一声惨叫，我拿刀的右手也如同触电一般，扭头就往外逃。

我也不知自己是怎么下的楼，只记得到了街头，我对那两个人说了句"你们在这里看着"就跑回家去了。

进了家门，我连忙用肥皂把右手洗了又洗。实际上，右手根本没沾上血污，但我总觉得上面不干净，好像这只手不属于我了一样。

后来，那两个看守在胡继业家的组员跑来告诉我，胡的妻子买菜回去后，很快就从楼上大哭大叫地跑下楼来，可能是去叫巡捕，他们就赶快溜回来了。

当时我正在用早餐，刚用餐刀挑一点黄油抹在面包上，一听到这情况，估计胡已被我杀死了，右手拿着的西餐刀一下就掉进了盛着牛奶麦片的盘子里。我一语不发，轻轻地把左手拿着的面包放下，跑回房内仰面倒在床上，真有一种说不出的滋味，究竟是恐惧，是得意，还是后悔？我自己都弄不清楚，只是两眼发呆地看着房间中央悬着的一盏电灯。躺了多少时间，我也记不清了，最后我才慢慢地坐了起来，对着母亲的照片，自言自语地说了一声："妈妈，我杀人了！"

好久好久，我仿佛还听到胡继业的惨叫，总是想到自己杀了人，听见敲门声，就以为有人来抓我了。我害怕得不敢在家里待着，拿了两件衣服就跑到了南京。提心吊胆地过了半个月，只有一家小报上登出胡继业被杀的消息，其他方面都没有任何反应。

为这事，戴笠一个劲儿地夸我干得漂亮，有出息，又发给我一笔奖金。渐渐地，我悬着的心定下来了，胆子也更大了，我想，原来杀一个人竟然这么简单，这么轻而易举！再想到这是干了一件抗日爱国的事，就更加心安理得。

1934年底，为了跟“中统”争夺势力，戴笠特意挑选我去兼任淞沪警备司令部侦察大队少校行动组组长，这以后，我对戴笠就更忠实了。我认为自己21岁就能当上少校行动组组长兼法租界情报组组长，完全是戴笠的栽培，于是更加坚定信心，永远忠于他。

上海滩青帮头目杜月笙

有一次，杜月笙托人告诉我，要我加入他所组织的“恒社”。对此，我毫不犹豫地拒绝了，我觉得如果那样做就太对不起戴笠了。

不久，杜月笙为了拉拢我，又送给我一部很漂亮的小汽车。我很喜欢那辆车，但想起戴笠曾经说过的一句话：“得人钱财，就得与人消灾。”我觉得自己只应该为戴笠效犬马之劳，而不应该再去接受其他人的贿赂，为他人服务。于是我断然退回了汽车。戴笠知道这事后，对我大加赞赏。他特意把我叫到南京，让我陪他吃饭，并拍着我的肩说：“做得对！我的人如果都成了杜先生的学生，那我还依靠谁呢？你要永远保持这样就好！”

戴笠对我的赏识更坚定了我对他的忠实。我觉得要想升官发财，出人头地，就只有紧紧地抱住戴笠的大腿。

现在想起来，当年我与戴笠的关系虽然也夹杂着私人的感情，但其实质终不过是相互利用罢了。

第四章　多行不义

夜幕徐徐地从天际降落，黑暗笼罩着繁华的十里洋场。上海虽素有“不夜城”之称，但那闪闪烁烁的霓虹灯，只不过像是黑色天幕下飞舞着的几串萤火虫，它不仅无力驱散那重重黑暗，而且把这漆黑的世界映衬得更加惨淡。

在一个秋风飒飒的深夜，一辆飞驰的小汽车突然在一个居民区的弄堂口停了下来。弄堂内迎出两个黑影，鬼鬼祟祟地冲车内说了些什么。车门立即打开，钻出了几个持枪的便衣特务，他们迅速地贴着墙根，包围了弄堂内一栋三层楼的住宅，要秘密逮捕三楼上住着的一个中共地下党员。

特务中为首的是一个细高个的年轻人。他领着两个特务偷偷摸摸地直上三楼，飞起一脚，踢开了一个房门。“不许动，举起手来！”三支手枪同时对准屋里。而房间内依然静悄悄的，没有半点声音。三个特务闪身进屋，原来屋里根本无人。三只手电在屋里乱晃，只见房间不大，一张单人床上被子叠得整整齐齐，还有一个写字台和两把靠背椅，家具摆设简单得无法藏人。

“奇怪！不是说人回来就没出去，11 点钟屋里还亮着灯吗?”细高个边说边把手伸进被子里。突然，他两眼露出了狡黠的笑意：“哈，被子还有点热乎，人肯定没跑远，你们快分头去楼道搜查！”

两个特务退了出去，细高个却不肯离开。他拿着手电上下左右乱照，打开窗户往下寻找。窗户正对弄堂，有两个特务在下面把守。他的手电忽然停在天花板上，那里有一个半米见方的天窗。细高个像猫一样跳上桌子，纵身蹿上天窗，爬上楼顶。

天色依然是黑沉沉的。他伏在人字形的楼顶上四处张望，发现身后两米处立着一个高大的黑影，他不由得一惊，忙掉转枪口对准黑影，定睛一看，原来是个烟筒，他这才松了口气，小心翼翼地摸索前进。当他来到烟筒附近时，一个身材魁梧的大个子从烟筒后闪出，飞脚踢掉了他的手枪。他没来得及反扑，就被大个子拦腰抱住，两人在楼顶上扭打起来。细高个一心想活捉这个共产党要犯，好回去邀功请赏，而大个子一个劲儿地想把他往楼下甩。正打得难解难分之际，其余的特务从天窗爬了上来。细高个得意地大喊："快来，在这里！"大个子趁机把他绊倒，死命抱住他往楼下滚。赶上来的特务一把没抓住，两人一起从三层楼顶摔了下去……

读者也许已经猜到，那细高个就是我。

常言说："多行不义，必自毙。"这次我受到了惩罚。

在旧社会，官级和罪恶往往是成正比的。我 21 岁兼任淞沪警备司令部少校行动组组长后，出于对戴笠的感激，几乎是心甘情愿地为他卖命了。当时，我年轻气盛，好大喜功，一当上行动组组长，就迫不及待地要练好枪法。我一方面积极参加上海骑射会，有空还去侦察大队部甬道里练习射击，每天要打几十发子弹；另一方面也积极参加各种追捕、绑架、暗杀活动，无论是追捕政治犯，还是刑事犯，我都亲自参加，有时甚至把刑事犯当作练习射击的活靶子。因为上面有规定，抓到政治犯必须送到南京去，淞沪警备司令部无权审讯、处理。而刑事犯，如抢银行、砸商店的土匪强盗，警备司令部则有权审讯、处理。追捕中，如果对方拒捕，还可以开枪。这时，我已把什么做人的"良心"，什么"人命关天""杀人偿命"的概念，通通丢到九霄云外去了。

一次，我把一个刑事犯追进了一条死胡同。我明知他并无死罪，身上也没有带枪，已经无路可走，只要跑在我后面的组员一到，活捉他是肯定无疑的了，但是我忽然想试试自己的枪法，一看左右无人，就瞄准他开了一枪，正打在他的头上。组员赶来时，我谎称犯人要夺我的枪，所以才把他打死了。组员们都相信了我的话，谁也不去追究犯人的死因。一条人命就这样丧于我瞬间的意念之中。

以后我的胆子越来越大，不但毫无内疚之感，而且还认为自己这样做得对。

警备司令部的职责不就是维护社会治安，保卫民众生命财产的吗？打死几个土匪强盗有什么了不起？这不是为社会除害吗？因此，有机会我就这样拿犯人当活靶子，哪次也没人追究我的责任，反而称赞我枪法准，有前途。有时就连戴笠也对我的枪法表示满意，我自己更是得意扬扬。

我越来越积极主动地工作。为了显示自己精明能干，凡是戴笠感兴趣的事情，我都挖空心思去做，讨他喜欢；凡是他感到头痛的事情，我也总是想方设法替他分忧。

我当行动组组长不久就发现，在租界上追捕、绑架共产党和刑事犯，大都能得到那里帮会和巡捕房的协助，唯独追捕、绑架、暗杀各地方军阀与反蒋势力的代表时，他们却不大肯帮忙。这主要是因为帮会在全国各地都有组织，他们要在那里站住脚，还需要地方势力给他们捧场。有时戴笠指示我们去租界绑架、暗杀某军阀的代表或反蒋人士时，我们就只能设法把他骗出租界，而如果他不肯离开租界，我们即使盯住了他，也是束手无策。戴笠对此非常恼火，我明白他的意思，就帮他想办法。不久，我领着组员总结分析了平时绑架、追捕的经验，研究出一套在不同场合、不同情况下绑架的方法，并将其付诸行动。

有一次，有个反蒋人士正在路上行走，一个特务从后面跑上去，朝他头上猛击一棍，当时就把他打昏在地。那特务打完就跑，我们则装成被打人的朋友赶上去，叫来汽车，说是送他去医院，围观的人也帮着我们把他抬上车。这时，那人的一个亲戚正好路过，也要挤上车，我忙说：“我是他的朋友，我送他去医院，你快回去通知他家里的人！”那人信以为真。我们就神不知鬼不觉地把人绑架了。

为了绑架，我还专门训练了两个年轻漂亮的女人。别看女人力气小，但有时比男人还顶用，特别是在人多热闹的街上绑架一个人时，女人的特长就更能得到充分发挥了。一般情况是那两个女特务在街上走，其中一个装成被抓人的妻子。她走到那人跟前，不由分说，上去就是两个耳光，嘴里还大声骂道：“你这没良心的东西，扔下我们母子到外面去胡搞，连家都不回，你今天非得跟我说清楚！”一边骂，一边还揪住他的衣领不放。对方往往是被打得一愣，忙分辩说：“你搞错了吧？我不认识你！”另一个女特务一直挤在围观的人群中，这时她忙笑着上前说："××大哥，你们两口子又吵架啦？快回家去吵吧，在大街上让人看着多难为情啊！"这时，还会有两个装成围观者的男特务在那人身后推着，并起哄似的说："是啊，快回去吧！"这样，被绑架者毫无说话的余地，连推带拉地被架进我们的汽车，在围观人们的一片哄笑声中，我们就把人绑架走了。在当时的社会，男女关系非常混乱，发生这种事情人们都不觉得奇怪，反而认为是小老婆或情妇在争风吃醋，谁也想不到会是政治绑架。

有一次，采用这种绑架的方法还闹了一个笑话。那是在南京路的一家大百货公司门口，看见我们要绑架的人正从百货公司里出来，一个女特务像以前一样，上去就是两个耳光，嘴里还大声咒骂。正在这时，那人的妻子也从百货公司门里走出来。我想，这下坏了，西洋镜要被戳穿了。哪知，他妻子见此情景，不但不帮丈夫解脱，反而也跟着大吵起来，一定要丈夫把事情说清楚，还帮着我们把她丈夫拉上了汽车。等到我们在车上掏出手枪，他妻子才知道上了当，后悔莫及。

我们的绑架办法颇见成效，戴笠大加赞赏。我更是得意非凡，总想处处表现自己，无论遇到什么事情，总想要显示自己很"精明、能干"。这样一来，有些事情办得使戴笠满意，而有些事情在他面前就显得受累不讨好了。

有一次，我从武汉办完事回上海，乘坐的是一条英国轮船。这天，船行至九江，天刚蒙蒙亮，我起床去甲板锻炼，刚出船舱就看见几个外国船员正围住一个水淋淋的中国人。这个中国人40来岁，在苦苦哀求他们不要把他吊起来。当时，外国船有这样一条不成文的规定：中国人不买票上船，就要吊起来打一顿。那中年人满脸愁苦地说，他和几个人合伙运一木船棉花到上海去卖，头天夜里，他半夜起来到船舱外解手，突然看见另一只小船悄悄地靠到了他们的船边，他忙躲在棉花垛后，观看动静。月光下，他看见小船上的十几个人爬上了他们的木船。他刚想喊，就看见打头的人手里拿着把大刀，其他人也都拿着斧子和木棒，他吓得没敢作声，眼睁睁地看着那伙人把船舱里的四个同伴拖出来砍死，扔进了江中。他连忙跳水而逃，在水里泡了半夜，才爬上了这条英国客船。

我听到这些情况，决心破获此案。我问他还认不认识抢劫他们的那伙人。他说，打头的那个人他看得清清楚楚，就是把他烧成灰，他也认识。于是，我就帮

他付了船票钱，领他到上海。我估计，那被抢的船一定比轮船走得慢，而且船上的棉花也一定会运到上海来脱手，我就带着那个人在上海码头等着。

等了两天，也不见那只木船的影子。第三天，我嘱咐我们在码头的“眼线”注意进码头的木船，自己领着那个人先去附近英租界的上海电影院看电影。谁知，我们看完电影一出来，刚走到附近泥城桥上时，那人眼睛一亮，一把抓住我的胳膊，指着停在苏州河桥边的一条木船说：“看，就是这只船！”我一看，那木船上的棉花还没卸掉，船上只有一个人坐在船边上抽烟。我估计那伙强盗一定是上岸去了，货还没卸，人一定会回来。我连忙跑到附近打了个电话给英租界巡捕房，请他们协助逮捕这伙强盗。等那伙强盗回船后，在巡捕房的协助下，终于把这十几个人都抓起来了，船货归还了失主。

小报上为这事登了一则新闻，题为《扬子江中巨盗施鬼伎，泥城桥畔名探显神通》，我也因此而得了一笔奖金。

我兴高采烈地去告诉戴笠，心想这件事做得真漂亮，不但得了钱而且也显示了自己的才干，戴笠又该夸奖我一番了。没想到，这次他可没夸我，只是不以为然地笑笑说：“好啊，你又得了钱啦！不过，你可别把精力全用到这些事上哟，别忘了清共除奸才是我们真正的责任。我把你放在警备司令部，可不是让你去抓几个强盗、小偷的，你懂吗？”

我有些不明白地说：“警备司令部的职责，不就是维护社会治安，保护国民生命财产的吗？”

戴笠不满地瞪了我一眼，“你真是没一点儿政治头脑。不错，警备司令部是维护社会治安的，但是你到任何时候也别忘了我们‘团体’的使命是保卫国家政权，既要做革命的先锋，又要保卫委座的安全。真正能和我们争夺国家政权的，是共产党和那些反对委员长的异己分子。你抓来再多的土匪、流氓有什么用？”

这时我才明白了我们真正的对手是谁。从这以后，我就一反过去的做法，开始对政治案件特别热心。后来，轰动上海的“怪西人案”，即追捕第三国际代表华尔敦的事件，就是我亲自参加干的。

那次我从三楼上摔下来，就是在“怪西人案”发生之前。当时得到情报，说曾被我们监视、追捕的一个中共地下党员，已经回到了他的住所。我便亲自带人去逮捕，没想到自己也因此得到了应有的惩罚。那个大个子抱着我滚下楼顶时，我不禁暗暗叫苦，心想，完啦！

醒来后，我发现自己躺在医院里。一个组员告诉我说，我们从屋顶上摔下来时，那个大个子先落地，当时就摔死了，我侥幸被二楼的一根晒衣服的竹竿拦了一下，而且又落在他身上，才没有摔死，但是左眼球被竹竿挑了出来。当时组员们急了，先用生烟丝堵住我的伤口，又马上用车把我送到医院抢救。戴笠特地派人给我请了著名的外国眼科医生和外科医生，为我动了手术，看来，他对我这个肯忠心耿耿为他卖命的人倒是非常器重。

从死神手中挣脱出来的人，大概总是比平时想得更多一些。躺在医院里，我曾反复地想，自己如果这次摔死了，那不一切都完了吗？金钱、名誉、地位，还有什么用呢？看来以后再不能干这种冒险的事了。可是，不干又怎么办呢？只要不离开特务处，这种事情是肯定无法避免的，这一点，最初参加特务处时，姐夫就告诉过我。而且戴笠也一再强调过：“我们团体的规矩是‘不成功，则成仁’，活着进来，死了才能出去！”我如果就此洗手不干了，那戴笠会轻易放过我吗？即使他不追究，而我亲自暗杀、绑架、逮捕过那么多共产党和反蒋人士，他们会轻饶我吗？一个活人从高楼上摔下来，后果固然可怕，但一个人的政治命运从高位上跌落下来，不也是不堪设想吗？何况自己的双腿已经站在血泊之中，或进或退不都是无法洗净自己满身的血污吗？我左思右想，最后还是觉得眼前只有一条路，那就是提着脑袋跟着戴笠干到底。

就这样，住院医治期间，我反复思考的结果，不但没有从中吸取教训，反而更加坚定了自己的反革命立场。不过，我内心深处也有一些不安和内疚，那就是觉得自己对不起母亲的教诲，对不起当时的女友——白云，对我的一片真情。

第五章　初恋情人

陈嘉庚（1874—1961），厦门集美人，著名华侨领袖

初恋往往是迷人并难忘的，特别是那种不知不觉萌发的爱情，更是有着不可抗拒的吸引力。我摔伤住院之时，也正是我和女友白云热恋之际。当我躺在病床上，听说我的左眼有可能失明的时候，我第一个想到的就是白云。她如果看到我成了“独眼龙”，或者知道我是因为逮捕共产党而摔伤的，会怎么样呢？我越想越不安，越想越苦恼。

白云曾经是福建厦门大学中文系的学生。这个学校是爱国华侨陈嘉庚办的，这里出来的学生大都受陈嘉庚爱国思想的影响，有着报效祖国、振兴中华的理想和愿望。我们认识时，白云正在上海某进步刊物当编辑。这个刊物一向同情共产党，往这里投稿的也大都是进步作家，所以白云的思想一直是很进步的。

在人生的道路上，我俩所追求的目标完全相反，然而，当我们擦肩而过时，竟相互产生了爱情。

福建事变时成立的福建人民政府

那是1934年初春。我在上海碰见了白云的父亲。他曾是厦门某地的地方民团头子，福建事变时，为所谓“讨逆军”二十六路军的总指挥，是戴笠亲自去厦门委任的。

福建事变平定之后，戴笠扔下那些被他临时任命的、为平息事变出过力的地方民团头目，扬长而去。对此，许多民团头目气得大骂戴笠“过河拆桥”。

白云的父亲最早是南洋华侨，挣了些钱就回乡办民团。福建事变时，因种种原因其经济已濒于绝境，本想借机与戴笠拉上关系，混个一官半职，所以在当二十六路军总指挥时，干得很卖力。事后，他见戴笠用完他们就一走了事，气得到上海去找戴笠算账。他没找着戴笠却碰见了我，请我领他去见戴笠。我想他为戴笠出过力，戴笠肯定会接见他，就把他领到南京。没想到，戴笠见到他，三言两语就喊送客，还没容他开口就把他打发走了。事后戴笠还狠狠地训了我一顿，说我爱管闲事。他说：“这样的地头蛇，临时用用还可以，长期留用是不行的。他找我无非是想借机会发展他的势力，这是不允许的，你懂吗?”

后来，白云的父亲又来找过我几次，当然我也帮不了什么忙。就在他要回厦

门时，白云刚好从厦门来到上海，住在亲戚家里。她父亲不放心自己的女儿独自在上海做事，托我关照她。我当时才20岁，对这些事情还是非常热心的，就一口应承下来。

白云来上海前还是厦门大学中文系的学生，因为家里经济发生了困难，无法继续求学，经亲戚介绍，未毕业就到上海一家刊物的编辑部当了编辑。这个刊物是专门行销南洋和闽广等地的，内容比较左倾，当时也是上海特区情报组比较注意的对象。

记得白云的父亲第一次领白云来见我时，我邀请他们父女到一个叫“洁而精”的云南饭馆吃饭。白云举止很大方，穿着有点洋派，一看就知道是一个南洋华侨家庭的姑娘。

那时，她刚19岁，比我还小1岁，红润的圆脸，结实的身体，充满青春的活力。可是，她那双微凹下去的、闽南人所特有的又黑又大的眼睛，却显出一种与她的年龄极不相称的深沉和成熟。

席间，我们谈话不多，她只问我爱好什么运动。我告诉她说，我爱骑马、游泳、打网球。她一听就高兴地说：“我最爱打网球，也爱游泳。”这次见面，我们彼此都没有留下什么深刻的印象。

她父亲临走时来向我辞行，我又请他们去馆子吃饭。吃饭时，她父亲有急事提前走了。我陪白云吃完饭，然后送她回家。一路上，我们边走边谈。一谈到文学，她就格外兴奋，一路上滔滔不绝，什么《荷马史诗》、希腊神话、但丁的《神曲》、莎士比亚的悲剧，简直像在给我上外国文学课，而我则谈些从母亲那里学来的唐诗、宋词。最后谈到彼此的工作时，我告诉她，我在上海淞沪警备司令部工作，这是上海一个所谓维护社会治安的公开的单位。我还有意无意地告诉她，我还兼任湖南湘光通讯社驻沪办事处的记者。我把我的记者证拿出来给她看，用以说明我和她还可算是同行。她看后，略带钦佩地说：“嗬！你还真不简单呀！又能文又能武，既是军官又是记者！”听到她的夸奖，我又高兴又有些脸红，天晓得，我这个“记者”是个什么样的记者啊！

那次交谈，她给了我很深的印象。我很佩服她的才学，我觉得跟这样的女孩子交往是一种乐趣，能照顾、帮助她，也是一种快乐。所以她父亲走后，我总想尽力去照顾她。可是她的自尊心很强，并不找我帮什么忙。她每月只有十多元钱的薪水，可她从来不肯接受我的帮助，也不伸手向家里要。她越是这样，我越是觉得应该主动地帮助她，所以一到休息日，我就约她出去玩，她却常常婉言谢绝。

一天，我打电话到她的编辑部，想约她假日去打网球。编辑部的人告诉我说，她生病了，没去上班。我没顾上问是什么病，就急匆匆地赶到她住的亲戚家。进门才知道，她是牙疼，一边脸肿得老高。我要带她去找牙科大夫看看，她不肯。因为上海的牙科大夫要价很高，我知道她没钱了，就说："看病要紧，钱我这里有。"

"不！我不要你的钱！"她固执地说。

"我不是给你，是借给你还不行吗？等你有钱再还我，病总是要看的吧！"我也有点生气了。常言说："牙疼不是病，疼起来要人命。"最后她总算依了我。

我领她到一个很有名的牙科大夫那里，大夫一看就说："你有两颗牙都被蛀空了，必须拔掉，然后再安假牙。今天先吃点消炎的药吧！"

"安牙得多少钱？"她忙问。

"40 块！"

"那……那我就不拔了。"

"不拔就会影响别的好牙，以后稍微不注意，坏牙就会疼的。小姐，你自己看着办吧！"

"拔！为什么不拔？40 块钱不算贵！"我在旁边答道。

"你说不贵，可我什么时候才能凑齐还你呀？"

"急什么？什么时候凑齐，什么时候给我好啦！"

白云的牙总算治好了，可是她总为不能把钱凑齐还我而感到不安。我安慰她，劝她不要着急，这样我们接触渐渐多了起来。

我常在假日约她一起去打网球，她的网球打得棒极了。有时，我去她的亲戚家，坐在她住的亭子间里，听她给我念莎士比亚名剧或听她讲文学知识；有时，上海有什么体育比赛，或者是文艺界人士集会，我就约她一起去采访。当

然，我采访的目的是了解体育界、文艺界的活动情况，以及其中进步人士的思想、言论。

她认识许多文艺界的朋友，其中有些人的思想是比较左倾的。无形中，我通过她接触了不少左倾作家和艺术界人士，并了解了他们的思想情况。

从我内心来说，我起初确实是把她当小妹妹一样，可是时间长了，这种感情中又渗进了另外一种情感，我说不出是什么，只觉得跟她在一起时心里就很快乐。我并不是存心想利用她，可是，由于我的工作需要，由于我对戴笠的忠诚，我还是在不知不觉中利用了她。当然，这并不影响我对她的感情。看得出来，她对我也渐渐地产生了好感，在我面前随便多了。

有一次，她去我家找我。正巧，我母亲去杭州姐姐家了，就我一个人在家。我先请她吃糖炒栗子，并邀她上馆子吃饭。这次她毫不拘束，边吃栗子边往我办公桌上一坐，说："不用了！咱们吃糖炒栗子就行了！"有她在这里，我也乐得不出去。就这样，一个坐在桌边，一个坐在椅子上，边吃边谈。我把我来上海之前的情况告诉了她，她也说了她在厦门时的学习和生活，还把在亲戚家居住的种种不便告诉了我，说她想找间房子，搬出来住。

她说话时，我也不知为什么，一直抬着头，目不转睛地望着她，她的眼睛像磁铁似的，使我无法把目光移开。她好像感觉到了什么，突然不说了，我也一时慌乱得不知说什么好，四目相错，她那双微陷下去的大眼睛露出了喜悦而又惊疑的神色，极力想避开我的视线，两只手不知往哪里放才好。我的心剧烈地跳动着，整个身心被一种从未有过的情感支配着，仿佛在这个充满虚伪、欺诈和罪恶的十里洋场上，第一次看到了一片淳朴的、美好的、将给我带来幸福的曙光。我真怕这突然体会到的幸福而美好的曙光会因我说话的不慎而消失，半晌，我才激动得声音有点发抖地说："白云！以后……以后你就做我的妹妹吧！"听了我的话，她先是一愣，随后微微一笑，恢复了平静。

她故意调皮地说："不！你得把我当弟弟！"

"弟弟？你明明是个姑娘嘛！"我也平静下来，有些惊诧地问。

"我老觉得自己像个男孩子，一想到别人把我当成女孩子看待，就有点受不了。所以，你必须把我当成弟弟，而不是妹妹!”

“好！好！以后我就叫你云弟！人家问你是谁，我就说是我弟弟，这总行吧?”

她听我这么一说，就笑了，可还是有点不放心似的说：“说话算话!”

“当然!”我伸出巴掌让她拍了一下，表示一言为定。

后来，她在亲戚家实在住不下去了，我就在法租界我住处的附近，帮她找了一间小房子。第一次领她去看房子时，才有意思呢！我向房东老太太介绍说：“这是我弟弟。”那老太太眯着眼，从上到下地打量她。她大概在想，这个梳着长发、穿着裙子和高跟鞋的俊姑娘，怎么成了“弟弟”呢？后来，我再去时，老太太特意拉我到一边问：“先生，侬说她是侬弟弟，是不是她的名字叫‘招弟’呀!”我听她这样一问，先愣了一下，但马上想到，上海人有个习惯，谁家要是盼儿子，就给女儿取名叫“招弟”或“引弟”，意思是招来个弟弟。我想到这里，有点忍俊不禁，但又不好意思笑，就忙点头说：“嗯！嗯！是叫‘招弟’，是叫‘招弟’!”

以后，房东老太太总叫她“招弟”。白云听了，还挺高兴，悄悄告诉我说：“你看！房东老太太也把我叫作弟弟呢!”

住得近了，我们接触更多了，我也越来越觉得她可爱。她办事，想问题，都很稳重周到，有自己独特的见解，可平时却活泼开朗，不知疲劳，不知愁苦，就像山涧中潺潺奔流的小溪，即使遇上巨石拦路，也照样欢唱着，绕过障碍，直奔向前。我就爱这种性格的女孩子，我还知道，她对我也有了很深的感情。恋人的眼睛，确实是心灵的窗扉，常常会毫无保留地把内心深处的秘密泄露给对方。

当时，我真的陷入了情网。别的事我都能深深地藏在心底，唯有对她的爱，我无法掩饰。尽管我知道，我有许多地方配不上她，有许多秘密不能告诉她，但我还是执着地向她表示了我的爱。

就在我俩都被爱神之箭射中的时候，我摔伤了。

那时我的左眼刚动过手术，还很难判断是否能够痊愈，大夫都说我有可能会落下残疾，我痛苦极了。一天，白云来看我，我正睡觉，朦胧中听见有抽泣的声

音，同时闻到了一股沁人心脾的花香。我的头部和眼睛都裹着绷带，只好用双手摸索着问：“谁？谁？”没有人回答，却有一双柔软的小手握住了我的双手，几点热乎乎的东西滴在了我的手上。我知道一定是白云。我俩的手紧紧握着，谁也不说话。半晌，白云才说：“你摔成这样，为什么不让人打电话给我？急得我找了好几处地方，才打听到你在这儿。你现在还疼吗？”

我痛苦地解释说：“我不愿让你看见我这副样子，我想等我好点再告诉你。”

“你上房安天线也不小心点，看摔成这样，要是让伯母看见了，该多心疼啊！”

听她这么说，我知道她一定先找过大夫了，因为我的同伙曾对大夫说，我是上房安天线时摔伤的。我不知怎么回答她好，便转个话题说：“我的左眼可能残废，你……”

我的话还没说完，她就用手捂住我的嘴，安慰我说：“大夫说你很快会好的，快别想那么多了，安心养病吧！伯母不在这里，我来照顾你。”

听到她的话，我心里有说不出的感激，仿佛伤痛也减轻了许多。

伤愈后，我的眼睛并没有残废，只是视力减弱了，太阳穴和眼眶上落下了一大块青印。出院后，白云天天来照顾我，妥善地安排我的生活。我看到她忙出忙进的，这样体贴我，心中更加感到不安，因为我觉得自己没有把摔伤的真相告诉她。

一天晚上，我因心里苦闷，晚饭吃得很少。白云临走前怕我半夜里会肚子饿，就冲了一杯牛奶让我喝。她坐在我的床边，一边用勺子搅着牛奶，一边像哄小孩似的说：“你的伤还没完全好，不吃东西可不行，来，把这杯牛奶喝了！”

听到她那温柔亲切的声音，我更觉得对不起她，不由自主地把杯子接过来放在床头柜上，把她拉到怀里，狂热地吻起来。她毫不反抗，毫不挣扎，顺从地接受着我的抚爱。最后，我双手捧着她的脸，小声地说：“咱们订婚吧！”她没有说话，也没有别的表示，只是把脸更紧地贴在我的胸前，我知道她已经同意了。

第二天，我特意去买了两只金戒指，送给她一只，作为我们订婚的信物。我准备在征得母亲和戴笠的同意后，就跟她结婚。

不料，事情并不像我想的那么简单。母亲一听我说要跟白云结婚就生气了，

沈醉全家合影（后排左起：沈醉大哥夫妇、二哥夫妇、沈醉与粟燕萍、弟沈继龄夫妇；前排中坐者为沈母）

她说："你可不能找这样的女孩子做老婆！你看看她那身打扮，洋里洋气的，大热天还戴双白手套，笑起来也没遮没掩的，哪像个姑娘家？"

其实，白云只不过是性格开朗一些，高兴时就毫无顾忌地朗朗大笑。她的举止、穿着、风度，是有点洋气，常常像男孩子一样潇洒随便，毫无忸怩腼腆之态，在当时完全是一种新型的女性，我觉得这正是她的可爱之处。可是母亲不这么看。她从小遵循"三从四德"，遵循话不高声、笑不露齿、坐有坐相、站有站相的封建礼教，当然看不惯白云的举止。母亲警告我说，如果我娶了白云，她就永远不进我的家门。这可怎么办呢？我一向孝敬母亲，难道为了爱情可以不顾母子之情吗？我思来想去找不出答案。我想，母亲与白云之间的矛盾，无非是两代人之间的鸿沟罢了，既不是母亲的错，也不是白云的错，如果时间长了，母亲是会习惯的，还是先问问戴笠再说吧。

我的婚姻大事，我知道必须征得戴笠的同意才行，因为"团体"的纪律就有规定：每个特务处的成员择偶结婚时，都必须经过组织的审查、批准。当然更主要的是，我觉得戴笠对我有知遇之恩，他不但在"事业"上培养我、提拔我，而且在生活上也非常关心我，我觉得对他没有任何事可隐瞒的，因为我同他的关

系，确实非同一般。

有一天我去南京见他，他留我吃饭，饭后，我就把准备结婚的事对他说了。他很详细地向我询问了白云的情况，我也如实作答。开始，谈到白云的家庭时，戴笠没有什么表示，因为他认识白云的父亲，在他看来白云的家庭出身还是“清白”的。但谈到白云的思想、工作情况时，他却边喝茶，边摇头：“不行！不行！”

原来，白云所在编辑部的情况，戴笠是非常清楚的，他认为，一个左倾刊物的编辑，也一定是思想左倾分子。同时他也早已从别的特务那里了解到了白云的一些情况，因为每个特务的行动都是受其他特务监视的，我和白云的交往，早已有人向戴笠汇报过了，所以他连连摇头说：“不行！”

我没想到他会说得这么干脆，忙问：“为什么？”

“为什么？难道你不知道她思想左倾吗？和这种人交交朋友，利用利用她，还可以，干我们这行的人，要是找上这样的老婆，那以后麻烦可多啦！”

我没想到他会把问题看得这么严重，忙解释说：“她才20来岁，思想还没定型呢，左倾点怕什么？我以前不也是有些左倾，还同情过共产党呢！”

“你和她可不一样，她在编辑部干了这么多年，她接触的都是些什么人，你还不清楚？”

“是啊，她确实认识好多进步人士，文艺界的、左联的，这不正好可以通过她去做那些人的工作吗？再说，只要结了婚，我就可以不让她再去那里工作，不就脱离了那些人吗？”我想尽力说服戴笠。

可是戴笠听我这样一说倒笑了，点着我的前额说：“你这个人，怕是叫姑娘迷了心窍了吧？你还说利用她做工作，怕是将来你成了她的俘虏，你还不知道呢！你敢保证结婚以后，她就会老老实实地在家给你当太太？你就能保证她不再跟那些人往来？”随后，他拍着我的肩膀，声音温和地说：“你现在还年轻嘛！先不要结婚，先把我们的事业搞好，将来还怕找不着可心的老婆，嗯？”

听戴笠这样说，我知道再说也无用了，可还是不甘心：“如果我能让她辞职呢？”

“你先别这么自信，就怕事情并不那么简单吧！”戴笠不置可否地笑道。

这天夜里，我翻来覆去地睡不着。怎么办？从感情上来说，我觉得爱情关系到我个人终身的幸福，但理智又告诉我，“事业”关系到我今后的功名前程、荣华富贵。爱情和“事业”都强烈地吸引着我，我该献身于谁呢？如果忠于爱情，那么前程将不堪设想，也对不起戴笠的苦心栽培；若追求功名，那又怎么对得起白云？为什么两者不能通融一下呢？我思来想去，找不到解决的办法。

夜已经很深了。我想，先不提结婚，等等再说吧，万一我能劝说白云辞掉编辑工作呢？当然，对这点我并没有把握。所以我盼着将来情况会发生变化，帮助我解开这个生活提出的难题。

第六章 分道扬镳

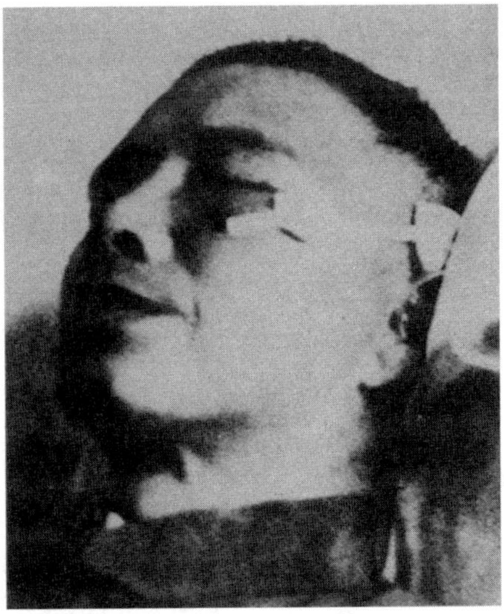
1935 年 11 月，汪精卫南京遇刺

在人们的生活中，感情和理智常常是矛盾的。特别是在爱情这个问题上，两人有了一定的感情之后，遇到的阻力越大，感情上就越是不能自已。当时，我愈是觉得可能失去白云，也就愈是离不开她，一有时间就想跟她待在一起。

白云也是很重感情的姑娘，自我们私订终身后，她比过去主动多了，有空就往我家跑。她也知道我母亲不喜欢她，却毫不在乎。当时，我父亲已经过世，我把母亲从湖南老家接到了上海。她老人家有时和我住在上海，但更多的时间是住在杭州姐姐家。每当母亲去杭州时，白云几乎天天都来我家玩。接触得越多，彼此的感情越融洽，但我露出的破绽也越多，于是双方思想上的分歧也渐渐地显露出来。

1935 年，汪精卫在南京中央党部遇刺，全国轰动。因为蒋介石与汪精卫有矛盾，所以社会上出现种种揣测。汪精卫的妻子陈璧君抓住蒋介石大吵大闹，认为是他指使人干的；桂系头子李宗仁、白崇禧也来电责问。蒋介石受了冤枉，非常恼火，就找戴笠大发雷霆，命他限期破案，以洗清自己。

汪精卫遇刺时，我不在南京。事隔不久，戴笠在南京找到线索，得知行刺者孙凤鸣的妻子住在上海新亚酒店，孙凤鸣任职的晨光通讯社社长华克之和总务主任张玉华都已跑到了上海，张玉华住在沧州饭店，华克之在上海赫德路的一个小里弄里租了一间房子。得到这些情报后，戴笠如获至宝，亲自赶到上海坐镇指挥。他派其他行动组分别去抓孙凤鸣的妻子和张玉华，派我带一组人立即去逮捕华克之。

执行这种任务，当然无法向白云讲明，加上时间仓促，我连电话也没顾得上给她打。

我匆匆忙忙带着一组人去抓华克之时，天已黑了。我们一组 12 人，乘两辆小汽车赶到赫德路，在离他住所很远的地方就下了车。借着夜幕的掩护，我们悄悄地包抄过去。

这是一条很狭窄的小里弄，他就住在一所普通的二层楼房的楼上。我们在楼下看见他住的房里没有灯光，估计他不在家，就轻轻地敲开楼下二房东的门，拿出证件，并指指楼上。二房东是一个中年妇女，看了证件后，微微地点点头，压低声音说："不在家，天黑前出去的，还没回来。"我便派几个人分头在弄堂两头监视。

我带几个人上楼，撬开华克之的房门。门一开，二房东伸手就把电灯打开了，我连忙关掉，说："不许开灯！"因为我怕华克之回来，在远处看见窗口的灯光就会逃走。我用手捂着手电光，把屋里看了一遍。

室内布置很简单，只有一张双人床、一张写字台和几把椅子。写字台上整齐地堆着很多书，放着一盏台灯、一个镜框。镜框里镶着一个胖胖的年轻女人的照片，照片约有八英寸大。二房东告诉我说："这是他的妻子！"

我打开抽屉，里面有几封信和一张不大的照片。照片是华克之和他妻子的全身合影，信有几封是艾思奇过去写给他的，另外还有几封其他人

"红色特工"华克之

被称作“暗杀大王”的王亚樵，是20世纪30年代上海滩的有名人物

写来的。

搜查完后，我就让其他人在楼道和楼下监视，自己躺在他的床上等他回来。

我就这样在他家等了三天三夜，不敢离开一步。华克之一直没回来，戴笠这才命令我撤回去，派两个人在那里监视。我带着搜查到的信和照片去向戴笠汇报。

戴笠和我在侦察大队办公室反复研究这些信件，想从中找出新的线索。开始，戴笠一看到那几封艾思奇的来信，就想把刺杀汪精卫的案子栽到共产党的头上，可研究来研究去也认为证据不足。因为艾思奇的信中并没有任何话语与这个案件有关，都是一些指导华克之学习哲学，向他推荐看什么哲学书的话。我们分析，华克之只不过是一个思想左倾的青年，与共产党并没有组织关系，这样才打消了给共产党栽赃的念头。

实际上，当时我们根据其他方面的线索已得知，晨光社与当时赫赫有名的“暗杀大王”王亚樵有联系。又联想起1930年王亚樵曾派人在上海北火车站行刺宋子文的事，便认为这次刺杀汪精卫，也一定受王亚樵指使。

同时，戴笠和我都知道，孙凤鸣要刺杀的目标是蒋介石，并不是汪精卫，只不过因为蒋介石没有到场，汪精卫才倒了霉，所以戴笠认为，这些人不除，蒋介石的安全就无法保证。于是，他千方百计地派人暗杀王亚樵，同时责成我继续搜捕华克之，只要华克之在上海一露面，就立即将他逮捕。

按照戴笠的指示，我立即将华克之的名字列入了我的一个本子里。这个本子是我自己立的一个尚未捕获者的档案。我把华克之的两张照片贴在这个本子的第七页上，照片下详细记载了案情。我当时并不知道华克之的外貌特征，他和他妻子的合影很小，面貌很难辨认，我只好连夜把他妻子的那张大照片复印了100多份，分发到上海的特务、密探手里，想先找到这个女的，再找出华克之来。后来，因为王亚樵在广西被戴笠派人暗杀了，我的事情又很多，也就没有再去追查华克之。当然这已是后话了。

因为我三天三夜没回家，白云来几次都没找到我，对此她很生气，瞪着两只大眼睛说："你到哪儿去了，三天不见面，也不打个招呼。我觉得你有什么事在瞒着我，难道你对我还有什么秘密吗?"她这是第一次向我发这么大的脾气，我只好向她赔不是，并解释说，因为发生了"刺汪"事件，湖南湘光通讯社催着要消息，所以连招呼也没打就走了，以后出差一定事先告诉她。她听我这么一说，也不再追究，就询问我对"刺汪"事件的看法。我信口答道："那姓孙的不过是个要钱不要命的亡命之徒罢了!"

白云很不赞成我的观点。她仿佛很敬佩地说："我不这么认为。我倒觉得孙凤鸣是个荆轲式的英雄，很让人佩服，如果按你所说他是个亡命徒的话，我倒希望这样的'亡命徒'多几个才好呢!"

在政治问题上，我从来也不想跟她过多地争论，总是尽量回避，以免暴露我的秘密。幸亏白云不是那种凡事爱寻根问底的人，她对我的所作所为并不过多地盘问，但两人在一起时间越久，感情越好，无所不谈，思想观点往往就会不知不觉地流露出来，想隐瞒也不行。

当时我最害怕过节，特别是"五一""五四"。工人罢工，学生罢课，淞沪警备司令部的人几乎全部出动，我常常几天都不着家。当然，我总能找到借口去搪塞白云。不过次数多了，白云虽然不追究，我自己也觉得无法自圆其说。所以每次我一看到报纸上登出工人罢工的新闻报道时，总是怒从中来，忍不住自言自语："这些人真讨厌，不好好干活，瞎闹什么呀?"

有一次，我这话正好让白云听见了，她不满地反驳我说："我看这些人没有错。他们也是人嘛！资本家克扣工资，剥削、压迫他们，他们活不下去，当然要闹喽！要都像你们似的，不愁吃不愁穿，我看他们也不会闹了。"

听她这么一说，我马上意识到自己说漏了嘴，就装出聚精会神看报的样子，不再作声了。每当遇到这种情况时，我都感到很苦恼。在自己心爱的人面前不能

畅所欲言，确实是件痛苦的事。白云也发现了我的思想很右倾，就总想帮助我提高思想认识，经常找些进步刊物给我看。

1936 年，鲁迅的一部杂文集出版了，白云如获至宝地读完之后拿来让我看。她说：“你看，鲁迅先生的文章写得多好啊！看了真解气，真让人痛快，你好好看看！”我并不想看，但又不愿给她泼凉水，便接过来翻了翻，说：“好！先放那儿，等我有空再说。”她不高兴了，把嘴一噘说：“不行！什么叫‘有空再说’？你一定得抽时间看。我总觉得你太不进步了，一定得让你多看看这些进步书籍！”

看她那份犟劲儿，我只好“投降”说：“行！行！听你的，我马上就看，这总行了吧！”听我这么一说，她又高兴了。真是天晓得，那时的我，哪会像她那样去正面理解鲁迅文章的意思呢？我匆匆忙忙看了几篇，既不觉得解气，更不觉得痛快，反而想，这老头可真厉害，也真够讨厌的，难怪戴笠要派人去监视他呢！

记得我刚当法租界情报组组长时，每天的主要任务就是监视居住在法租界的一些反蒋分子和进步人士的行动，每天都要写“监视日报”。当时我们主要的监视对象除宋庆龄外，还有左翼作家联盟的几位负责人。当时鲁迅住在英租界千爱里附近的一个弄堂里，是英租界情报组的重点监视对象。情报组特意在鲁迅住所的对面租了一座楼房，从楼上就能看到鲁迅家的情况。出于好奇，我也曾多次跑到这座楼房里去观察鲁迅的活动，常常看见他深夜还在秉笔疾书，写字时腰板总是挺得笔直，休息时则爱在桌旁的一个棕绷床上躺着抽烟；而白天他常爱到内山书店去看书，一出门总是戴顶深色呢帽，还把帽檐压得很低。当时的情景真像他在一首诗里写的那样：“运交华盖欲何求，未敢翻身已碰头。破帽遮颜过闹市，漏船载酒泛中流。……”

当时戴笠很想拘捕他，只因顾忌到他的名气大、影响广，怕拘捕后会引起强烈的社会反响，所以才迟迟没有动手，但对他的监视一直没有间断。这些情况白云哪里知道呢？她还以为我的思想只是一般的右倾，还想尽力引导我和她走一条路呢！

对白云的思想，我当然也不愿听之任之。不过我觉得她的思想左倾，主要是与她的工作有关，与她所接触的人有关，认为她只要离开了那个编辑部，离开了那些进步人士，就没有问题了，所以我极力劝她辞去编辑工作。我对她说："母亲主要是不喜欢女人在外抛头露面。你如果不参加工作，母亲就会同意我们俩结婚的。"

白云对此很不满，一听我让她辞职的话，就斩钉截铁地说："这办不到。想把我关在家里，做个贤妻良母，依靠丈夫生活，我可受不了。我宁可一辈子不结婚，也不能不工作！"

她的回答使我很失望，我隐隐约约地意识到，戴笠的话是对的，干我们这一行的是不能与这样的女人结婚。可想是这么想，感情上还总是离不开她，还总想做最大的努力，来填平我们之间的鸿沟。然而，事实并不像我所想的那么简单，随着局势的发展，我俩终于分道扬镳了。

1935 年，日本为了逐步吞并中国，制造了华北事变。为此共产党发表了"团

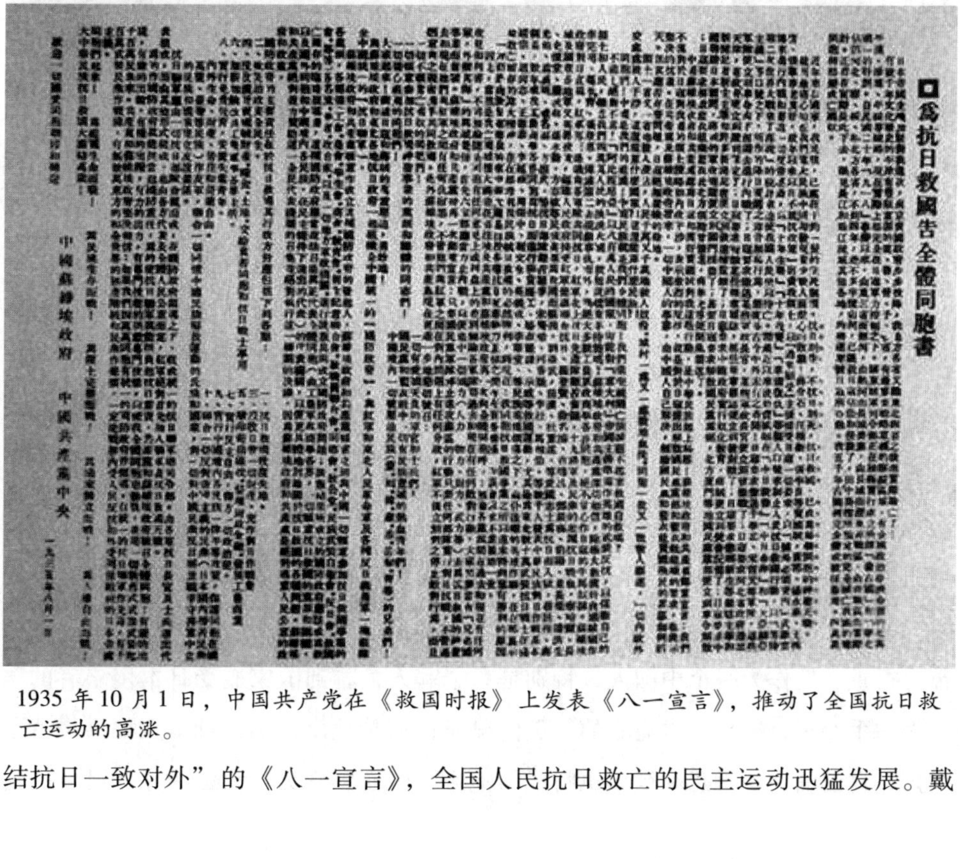
為抗日救國告全體同胞書

中國蘇維埃政府　中國共產黨中央

一九三五年八月一日

1935 年 10 月 1 日，中国共产党在《救国时报》上发表《八一宣言》，推动了全国抗日救亡运动的高涨。

结抗日一致对外"的《八一宣言》，全国人民抗日救亡的民主运动迅猛发展。戴

日军占领下的卢沟桥

笠为了贯彻蒋介石的“攘外必先安内”的政策，命令他手下的特务机关都参与了对抗日救亡运动的破坏和镇压。直至“双十二事变”解决后，内战基本停止，特务单位的任务才由公开镇压转变成暗中阻挠破坏。当时，千千万万的热血青年对当局已感到失望，纷纷奔赴延安。与此同时，延安抗日大学和鲁迅艺术学院也到上海来招生。面对这种局面，当局大为恐慌，戴笠对此也感到很头痛。为了与共产党争夺青年，除在通往延安的各关卡、路口上设防，阻止青年去延安外，上海特区还命令我们把抗大、鲁艺贴的招生广告揭掉，或是把报名处的地址涂掉，让人看了广告也不知到哪里去报名。

七七事变后，抗日民族统一战线建立。戴笠从南京匆匆赶到上海，布置对日情报工作。上海特区组织了几个潜伏组，派我带领一个潜伏组潜入日本人集中居住的虹口地区。接受这个任务后，我心里真有说不出的高兴。我虽然升官发财的欲念很重，但作为一个中国人，特别是一个军人，看到国家遭受日本侵略者的蹂躏而袖手旁观，还是非常痛心的。更何况我也清楚地意识到，日本人如果侵占了中国，自己的一切理想和欲望也将成为泡影，因而感到无论为国为家为己，抗击日本人的侵略，都是义不容辞的职责。

我接受任务后，就迫不及待地打电话给白云，电话里不便细说，只约她到黄浦江边我们常去的地方等我。因为我第二天就要去虹口，以后打电话、见面都不太容易了，所以我急于见到她，我相信她会为我高兴的。电话接通后，白云在电话里说，她也正有事要跟我商量。

等我布置好工作赶到黄浦江边时，天色还早，太阳尚未收起最后一束金光，火红的晚霞映照着黄浦江，江水翻腾起伏，折射出橙黄、鲜红、浅绿、淡蓝等种种色彩。夕照下的黄浦江，宛若一帧色彩绚丽的巨幅油画。

此时已是仲夏之际，上海的天气很闷热，江边却格外清爽。白云早已来到江边，江风吹拂着她那身浅绿色的连衣裙和胸前那两根浅绿色的飘带，真是美极了。她正用戴着白色网眼手套的双手抓着岸边的铁栏杆，黑亮的大眼睛凝视着色彩斑斓的江面。她显然在思考着什么，而且显得格外兴奋。我轻轻地走到她背后，扶着她的双肩。她回头看见我，笑着转过身来，没等我开口就兴奋地说："你猜，我今天要跟你说什么？"她眼里闪着火一样的激情。"说什么？"我心里不由得怦怦乱跳，难道她会主动提出结婚？想到这里，我也说不出是高兴还是忧郁，只是愣愣地看着她。我想，国共都公开合作了，我找个思想左倾点的老婆又有什么关系？只要我们结了婚，两人利害关系一致了，不愁她不和我一条心。到那时，戴笠大概也就不会反对了吧？

谁知她的话不仅完全出我意料，而且简直是让我大吃一惊——"咱俩一起去延安吧！"她眼里闪着无限的柔情和希望，"你不是常说，青年人都要有为国家、为革命奋不顾身的精神吗？现在国难当头，好多青年都到延安去参加抗日，咱们也去吧！"

她的话如当头一棒，打得我直发蒙。这句话我当然说过，可是我所说的"革命"，与她所说的完全是背道而驰的啊！前不久，戴笠还让我们暗中阻止青年去延安，并到各条路设置关卡……我不禁对她的决定感到非常恼火。我想，有些情况还是得跟她讲清楚，让她不要去延安。这主要是我个人从感情上离不开她，当然也是为她的安全着想。

当时我还认为，要说抗战嘛，主要还是得靠国民党的军队。从军事实力来说，国民党拥有上百万的正规部队，而共产党经过长征，力量大大削弱，根本无法与国民党的军队相比。再说，国民党统治着全国绝大部分地区，又有英、美两国的支持，如果真跟日本人打起仗来，主力军还是要靠国民党。共产党刚刚到达陕北，人少枪少，又处在边远的穷乡僻壤，想要抗日，谈何容易！

“你今天是怎么啦？哑巴啦？”白云见我半晌没说话，有点不高兴了，嗔怪地问道。

“你叫我说什么呢？难道只有去那边才算抗日吗？日本人继续要进攻的是上海，并不是延安。真正要抗日何不留在上海？你这不是舍近求远吗？我看你呀，太幼稚了！”我又把国民党和共产党的实力做了一番对比，劝她留下。

她听了我的话把小嘴一撇，不屑地说：“哼！我看你才幼稚呢！你总说国民党军队是抗日的主力，可是当局不积极抗日，这些军队有什么用？东三省是怎么丢的？《何梅协定》是谁签的？《塘沽协定》又是谁签的？七七事变后又是怎样的？过去在上海，十九路军倒是抗日了，结果怎么样？在上海，七君子倒是主张抗日了，结果又怎么样？你口口声声让我留下，是让我留在上海做亡国奴，还是好跟在国民党军队后面往后方撤退？你不愿和我一起走就算了，以后我也不管你，你也别管我！”她瞪着两只黑亮的眼睛，越说越激动，像连珠炮似的冲我嚷起来，圆圆的面颊涨得通红，说完就转过身去不理我了。

我见白云完全不考虑我的意见，执意要去延安，就自以为男子汉的自尊心受到了伤害，也有点急了，心想反正已到了这个地步，不如把事情挑明了。想到这儿，我直截了当地对她说：“我很想跟你在一起，可是我不能走。首先，我是个军人，现在我已经接受了抗日的任务，明天就开始行动；另外，我曾经逮捕过许多共产党，到了延安，共产党是不会放过我的。”我看到白云那惊疑的目光，知道她在怀疑我这句话的真实性，就又指着我左眼上的青印说：“你看，这就是拘捕共产党的时候摔的。那时因为怕你受不了，我才撒了谎。今天，你既然一定要我去延安，那我就实话对你说了吧！如果说我过去追捕共产党是为了执行任务，那么打那次受伤之后，我就打心眼里产生了对共产党的仇恨。我不能去延安，也不愿意去延安。但是我爱你，我希望你能留下来！”

她被我这番话说得目瞪口呆，脸色变得苍白，瞪着两只因痛苦而失神的大眼，嘴唇颤动着半晌说不出话来。见她这个样子，我又有点可怜起她来，用手轻轻抚摩着她的双肩，想让她平静一些。她垂下头，无力地推开我的手，深深地叹口气说：“想不到竟是这样，那就再说吧！”说完她转身就走了。

我站在江边呆呆地看着她的背影消失在人群中，不知如何是好。我预感到再也见不到她了，心里顿时觉得空空荡荡的，像失去了什么似的。我万万没想到，自己的这番表白，竟给我最爱的人带来这么大的刺激。

第七章　抗日烽火

白云的突然离去，给我的刺激也是很大的。我意识到，事情的真相既然已经挑明，这件曾使我常常忧虑的事情肯定会来个急转弯——她要么选择自己的事业，与我一刀两断；要么放弃自己的观点，服从于我。然而我知道，后者的可能性是极小的。事实也正是如此，从那以后，我们再没见过面，各自在完全不同的人生道路上，追求着不同的理想和目标。不过，人毕竟是感情动物，相爱那么多年，一下子很难割断感情的维系，后来我们还有过一段书信往来，只是在那国难当头、重任在身之际，儿女情长的事情也只好搁置一边了。

那天，从江边回到警备司令部，我连夜开会，给组员们布置了第二天的行动计划，研究了具体的行动措施。会后，我自己简单地收拾了一下行装，就坐下来给白云写了一封长长的信，表示要在抗日战争中做出成绩来，希望她不要去延安，等着我回来。

潜伏任务是艰巨的。抗战开始后，在日本人居住区的中国人纷纷撤离，有钱人有的坐飞机跑到别处去了，有的搬进了英、法租界，穷苦百姓也有许多携儿带女地离开那里。在这个时候，我们这个潜伏组才搬进日本人的居住区，不仅目标大，而且很不容易长期潜伏下来。

潜伏组共 14 人，其中有由我介绍到上海特区工作的二哥沈默，还有我从情报组带来的三个亲信，其他组员都是从别处抽调来的。为了便于掩护，我让家在上海的组员连家一起搬进虹口区。组里有一部电台，报务员叫裘声呼，30 多岁，他的妻子带着两个孩子跟我们一起搬进虹口区，我就让他住在我家里，其他组员都分散居住。我们的主要任务是侦察、刺探日本人的军事情报，指示轰炸目标，做一点破坏暗杀工作。在这段时间里，我们的工作确实没有多少成效。因为过去没有一点基础，很难打入敌人内部。我们只能在咖啡馆、酒吧间偷听一些日本浪人或汉奸的谈话，从中获得一点有用的情报。其他方面我们也采取过一些行动，但由于我们当时都很年轻，又没有受过正规训练，所以缺乏军事常识，经常出些差错。

有一次，我的一个组员发现离他家不远处有一座戒备森严的仓库。他侦察得知，那是日本人的弹药库，便马上跑来向我汇报。我立即把情况向上海特区做了汇报，并指示了仓库的方位。不久，我方大炮就轰击了这个弹药库。我们远远地听见那里鞭炮般接连不断的爆炸声，高兴极了。我要那个组员去看看仓库爆炸后的情况，好再向特区汇报。没承想，这个组员去后不久，就哭着跑了回来。他一进门就一把抓住我，号啕大哭，像发疯似的摇晃着我。我强把他按在凳子上，问他到底发生了什么事。他捶着自己的脑袋，绝望地喊道："都死了，都死了！""谁都死了？"我也着急地问。他悲痛欲绝地撕扯着自己的衣服说："我的老婆、孩子都死了！"

听了这话，我才恍然大悟。我丧气地一屁股坐在床边，拍着自己的脑门，难过地想，我们多蠢啊，事前怎么就没想到，炮轰弹药库时还会引起更大的爆炸，会把周围的住户都炸死呢？为什么就没想到事先让他一家人都撤离那里呢？炸了敌人的弹药库固然是好事，可是却把自己的人也赔进去了，这算怎么回事呢？此后，那个组员就得了神经病。上海特区区长周伟龙把我狠狠地训了一顿，给他发了一笔抚恤金，派人把他送回河南老家去了。

这件事发生后，我想，这笔血债应该记在日本人头上。经小组研究，我们决定在主要搜集情报的同时，再采取一些具体的行动来惩罚敌人。征得特区同意，我们弄来了一些手榴弹和水雷，准备对敌人进行报复。开始，我们买通了一个水鬼，让他去炸日军在上海的海军军舰。一天深夜，我和几个组员陪着他悄悄地潜伏到距日军军舰停泊港口一里多远的地方，那里没有日军把守。水鬼下水后，我们伏在潮湿的草丛中等候消息。夜色染黑了天空和江水，水鬼一离开我们便消失在一片无边的黑暗之中，四周除了一阵阵江水拍岸的声音外，再也听不到别的动

静。我们屏着气，紧紧地盯着远处港口的几盏灯光，希望听见轰隆一声巨响，看到远处的港口化为一片火海。时间过得真慢，夜光表上的指针仿佛停止不动了似的。我们等了好久也没盼到那轰隆的巨响，却听到了港口那边传来的阵阵机枪声。我知道事情不妙，那个水鬼肯定出事了，便连忙领着组员撤了回来。第二天一打听，才知道那个水鬼还没靠近日军军舰，就被他们用机枪射死了。

后来，我决定亲自行动，心想即使炸不了日军的军舰，炸死几个日本兵也是好的呀！我带着几个组员，选中了一幢左右都没有人居住的空楼房，在那里安上了许多炸弹，然后从楼上的窗口里扔出一枚手榴弹，故意引诱日本人，我们几个则从房顶上蹿到另一幢空楼上观察动静。手榴弹的爆炸声果然引来了一队日本兵，他们包围了那幢楼房，几个日本兵刚一踢开这幢楼房的大门，炸弹就轰的一声响了，当场就炸死了三个日本兵。敌人对着门里一阵机枪扫射后，冲进去跑到楼上，我们的地雷又响了。看到这种情况，我心里很是得意，自以为进行了了不起的抗日活动。

由于人们抗日热情的不断高涨，袭击日本人的事件不断发生，虹口区的日本当局决定对居住在那里的中国人进行大搜查，然后通通赶出去。为了防止中国人继续进入，他们还在各路口堆上沙袋，设上岗哨。

由于日本兵挨家挨户地进行搜查、驱赶，我们也没办法继续潜伏下去了，只好把枪都扔掉，把一些器械都藏起来。当时只有我带进去的那部小电台没舍得扔，因为电台等于是我们的“千里眼”和“顺风耳”，离了它，我们在外面遇到什么情况都无法与组织取得联系了。我就把电台藏在裘声呼最小孩子坐的小推车的座位下，用孩子的尿布遮盖着。通过岗哨时，日本兵把所有的包袱、箱子都打开查看，我们紧张得出了一身冷汗，生怕他们让把孩子抱起来检查。此时，裘声呼因担心被日本人查出电台，会连累到妻子儿女，紧张得面色苍白，在收拾敌人检查过的箱子时手都直发抖。我借提箱子的机会在他脚上踩了一脚，趁他抬头之际又瞪了他一眼，然后帮他提起箱子走过了哨卡，这才没让敌人看出破绽。此时，裘声呼的妻子还没通过哨卡，因为她不知道这个秘密，所以在后面平静地推着小车，嘴里还不住地哄着孩子。大概日本兵见是个年轻的女人推着一个牙牙学语的孩子，以为不会藏什么违法的东西吧，他们居然没检查，就放她们过来了。

事后，我向戴笠做了汇报，被他狠狠地训了一顿："你呀你呀！什么时候你才能学会谨慎呀?！日本人搜查得这么严，你还舍不得把电台扔掉，万一让他们查出来，你们还能活吗？真是个冒失鬼！"

戴笠当时在上海亲自指挥特区的工作，所以对我们被赶出来并不觉得意外，他自己也知道，对日情报工作做得太晚了。他对我们潜伏组没做出什么成绩也没有表示不满，反而觉得我能把人全部带出来就算不错了，只是责备我不该把电台带出来，险些因小失大。

可是，上海特区新上任不久的区长周伟龙却与戴笠完全相反。他责备我没有设法继续潜伏，在他看来，我们没有干出惊人的成绩，反而像老百姓一样被赶了出来，真是给上海特区丢人。他命令我率领组员再返回虹口区，无论如何也要设法潜伏下去。我向他解释说："各路口都堆上了沙袋，日军戒备森严，根本进不去啊！"他说我怕死，还瞪着眼命令我说："你从沙袋上爬，也得给我爬过去！"

此时，戴笠正好从门外进来，听见了周伟龙的话，就生气地责备他说："你这不是让部下去白送死吗？国难当头，正是用人之际，不懂得爱护他们怎么行呢？我看还是派他们到前线去，罗店、浏河不是还没有派去战地调查组吗？"当时，我被他这番话深深地感动了。我想，只要是在戴笠手下工作，即使让我赴汤蹈火，也毫无怨言。

由于戴笠说了话，周伟龙也不便坚持己见，只好派我们作为战地调查组去了罗店、浏河。可是，从此他就对我产生了反感，后来总想找机会整我。

浏河、罗店在上海市郊北面，王耀武率领一个师在那里抵抗，他是师长，李天霞为副师长。我们调查组的任务，主要是深入前线，了解部队对日作战情况、伤亡实数和阵地变动情况，同时还要监视部队，防止部队投降或是部队长官花天酒地、玩忽职守。一般情况下，调查组是用电台每天向上海特区汇报情况的，可是周伟龙经常让我亲自回到上海去向他汇报。当时，日本人的飞机、大炮总是在白天狂轰滥炸，乘汽车目标大，骑马又不便于隐避行动，每次接到回上海的命令，我都只好骑自行车往回赶，有好几次在往返途中都险些挨了炮弹，有时炮弹

王耀武（1904—1968），抗日战争名将，中国国民党高级将领

从我头顶上呼啸而过，有时炮弹就在我身前或身后不远处爆炸。还有一次，在一个广场附近，一颗炮弹落在我后面，爆炸时的气浪把我连人带车掀出了一丈多远。后来，我也学精了，每次接到回去汇报的命令时，我就连夜骑车往上海赶，天亮正好赶到。实际上，我觉得完全没有必要亲自去汇报，用电台汇报就可以了。可是我知道，战争年代，军令如山，不服从命令是要受军法惩处的。我也没办法，但心里恨透了周伟龙。

不久，日本军队不断增加，大批军队已在金山卫登陆。难民们一群群地扶老携幼、背包挑担地拥挤着，逃离上海。孩子哭，女人叫，景象凄苦，真是惨不忍睹。前线的军队节节败退，我和组里的一些年轻组员也深为战局担忧，并准备到最后时刻亲自参加战斗。不承想当局突然宣布上海弃守，戴笠也撤离了上海，只留下周伟龙负责上海沦陷区的潜伏工作。我们小组接到命令，立即去南京特区报到。

军令如山，一接到命令，我马上给周伟龙拍了一个电报，向他做最后一次汇报，并在报告后面加上了一句："上海撤退，我很痛心。但脱离你的领导，我非常高兴！对不起，我到南京报到去了。"那时，我才23岁，到底还没摆脱年轻人的任性，在那样紧急的关头，还忘不了要发泄一下自己的不满。

撤退命令一到，军队就像水一样向南京方向涌去，乱成了一团。我率领着调查组的几个组员撤出后，连夜找了条木船离开上海。就在我们找木船之际，一个组员竟不知从哪里抓来个漂亮的农家姑娘。姑娘哭哭啼啼地说，是那个组员用枪逼着把她带来的，她母亲和弟弟还在家里等她呢……

看到这种情况，我火冒三丈，责令他把姑娘送回去。他却嬉皮笑脸地说："日本人来了，这姑娘还不是给他们准备的？不如咱们弟兄们先受用受用！"一听这话，我更是怒不可遏，一股自责、内疚、愤怒的情感顿时涌上心头。我想，上海失守，百姓将遭涂炭，我们身为军人，不能保国安民，反而乘人之危，抢夺民女，真是禽兽不如啊！我这个组长连自己的组员都管不好，还谈得上别的事吗？平时，我一般是不对部下发火的，可是这时我怎么也按捺不住了，拔出手枪，一枪就把他打死了。打死后，我又有些后悔，怕其他组员不服。不过还好，组里的其他人都没有表示什么不满，大概是因为有几个组员是我的亲信，其中还有一个是我二哥的缘故吧。放走了那姑娘，我们大家都低头不语。

船开了，我想再看看自己生活了六年的上海，没想到这时小河上突然起了风，滂沱大雨随即打落下来。我站在船上，用手遮住雨水，极力往后看。后面，黑云沉沉，雨雾蒙蒙，远远看去，黑森森的上海就像是一只在风雨中飘摇的小舟，随时都有覆没的危险，我心里泛起了一种说不出的惆怅……

原来我们准备乘船到太仓后，再去昆山改乘火车到南京去，谁知这时昆山的火车已经不通了，我们只好沿着铁路步行去南京。

铁路两边，稀稀拉拉地行走着从上海撤下来的散兵。沿途车站的月台上、屋檐下、大树旁，都躺了不少缺胳膊少腿的伤员。南方的11月，天气有点寒冷，但我们还是热得透不过气来，浑身尘土，狼狈不堪，在路上整整走了五天才赶到南京。

这时，南京正在准备保卫战，城里到处都是撤下来的军队。我领着组员去南京特区找区长钱新铭报到，没想到日军还没来，钱新铭却早已把南京特区迁到六合县去了。我忙用电台与在武汉的戴笠取得联系，他让我马上赶到郑州办事处去报到。

特务处郑州办事处主任梁干乔，原来是个托派分子。他叛变革命后，忠心耿耿地为戴笠工作，想取得戴笠的信任，可是戴笠对这样的叛徒总是不放心。这时，梁干乔在郑州收容了800多名从各地流亡来的青年，并向胡宗南等人要了800多支枪和一些子弹，准备办一个训练班。我到郑州后，他让我留下，帮助训练学生。可是我认为有必要把撤退时的情况向戴笠汇报，于是我又从郑州赶到武汉。

见到戴笠后，我就把军队撤退时的混乱情况和郑州的情况向他做了汇报。他对前者也只是连连摇头叹气，表示无可奈何，但对后者却很重视。因为他也准备在湖南办一个大规模的特务训练班，正苦于学生人数太少，听说梁干乔收容了800多名青年，非常高兴，遂写了封信，让我马上携信返回郑州，让梁干乔把这

800多名青年送到长沙去。

我回到郑州，立即赶到梁干乔的办公室。他正一个人坐在办公桌边喝酒，见我进去，高兴地给我斟了满满一杯酒，邀我和他一起喝。我从来不喝酒，也不抽烟，就婉言谢绝了，并立即把戴笠的信拿出来，给他看。他笑着接过信，边喝酒边看，看着看着，脸色渐渐阴沉下来。突然，他站起来，猛地把信往桌子上一拍，顺手抓起一个斟得满满的酒杯，狠狠地摔到地下，脖子上的青筋暴得老高，紧握拳头捶着桌子喊道："不行，绝对不行！想挖我的墙脚？真是岂有此理！"

见他那副盛怒的样子，我也不敢说什么，只好给戴笠去了封信，把情况向他做了汇报。没几天，戴笠又派原南京警察厅保警大队队长杨清植，拿着他的另一封信来到郑州，一定让梁干乔把人交出来，否则要纪律处分。

那天，我正在郑州中正中学帮助训练学生，见梁干乔气急败坏地跑来，铁青着脸，对我大声喊道："滚！你们都滚！明天一起给我滚！"说完转身就走。也难怪他发火，他苦心收罗了800多名青年，原想作为自己日后飞黄腾达的资本，而戴笠却定要让他把人交出来，这岂不是釜底抽薪吗？第二天，他就一个人打起背包，投奔胡宗南去了。

1938年2月，我和杨清植领着800多名青年来到湖南。在这之前，我姐夫余乐醒已奉戴笠之命到长沙创建特训班筹备处，他把自己在长沙南门外天鹅塘旭鸣里4号一座叫融园的大洋楼全部腾了出来，做筹备处的办公室。我们到长沙时，他正日夜紧张地组织招收学员的工作。因为特训班要求比较严，特别是在思想、政治方面控制极严，以避免共产党派人打进来，所以不敢公开招生，只有靠特务和亲友推荐。开始时的招生条件是18岁至25岁，思想可靠，家庭"清白"。可是招生一个多月后，学员还不到200人，最后只好放宽年龄要求，有些30多

戴笠至交，"西北王"胡宗南

岁的人也被招收进来，就是这样总共才招上300来人，加上郑州带来的800多名，不过1000余人，而且女生特别少。戴笠对此很不满，他再三要求胡宗南，让他从长沙中央军官学校第七分校招收的女生中选拔几十名女生，交给特训班。胡宗南与戴笠私交甚好，只好把在长沙招收的60名女生交给了特训班。

这些女生大都是为了抗日而投笔从戎的女学生，平均年龄不过十七八岁，她们大都穿着学生装，脸上充满了天真和稚气，听说是当特务，都叽叽喳喳地吵着不愿干。有的要求回到第七分校去，有的索性用被子蒙着头哭鼻子。余乐醒等人对这群说哭就哭、说笑就笑的姑娘们也毫无办法，只好采取个别谈话和集体进行思想教育相结合的方法，给她们做思想工作，告诉她们特务工作的重要性，即所谓“进为革命之先锋，退为革命之保卫”等等道理，来开导她们，硬是把她们留下了。

特训班原准备在长沙建校，因为日本人的飞机经常轰炸，最后才选定在常德专区北面的临澧县，校址就定在临澧奎星楼县立中学内。这里房屋宽大，交通方便，又便于隐蔽，戴笠对这个地方很满意。校址选定之后，余乐醒就领着学生和教官，用茅草和竹子临时搭了个大礼堂，能坐上千人。同时还在礼堂后面的池塘边修了一道长堤，堤上安了些石长凳，作为学生的休息场所，题名为“雨农堤”，以讨戴笠的欢心，因为戴笠别名戴雨农。

临澧特训班成立后，我开始时干了一段总务工作，后来又当了行动术的教官。我从虹口区撤下之后，曾去找过白云，得知她已跟一个宣传队走了。在那之后因为到处奔波，没有一个固定的住所，所以一直没有设法打听白云的消息。到了临训班，生活安定下来了，我想经过一年多的生活磨难，白云也许不会像过去那样固执了，很希望与她再取得联系。可是怎样才能找到她呢？我冥思苦想也无计可施。一天，我在姐夫那里看到了一份武汉出版的《新华日报》，不禁灵机一动，心想，为什么不在报纸上登个寻人启事呢？当时，我认为《新华日报》一定能发行到延安去，所以决定在《新华日报》上登一个启事。

实际上，当时武汉的《新华日报》并不发行到延安。然而，事情又偏偏这样凑巧，《新华日报》上的寻人启事被重庆的一个朋友看到了，这个朋友一直和白云有联系。她来信告诉我说，白云在延安鲁迅艺术学院学习。听到这个消息，我

很激动，说不清是喜还是忧。我知道白云到了延安，我们是不可能再见面了，但能得到她的消息也让我十分欣慰，她毕竟是我中意的第一个女子啊！

我往鲁艺写了一封信，想试探一下，没想到她很快就给我回信了。她告诉我说，她在那里生活得很好，她已把我过去送给她的金银首饰包括订婚戒指，都捐给抗日救国的团体了。她在信中说："爱情是美好的，事业是迷人的，但二者不可得兼，我选择了后者。"即使这样，她还是没忘记我们俩最后一次在黄浦江边争论的问题。现在她更有理了，她在信中指出了近几个月里国民党政府因实施不抵抗政策而造成的不积极抗日的许多事实，还写道："你总说国民党军队是抗战主力，而战场上的实际情况又如何呢？国民党节节败退，上海失守，武汉危在旦夕。而共产党人数虽少，却在平型关首战告捷，消灭了大批敌人……"

国民党败退的情况我当然比她还要清楚，但我并不认为这是国民党政府的不抵抗政策造成的，而认为是军队的指挥者不身先士卒及军纪涣散之故。所以在后来的通信中，我俩又展开了辩论。

谁知，我们通信的事无意中让我姐夫知道了。那天，姐夫有事来找我，他当时是临训班的副主任，一见我桌上摆着一封寄往延安鲁艺的信，马上就沉下脸来，说："你怎么这么糊涂？也不看看我们这是什么机构！我们对学生上政治课的时候，都一再强调不要相信共产党的宣传，不许和延安的同学、朋友通信。你身为教官，居然跟延安鲁艺的人通起信来，这要让戴先生知道了还了得？"说完，就逼我当着他的面把信烧了，并要我保证以后再不跟白云通信。

当时，我心里虽不太愿意，但想想他的话，觉得也对。临训班一再向学生灌输反共思想，让他们相信，共产党不是真正抗日，而是在与国民党争权夺利；对学生的来往信件都要秘密检查，发现有思想左倾或跟延安通信者，都要受处分、关禁闭的。我身为教官，带头破坏规章制度，确实也没法交代。我又想，反正她现在已经到了延安，思想观点更加"偏激"，我们俩再也不可能结合了，我何不抛弃这朵无果的爱情之花，去献身于自己的"事业"呢？所以这之后，我毅然断绝了与白云的书信往来。不过，在我内心最深处，却始终铭记着她那可爱的身影，始终钦佩她的人格和意志，不得不承认她是一位有胆有识的杰出女子。

第八章　喜得娇妻

年轻人大都单纯幼稚，对生活充满了热情，对未来充满了幻想。初到临训班的青年当然也不例外，特别是那些为了抗日救亡而投笔从戎的男女青年学生。他们大都像我18岁离家出走时一样，具有民族自尊心和对革命的向往，然而他们也像我一样，误入歧途，陷进了不能自拔的罪恶深渊。

在临澧特训班里，有一个叫粟燕萍的少女，她生长在山清水秀的长沙县农村，父母给她起了个极恰当的小名——雪雪。她确实像雪一样洁白无瑕，同时也像故乡的青山一样秀美恬静，像故乡的碧水一样纯真活泼。她是造物主集万物之精灵而创造的一个佼佼者。然而，她的命运异常不幸。

她家是一个封建伦礼道德观念极重的大族，男尊女卑、“三从四德”的清规戒律压得人透不过气来。她从小就目睹了家族的妇女在封建礼教迫害下的一幕幕悲剧，时常为自己是一个女孩子而忧伤。她有八个亲姑妈，其中六个都是从很年轻的时候起就守寡在家。因为按照族里的规矩，不论岁数大小，只要是死了丈夫的女子，都不许再嫁。否则，就认为是伤风败俗，有失体统，就要被绑到祠堂里受审、示众，然后被绑在梯子上，再压上一块大石头，让人抬着倒插进水塘里淹死，以洗清家族的“耻辱”。而男子就不同了，他们不但可以停妻再娶，而且可以有三妻四妾。所以雪雪的几个姑妈死了丈夫后，都回到娘家，靠兄长或弟弟施舍度日，生活极为孤寂。这几个姑妈的遭遇，使雪雪很难过，特别是小姑妈的遭遇对她的刺激更大。

雪雪自幼就很喜欢她的小姑妈，常常跟她学诗、写字、绣花。可是，不幸的小姑妈21岁就死了丈夫，孤身一人回娘家守寡，当时才12岁的雪雪成了她形影不离的好友。后来，雪雪去县城上中学了，小姑妈暗地里跟一个青年人相爱，但不敢提出结婚，只是偷偷地往来。起初并没人知道，后来她怀孕了，怕事情败露，就自己胡乱找些药吃，想把胎儿打掉。不知道这事怎么泄露出去了，族里的长辈们不依不饶，要她说出奸夫，还要把她绑到祠堂示众。她一狠心，就喝了过量的堕胎药，结果引起了大出血，死在床上三天三夜都没人去管。就连兄弟姐妹们也嫌她丢人，不敢出面为她办丧事。

雪雪听说小姑妈死了，就偷偷地跑去看她。只见她身下一片殷红的血迹，煞白的脸痛苦地扭着，一双无光的眼睛瞪得大大的，好像在愤怒地控诉这世道的不平。看到这情景，雪雪情不自禁地伏在小姑妈床边放声大哭。她回到家，恳求父亲出面为小姑妈办理丧事。

她的父亲生性笃厚、懦弱、与世无争，母亲也是一位极能干、极美貌的女子。夫妻俩钟爱这个可爱又善良的长女，他们禁不住爱女的苦苦哀求，就出面办理丧事。可是，族里的人说什么也不允许把她埋进祖坟。不得已，只好把她草草地葬在了乱坟岗子上。

这件事对雪雪的刺激太大了。她总想摆脱这个家族，远走高飞。可她是家里的老大，下面的弟弟妹妹都很小，母亲身体又不好，患有肺病，她又如何走呢？母亲自尊心极强，从不放心女儿只身出门，就连女儿去县城上中学，也是一百个不放心。她认为“女子红颜多薄命”，女儿的美貌成了母亲的心病。她对女儿愈是疼爱，看管得也就愈是严格，只要雪雪从学校放假回到家里，可怜的母亲就捧着个水烟袋，坐在她身边，喋喋不休地唠叨：“女孩子家在外面要坐有坐相，站有站相，别一天到晚像个野小子似的。要笑莫露齿，话不高声，免得婶子、大娘说我们没家教……”

可是，雪雪天生一副笑模样，即使在生气的时候，嘴角上也仿佛带有笑意，无论对什么人，她都是未曾说话先带笑，为此，母亲没少训斥她。特别是学校的男同学有时路过家门，跟雪雪说上一两句话，母亲也不依不饶，生怕女儿的不慎

沈醉前妻粟燕萍与在台湾的子女及孙辈们合影（中间坐者为粟燕萍，其右为四女儿沈思思，左为三女儿沈漾漾；后排立者右一为儿子沈笃礼，右二为二女儿沈逸云）

会招来亲友妯娌们的非议，也生怕女儿的年幼无知，会造成终身的不幸。

母亲由于过于要强和过度操劳，年仅30多岁就去世了。那时雪雪才17岁，下面还有三个年幼的弟妹，最小的弟弟才4岁。族里的婶子大娘不但不同情，扶助孤儿弱女，反而因她父亲老实，便常常欺负他们。母亲一死，一向不过问家事的父亲更是六神无主了，终日郁郁不乐，不久也患了严重的肺病。仅有的一点家产，也为给父亲治病变卖得所剩无几，雪雪只好中断学业，在家侍奉父亲，照顾弟妹。父亲为了不荒废大女儿的学业，也为了使年幼的儿女们有人照顾，就给他们娶了继母。

正在这时，上海失守，日寇长驱直入的消息传来。许多学校的学生放弃学业，投笔从戎，抗日救亡的热潮激荡着许多青年的心。年仅17岁的雪雪也决心不再继续升学，而投身到抗日救亡的洪流中去。她在一个本家叔叔的介绍下，到长

沙报考了中央军官学校第七分校。她非常高兴，为自己将来也能与男子一样驰骋战场杀敌卫国而激动不已。可是她做梦也没想到，竟被编入了军统临澧特务训练班。

1938 年 8 月，戴笠的特务处扩展为军事委员会调查统计局，简称军统。军统急需扩大组织，训练特务，故广招青年学生，组织特务训练班。雪雪初到临训班时，根本不了解特务工作的性质，只听教官说，军统是一个最革命、最抗日的团体，便信以为真，对前途充满了幻想，自以为摆脱了封建家族的精神桎梏，来到了一个自由的天地，却不知自己刚跳出火坑，又陷进了泥潭。

当时，戴笠为了扩大军统组织，急需培训干部。他对临训班很舍得下本钱，规定每个学生每月 12 元的生活费，使他们除用去三四元钱的伙食费外，还可以有八九元零用钱，而且一年毕业后，即定为少尉军衔，月工资 40 元。当时，一个大学毕业生刚参加工作，也不过十几元的月薪，所以这 40 元钱已是一个很可观的数字了。不过戴笠很清楚，金钱、地位只能腐蚀那些意志薄弱、一心追求个人名利地位的青年，而对绝大多数有理想、有抱负的青年来说，起不了多少作用，要使这些青年死心塌地地为他卖命，成为反共反人民的骨干，还得首先从思想教育上狠下功夫。他一再指示在临训班负实际责任的副主任余乐醒和政训处处长汪祖华，要狠抓学生的思想教育工作。

余乐醒是很会做思想工作的。虽然他在法国勤工俭学时研究化学和机械，但在苏联留学时却是研究政治保卫工作的。北伐期间，他是叶挺独立团的团教导员，更是专门做思想工作。而且他多才多识，所以戴笠当时很重用他。他也没有辜负戴笠的期望，在临训班负责期间，几乎把自己所有的才干都施展了出来。在技术方面，他除了亲自编写、主讲《特工常识》这套教材外，还主讲化装、毒物、化学、通讯等课程；在思想教育方面，他把过去在共产党内做思想工作的那些方法也搬到了临训班，每个学生大队和中队都配有政治指导员，这些指导员不仅在早、晚点名时要对学生进行一番反共的思想教育，而且在课余时间也常常以个别谈话的方式进行思想工作。余乐醒自己也经常找学生谈心，解决学生的思想问题。因为他博学多才，而且待人态度和蔼、平易近人，所以学生都很喜欢他，愿意听从他的指教。

不过，戴笠还是认为余乐醒在思想教育方面做得不够，他经常挑选、聘请一些反共“专家”到临训班来做报告。那些“专家”们凭着三寸不烂之舌，竭尽反共之能事，甚至连八路军在平型关首战告捷的事实也予以诋毁，说什么共产党不是为了抗日，而是为了与国民党争权夺利。他们竭力想使学生们相信，只有国民党才是真正抗日、真正革命的党，而军统组织又是国民党集团内最革命的团体。

这样的思想教育，这样的反共宣传，不仅对那些无知、幼稚的学生毒害极深，就连我这个搞特工多年的人，也等于是受了一次系统的反共教育，在头脑里形成了一套反动的反共理论。

年轻人的头脑就好像一张白纸，如果在上面用彩笔绘画上鲜花、美景，那它就会是一幅赏心悦目的图画；而如果在白纸上泼上墨汁，那么无论这张纸质地多好，也将不堪入目了。当时，雪雪也是那种反动思想教育的受害者，她对反共宣传听之、信之，以为自己就是站在大时代前面的革命青年、民族先锋了。当时临训班的班歌就是这样的：

> 革命的青年，快准备，智仁勇都健全！掌握着现阶段的动脉，站在大时代的前面！贫贱不能移，威武不能屈，维护我们领袖的安全，保卫国家领土和主权，须应当，刚强沉着，整齐严肃，刻苦耐劳，齐心奋斗！国家长城，民族先锋，是我们！革命的青年，快准备，智仁勇都健全！

临训班的学生都爱唱这支歌，因为它听起来是那样革命、那样激昂。戴笠也很喜欢这支歌，后来把它定为军统局的“局歌”，每次军统大小集会，都要唱它，因为歌中有一句最本质的话最得他赏识，那就是“维护我们领袖的安全”。后来，军统的特务们都爱唱这支歌，因为它可以自欺欺人。

仅仅一年时间，临训班硬是把这些热血青年训练成了思想反动、心狠手辣的反共骨干。雪雪当然也中毒极深，不过，她毕竟是一个心地善良的姑娘，每当看到训练班所教的那些绑架、破坏、欺骗、杀人行凶的勾当时，心里都非常痛苦。

那时，女生大都被分配去学习电讯和会计，而雪雪则被我挑选去学行动。那是因为在临训班初建时，校舍里的老鼠很多，我们就号召学生灭鼠。我看见许多女生见到那半尺来长的大老鼠就吓得怪喊怪叫，只有雪雪不害怕，她不但敢打老鼠，而且还敢把打昏过去的老鼠再用手抓起来摔死。还有一次，我领女生队去学游泳，别的女生都不敢下水，唯有她冒冒失失地就往水里跳，险些被淹死。我把她从水里捞起来时，她不仅毫无惧色，而且在我训斥她的时候还冲我腼腆地一笑。这使我不仅对她那甜甜的笑靥不能忘怀，而且对她的胆量也极为赏识，因此我就把她抽调到行动队学行动课程。

“行动”，包罗了军统的一切罪恶活动，譬如逮捕、刑讯、暗杀、绑架、纵火、偷盗等各种破坏活动，都属于行动的范围。雪雪到行动队不久，就渐渐地变得沉默了，往日那红润而俊俏的面颊也变得苍白消瘦了。起初，我还以为是她父亲病情加重而引起的。不久她父亲病逝，她变得更加忧郁。有一次，在临训班中秋节的联欢会上，她既不像以前那样上台唱歌跳舞，也不和同学们闲谈说笑，只是坐在餐桌边，一杯接一杯地喝着葡萄酒，然后竟毫无顾忌地放声大哭起来。女生队长不问青红皂白把她训了一顿，她借着酒劲也毫不客气地与队长争吵，于是学生总队队长决定关她三天禁闭。

自从跟雪雪熟识之后，我便把对白云的感情全部转移到了她的身上。接触时间越长，我越觉得她才是我最理想的妻子。她不仅美貌、单纯，而且温柔、多情。她的单纯、温柔、多情，毫不亚于泰戈尔笔下的沙恭达罗。与白云相比，她更美丽、更温柔。最使我满意的是她单纯，阅历浅，可塑性大，没有白云那种固执的令人担忧的思想倾向。

当时，我已经决定要和她订婚了，实在想为她解脱这次禁闭，可是又不好公开违反训练班的规矩，只好听任总队长给她处分。值得庆幸的是，那个学生禁闭室还是我担任总务工作时负责督修的，那时，我就在它的木栅栏上做了点手脚。这个简陋的禁闭室的木栅栏有两米多高，栅栏的圆木棍相距半尺多宽，可以从这里把饭菜递给被禁闭的学生。我就偷偷地把其中一个安木棍的孔掏得深一点，只要把这根木棍往上提一提，就很容易把它抽出来，人也就可以侧着身子钻出来了。因为是禁闭学生的地方，谁也没有去注意它的质量。

雪雪被禁闭后，我趁着学生都去上课的机会，偷偷把她放出来，让她躲在我的房里，尽力地安慰她，让她不要为弟弟妹妹的事操心，并向她保证，我与她结婚以后，会负责抚养他们，还劝她不要为父亲的死过于悲伤，不要这样忧郁。为了让她高兴，我还利用中午休息时间去附近的小塘里钓些小鱼回来，做她最爱吃的辣椒炒小鱼，留她在我的房里吃饭。

而她开始只是摇头叹气，什么也不肯说，后来禁不住我的体贴和温存，终于哭着囔囔地告诉我说，她虽然也为弟弟妹妹日后的生活担忧，但更主要的是对行动课的内容非常反感，她干不来那些狗苟蝇营的事情。

听她这么一说，我便笑着说："原来是这么简单的事呀！你早告诉我不就早解决了吗？还用你这么发愁！"她听了我的话破涕为笑，说："是你把我要到行动队的，我怕你不肯，告诉了你，你会去汇报的。"这句话真是天真得让我哭笑不得。我点着她的头说："你可真是个孩子，对你我还用得着使这一套吗？"事后，我就把她调到了电讯专业。

毕业后，她被分配到军统湖南长沙站情报组当组员。可就在她上班还不到三个月的时候，因传说日本人要进攻长沙，长沙警备司令酆悌，竟一把火把长沙城烧成了一片废墟。雪雪从大火之中逃出，没经任何人许可，就冒冒失失地扔下工作，女扮男装独自跑到常德找我。这时，因临训班迁往黔阳，我已被调到常桃（常德、桃源）警备司令部任稽查处处长兼湖南第二区（湘西）保安司令部侦察组组长，我俩便在常德举行了婚礼，在那里安了家。这时，她还不到 19 岁，我也刚满 24 岁。从此，她宁可在家当太太，也不愿意再参加工作了。

雪雪虽然侥幸没有再参加军统工作，但并不等于就摆脱了那不幸的命运，她跟我这样的人结婚，本身就是最大的不幸。按我俩彼此的感情来说，当然都是忠贞不渝的，我爱她，她更体贴我。特别是在常德的两年中，我对她是绝对忠实的。可是到重庆以后，随着官职的高升，地位的显赫，情况就有点变了。尽管我一直深爱她，可是总觉得自己若不像同僚们那样有几个交际花或女伶做"外室"，似乎就显不出自己的风流显贵似的，所以在出门时也经常逢场作戏。因为所到之

粟燕萍（中）与三女儿、四女儿及外甥在台湾合影

处的警察局局长、稽查处处长等，不是老同事、老部下，就是我的学生，他们为了拉拢我，也总是极力在这方面下手，我便慢慢从不习惯变得习惯起来。即使这样，也没有一个人敢说我一个“不”字。就连一向管教我很严格的母亲，对这种事也只好睁一只眼闭一只眼。因为她深知，在当时的社会里，有钱有势的男人在外面逢场作戏，并不算道德败坏，而是极正常的现象。她老人家的原则是不允许我们兄弟在外面娶小老婆。

常言说：“没有不透风的墙。”我在外面风流的事常常传到雪雪的耳朵里，这给她造成了很大的痛苦。她毕竟阅历很浅，看不透当时的社会就是这样一种世风，还以为是因为自己没有生下一个男孩我才这样，所以常常去庙里烧香许愿，求菩萨赐一个儿子给她。然而，菩萨毕竟是泥塑木雕的，无法理解她的苦衷，竟让她一连生了五个女儿，这简直成了她的心病。

在怀老五的时候，她求人掐算、看相，都说是个男孩，她自己也似乎觉得与怀其他几个女儿时的感觉不一样，为此高兴极了。临产时，我不在她身边，正作为接收大员在上海、南京等地抢劫抗战胜利果实。她突然打来一封电报，上面只有六个字：“又生一女，平安”，其懊恼是可想而知的。尽管她过去对自己家族中那种重男轻女的思想深恶痛绝，但在当时的社会里，她毕竟还是摆脱不了封建思想的束缚。

幸亏在1948年她生了一个男孩，这才了却了她这桩心事。十年中生了六个孩子，物质生活上虽然享尽了荣华富贵，但细想起来，她也是很不幸的了。特别是在解放前夕我把她送到香港，更是造成了她终身的痛苦。每思此事，我就异常内疚……

第九章　稽查处长

千余年前，武陵有一渔人，驾着小舟，溯溪流而上，不知不觉来到一片“芳草鲜美，落英缤纷”的桃花林间。渔人发现林尽水源处有一山洞，入洞数十步，即见“土地平旷，屋合俨然，有良田美池桑竹之属”，其间居住着一族避秦世之乱而来此佳境的人们。他们在此男耕女织，代代相传，与世隔绝，生活得怡然自乐。

这个美好的故事见于东晋著名诗人陶渊明的《桃花源记》。这位陶老先生所指的武陵，就是当今的湘西常德；而那山洞，亦被后人称之为“桃花洞”，位于沅江上游、距常德90余里的桃源县境内。因为湘西地域偏僻，交通不便，官府鞭长莫及，且又景致极美——山峦起伏争秀，松翠凝蓝；山上山下林木茂密，洞穴相连，溪流潆洄，清澈见底；山间水边，村庄、房合、田园错落有致，常被笼罩在一层灰蓝色的雾气之中——真乃不是仙境，胜似仙境，故常有人将湘西称为“世外桃源”。

1939年我到常德时，湘西依然水秀山清，但经济、政治状况早已不是传说中的景象了。西南公路从地处洞庭湖口的常德起始，一直依山傍水，横穿湘西，将云、贵、川的交通要道串通。如果想走水路，则更加方便：若从常德乘船顺沅水而下，可越洞庭湖到达长江；若溯清流而上，则可通往沅水上游的各个支流。因此，常德成了湘西的门户，是交通咽喉要地。外地的布匹、面粉、白糖等日常用品，皆可从常德输入，转运湘西各地；而湘西的桐油、茶叶、兽皮、草药等土特产品，皆可由此运往全国各地。

抗战爆发之前，常德是一个拥有十来万人口的城市，经济繁荣，往来商旅、水手甚多。市面上那二层木楼的店铺，如客栈、酒馆等铺面，可谓鳞次栉比。特别是那条临沅水而起，拥有许多矮小饭店、酒馆等供船工、贫穷旅人休息、食膳的街道，竟有十来里长。

“八一三”以后，上海沦陷，南京失守，往来商旅、物资骤然减少，代之而来的是从江苏、浙江等地逃出来的难民。他们扶老携幼、背包提箱，一批又一批地蜂拥而至。一时间，码头上、街道边、城墙下，难民们坐的坐、躺的躺，蓬头垢面，疲惫不堪。常德城内外一片混乱。

我跟雪雪结婚后，就在距常德几里地的乡下盖了一排精致的木板平房，把雪雪安置在那里。同时搬去的还有常德警察局局长黄翀的家眷。

那个地方叫荷花塘，三面环水，有一条几里长的堤坝直通常德城。堤坝两边垂柳依依，碧水涟涟。特别是夏秋之际，荷花盛开，粉的、白的，布满荷塘，真是美极了。尽管是战争年代，这里仍然充满着田园诗一般的韵味。但美中不足的是，荷塘里曾淹死过几个人，人们都说塘里有落水鬼，特别是在月光皎皎的夜晚，常有人看见披着长长头发的落水鬼坐在塘边的石头上。

当时，常德城区的社会治安主要由我负责，我每天都得去城里上班。雪雪虽然胆大，却也怕鬼，所以我每天晚上尽量骑马赶回家。

我从不相信鬼神。为了揭开这个落水鬼的谜，我曾带着卫士在堤坝的草丛里趴了好几个晚上，也没见到什么落水鬼。

一天夜里，我又和卫士趴在草丛里等候着落水鬼的出现。这时，皓月当空，蛙声四起，宽阔的荷塘笼罩在似水的银辉下，显得格外清晰、恬静。突然，远处有一个长长毛发的黑影从池塘里钻出来，坐在塘边的一块大石头上，远远看去，真像一个披头散发的女子。我急忙举起手枪，向它开了枪，那黑影应声跃入水中。我赶到塘边用电筒一照，只见水面上泛起一团鲜红的血水。卫士忙用竹竿到水里打捞，捞起一看，原来是一只毛很长的水獭。

谜底揭开之后，雪雪不再害怕了。这时她刚生下大女儿，我也因工作忙，常常不能回家。

警备司令部的职责是维护社会治安，保护老百姓生命、财产的安全，防止奸商巨贾倒卖抗战物资，走私通敌。然而，实际情况却与之截然相反。

当时，社会上许多奸商趁混乱之际，把湘西出产的桐油、茶叶、锑矿、钨矿等物资偷偷运过洞庭湖，高价卖给日本人；有的则从四川、贵州等地贩卖鸦片到湘西走私。那时，查禁资敌物资和鸦片，正是我职权范围之内的事。奸商们为了打通我这道关卡，经常摆酒设宴邀请我，给我送钱送礼。因为我既不抽烟，又不喝酒，因此对他们的宴请总是婉言拒绝。

有一次，奸商们合伙请我赴宴，说有重要事情跟我商量，我因刚到常德不久，觉得对地方上的这些头面人物不敷衍一下也不好，于是应邀前往。没想到这些老奸巨猾的商人根本不提正事，而是一个劲儿地恭维我，说我青春年少，精明能干，将来一定大有作为，都希望和我交个朋友。席间，他们又找来两个极俊俏的芳龄女子，让她们给我敬酒布菜。一见这场面，我知道他们定然有求于我，却猜不出是什么事情，还以为是想巴结我，让我的部下少到他们的商号里去敲竹杠、找麻烦。

饭后，身边的一个奸商塞给我一个红纸包。我一摸硬硬的、沉甸甸的，知道里面一定是金条。我不解地说："无功受禄可不敢当，你们到底想要我干什么？"说着就把纸包退给那人。

那奸商双手推着我递过去的纸包说："这是我们大家的一点小意思！希望你能照顾兄弟们一下，合伙做桩买卖。"

听了他的话，我就明白他所说的"买卖"是什么了。我故意装出不明白的样子问："你们做你们的买卖好啦！我一无本钱，二无物资，怎么能跟你们合伙呀？"

"处长，你是明白人，只要你写个条子，让手下人放我们的货物通行，你的本钱就出来了！"

"处长，这年月东方不亮西方亮，哪个还怕钱咬手？不要那么认死理啦！"

奸商们七嘴八舌，有的明说，有的暗讲，无非是让我入伙，做走私买卖。

那时候，我才25岁，可谓是少年得志，血气方刚，"壮志"满怀，一心想为"党国"干出一番事业来，见奸商们把我当成贪图钱财的"昏官"，便怒从中来。

我把那纸包往桌上一拍，说："不义之财我不能收！我劝你们还是不要干这种勾当，你们要是干了，碰到我的手上，可别怪我沈某人不讲情面!"

奸商们碰了钉子，知道我不是好惹的，就不再找我了，但他们并没有因此而停止走私活动。后来被我手下的人查到几次，但因与警备司令部的其他官员有联系，我也只好睁一只眼闭一只眼。我知道，自己初到常德，过多地得罪上司和同行，对自己的前程也不利。

然而，有些事情做得太露骨、太过分，我认为有损"党国"威信，也感到异常气愤。

1937年12月17日，南京沦陷，日军入城。

那时南京沦陷，日寇大肆屠杀了我30万同胞的消息传来，人们尚沉郁于悲愤之中的时候。身为常桃地区最高长官的常桃警备司令，却一心惦念着自己美貌的夫人，决定接其到常德。这消息轰动了常德有钱有势的人物，上至地方官员、商贾头目，下至乡绅地保，无不认为这是一个讨好、巴结司令的好机会。

司令夫人从长沙乘车到沅江对岸的汽车站下车，司令亲自带着副官、卫士过江迎接。在常德头面人物的动员、指令下，老百姓几乎倾城而出，大小官员、头面人物更是无一遗漏，都到城外大码头恭候。

夫人乘坐的渡船终于开过来了。只见她站在船头，身穿青丝绒旗袍，身后披着的紫红色天鹅绒斗篷，被微风轻轻掀起。专门过江迎接夫人的司令、副官等人都稍稍靠后站在她的一边，比画着跟她说着什么。船越来越近了，夫人满面春风，风度潇洒飘逸，确实是倾国倾城。她还没有下船登岸，码头上的欢呼声、掌声早已此起彼伏。那场面、那气派，宛如迎接一位从前线杀敌凯旋的巾帼英雄。

欢迎仪式结束后，商贾头目及乡绅们便大摆酒宴，为司令夫人接风洗尘。

当时，我自然也在被邀请之列，但我不胜杯酒，就在人们频频举杯之际溜了出来，走到酒楼门外，还能听见那刺耳的祝酒之声。这时，走在我前面的一位身着长袍的白发老者，抬头望望酒楼，摇摇头，边走边自言自语道：

“唉！国难当头，百姓流离，将军大人们依然是酒宴美女……”

当时，我亦有同感，觉得这些人太不顾大局，实在有负民心，有损“党国”威信。

酒宴后不久，司令就把常德的治安工作全部交给我负责，他偕爱妻，连同司令部一起，都搬到距常德十几里外的乡下去了。

常德属川湘门户，日本飞机每次在轰炸重庆、贵阳返航时，都常常把剩下的炸弹投到常德城内。于是每当敌机临空的紧急警报嘶鸣起来的时候，人们即拖儿带女、扶老携幼，像潮水般涌上街头，跌跌撞撞地往城外防空洞跑去。我和部下一起组织人们往城外跑，因为人手少，常常顾了东顾不了西，直到听见敌机炸弹扔下来的呼啸声，我才能找个最近的防空洞躲起来。这时城内往往还有许多人没能跑到城外，轰隆隆的爆炸声夹杂着人们呼儿唤女、喊爹叫娘的哭叫声，一阵阵

传到洞里。我靠着洞壁默默地坐着，心里非常着急。

好不容易等到空袭警报解除，常德城内外已是硝烟弥漫，许多地方房倒屋塌，街头巷尾横七竖八地躺着被炸伤、炸死的人们，有颈上还挂着长命锁的儿童，也有穿着红裤绿袄的女人及白发苍苍的老者。尤其是那些初到常德来的难民，他们不了解地形情况，到处乱跑，被炸死、炸伤的很多。人们呼天抢地的哭声和寻找亲人的喊叫声混成一片，真是惨不忍睹。这时，我已顾不得想别的，忙组织人抢救。可还是人手不够，有时忙到深夜，还有人被埋在被炸塌的墙下。

有一次，空袭之后，我忙到夜里 11 点多才基本完事，因惦念生产不久的妻子，便骑马往城外的家赶。谁知刚出城门，突然马头像被什么东西挡住了似的，前蹄腾空，昂头嘶鸣。我好不容易才勒住缰绳，忽然，隐隐听见一阵哭声，像女人的，又像婴儿的。我知道这边城门外并无一户人家，这哭声从何而来呢？在这荒郊野外，猛然听到哭声，我也不由得毛骨悚然。我忙让卫士去寻找哭声的来源。他打着手电，寻着哭声找到一片炸塌了的城墙脚下，哭声却听不到了。我想一走了事，可刚走几步，仿佛又听到了哭声。我想这下面一定有人，就让卫士把防空队的人叫来，挖开倒塌的城墙看个究竟。

不到半小时，防空人员从废墟里挖出一个年轻女子。她梳着巴巴头，穿一身印花的粗布裤褂，一看便知是个农村女子。人们把她身上的砖头搬开时，她已全身僵硬，死了多时了。可是她还是双膝跪在地上，一只手臂直直地支撑着上身，另一只手臂还紧紧地把一个 1 岁左右的婴儿搂在胸前。婴儿还活着，只是被憋闷得奄奄一息了。

此情此景，使我和所有在场的人都难过得流下了热泪。同时，一股内疚之情也涌上我的心头，我想，如果我能早几个小时派人把她挖出来，那这位年轻而崇高的母亲不就可以得救了吗？然而，那时我的人手实在不够，城里的人尚且得不到及时抢救，又何况城外呢？想到这些，我便对警备司令产生了强烈的不满情绪。如果他不把整个司令部都搬到十几里外的乡下去，那工作人员不就多得多了吗？如今百姓惨遭涂炭，而他却搂着夫人在做温柔美梦，如果这样下去，日本人一旦进入湘西，常德岂不要变成第二个南京了吗？我越想越愤慨。

我吩咐下属把那个救出的孩子送去医院抢救后，就派人把那个年轻的母亲安葬了。等我赶回家时，已是半夜两点多钟，还在荷花堤上，远远就看见我家的窗口还透着微弱的灯光。我心头一热，疾步赶到家门口。房门刚打开，雪雪就一下子扑到我怀里，仿佛我们经过了一场生离死别似的。我轻轻捧起她那带笑带泪的面庞，刚想向她解释回来晚的原因，她却笑着说：

"听到城里的爆炸声，都快把我急死了！我想去城里找你，黄太太硬拉住不让我去。幸亏黄局长回来说你没事，我才放心点。你累坏了吧？锅里有热饭，我给你端去。"

我确实很累，可一看到雪雪的笑脸，感受到她的温柔体贴，什么劳累和烦恼就都烟消云散了。

雪雪亲自下厨房给我端来饭菜，又去给床上的大女儿掖被子。看到床上睡得正香的大女儿，看到雪雪那疼爱孩子的样子，我不由得又想起了刚才的那位年轻母亲，想起白天城里被轰炸后的惨状，想起司令夫人来常德时的情景，心里觉得像是压着什么东西似的，怎么也吃不下去。等雪雪睡下之后，我立即提笔写了几首诗，其中有这样两首：

频年国难复天灾，百姓流离哭正哀。
今日武陵仍世外，满城争看美人来。

川湘门户责非轻，民食军需赖洞庭。
卅万冤魂犹痛哭，武陵慎莫变金陵。

后来，我把这几首诗署以"武陵渔翁"之名，悄悄地在《自强日报》上发表了。司令官看到报纸后大发雷霆，他把我叫去，气急败坏地拿着报纸对我说：

"你看看！你看看！居然骂到我的头上来了。你一定给我查出来，是谁写的，好好整治他一下！"

我佯装惊诧地说："这还了得，居然在司令头上搞这些名堂，只要追查出来，

我一定严加惩办!"

我知道,《自强日报》是蒋介石的战干总团办的,这位司令也不敢把它怎么样。报社社长是我的部下警察局局长黄翀的本家,跟我关系很好,也不会揭发我。退一步说,即使有人告到司令那里,他也顶多只是骂我一顿。我知道他一向信任我,常德的治安工作几乎全交给我办,正因为工作上有我这个得力助手,他才能放心大胆地陪着夫人,住到乡下去过世外桃源般的安逸生活,更何况我后面还有个军统呢!所以我也有恃无恐,后来事情也就不了了之了。

第十章　官匪一家

山河破碎，百姓流离失所。政府官员不仅置百姓生死于不顾，自行其乐，而且作威作福，搜刮民财，竭尽刁难之能事。

常桃警备司令部搬到乡下去以后，成天吃喝玩乐，无所事事。他们在游山玩水之际，发现桃源地区有几家私人开采的小金矿，认为只要没收过来成为官办，就可以从中捞不少油水，发一笔大财，于是建议湖南省政府将这几家金矿没收，交常桃地区官方经营。

矿主们得知此事之后，纷纷拿着黄金贿赂司令部官员，并答应按期给地方政府缴纳税金。可是，司令部的官员们把贿赂收下了，却仍然坚持官办。矿主们认为官府坐分红利还不算，竟要连锅一起端走，很不服气。而常桃警备司令部竟以“私开金矿、抗拒命令”为由，一下就擅自枪毙了六个小矿主，并把他们的财产全部没收，装进了自己的腰包。矿主的亲属及矿山的管事对官府如此草菅人命极为不满，几家联合起来，跑到湖南省政府去告状。这就是当时轰动湖南的“桃源事件”。

事情告发后，湖南省政府决定撤销常桃警备司令部。因为我一直在常德城区负责，不曾参与此事，所以我所管辖的稽查处不但没有撤销，反而被改为常德军警稽查处，让我负责整个常德地区的治安，划归洞庭湖警备司令部管辖。

那时，我自认为比别人清廉，很是得意。谁知第二年开春，我手下的六个稽查员，竟在渡口检查所借检查之机，贪污了几个过路难民的黄金。那几个难民找

到稽查处告状，我不相信他们的话，因为这几个稽查员是我特意从特务处调来的，是我的亲信，我认为他们绝不会背着我去干这种事。我对告状的人说：“你们大概弄错了，我的人怎么会干这种事?”

难民中一个较年轻的，气哼哼地答道：“明明是检查所的人把我们的东西拿走了，你还说不会干这种事。你们稽查处到底是维护治安的，还是存心抢劫难民的?”

我听他扯到稽查处头上了，就很生气，没好气地说：“你们先去吧，等我调查调查再说。”

难民走后，我下令把那六个稽查员先关起来，准备第二天审问他们。谁知，关他们的人认为这是小事一桩，就随便把他们关在一个办公室里，当天晚上，竟有五个人带着黄金逃跑了。没有逃走的一个，是因家眷都在常德，他供认了贪污难民黄金的事，并告诉我，其他稽查员也有不少贪污难民钱财的事，只是许多难民不敢惹事，没有告到稽查处来罢了。

我让这个稽查员退还了他贪污的那份黄金，给了他个处分。而对逃跑的那五个人以及以前干过这类事的稽查员，却没有再追究。这一方面是考虑到法不责众，另一方面还担心事情闹出去，对我这个当处长的也不利。常言说：“瞒上不瞒下。”反正军统局远在重庆，无奈我何，“天高皇帝远”，常德地区的事我说了算，我不汇报，上面也不会知道，于是能瞒的事我就尽量隐瞒下来。

对部下的不法行为，我采取的是宽容态度，但对平民百姓的“不轨”行为，我则从严处置，或打或骂，或送进监狱，甚至连1984年逝世的中国佛教协会副会长巨赞法师，也曾挨过我两记重重的耳光。

当时，江浙地区有一批难民逃到了常德，其中还有几个出家人。听部下报告说，出家人中有一个30多岁、法名叫传戒的和尚，到处宣传说国民党不抗日，弄得国土沦丧，百姓无家可归。

当时，我虽然自己对国民党军队不积极抵抗的情形也深为不满，但是听到平民百姓批评国政、指控政府政治弊端并到处宣传，又很生气。我认为这些人居心叵测，意欲危害党国，扰乱民心，我身为党国官员，不能不管，于是派部下把传戒抓到稽查处。我凶狠地怒斥他道："你好大的胆子，竟敢跑到这里来妖言惑众！你一个出家人，不安分守己念你的经，到处搞什么宣传？你是不是共产党派来的？为什么到处说国民党不抗日？"

巨赞法师

那出家人见我这凶神恶煞的样子，就双手合十，双目微闭，念一声"阿弥陀佛"，然后说道："出家人不问政治。但国土沦丧却是事实。如果贵党抗日，我们出家人何至于流离失所，逃到此地？"

他振振有词的回答使我恼羞成怒，上去就是两记耳光，并破口大骂："我让你嘴硬，让你说！要不看你是个出家人，老子今天就毙了你！"

当年的传戒和尚，就是后来的巨赞法师。现在每想此事，我都深感惭愧。

湘西地区物产丰富，土地肥美，人民强悍勤劳，但其生活却极为贫困艰难。主要原因不外乎两点：其一是官府乡绅搜刮、剥削；其二则是土匪抢劫、骚扰。

湘西土匪众多，由来已久，然而匪多的原因又多是由于官府抓丁逼粮，鱼肉百姓所致。国民党统治时期，湘西土匪更加猖獗，政府虽曾几次派大部队进山剿匪，结果却是越剿土匪越多。

湘西地区山势险峻，树茂林深，而且自然形成的大岩洞一个连着一个。官兵从东来，土匪就往西跑；官兵从南去，土匪便往北逃，官兵连土匪的影子都见不着。如果官兵很多，采取四面合围包抄的办法，土匪就化整为零，分散到各村各地。官兵抓不到土匪，就威逼当地百姓，烧房并寨。这里的百姓实在艰难，土匪来时，他们得给土匪交钱纳粮，否则土匪会把村寨搅得鸡犬不宁，百姓只好倾其所有交出去，以求安宁。可是官兵来了，又因他们给土匪交过钱粮，而妄加通匪之罪，送去坐牢或杀头。于是这里的百姓只好铤而走险，弃家为匪。

我在常德任军警稽查处处长之际，湘西地区有三股大土匪：以龙山为据点的

匪首瞿伯阶，拥有1000多人，经常活动于来凤、鹤峰、宣恩一带；另一股土匪以杨树成为首，则活动于黔江、秀山、酉阳一带；还有一股土匪的匪首是彭春荣，外号叫“彭叫驴子”，他的人马经常活动于常德附近的沅陵、永顺地区，有时也窜入常德地区作案。

我因为要负责常德地区的治安，加之年轻气盛，好大喜功，就决定用我曾在上海捉拿盗匪的一套办法，来对付窜入常德地区进行骚扰破坏的土匪。可是，当地商贾、豪绅坚决反对我这样做。他们深知土匪底细，也知道我手下那几个军警根本不是土匪的对手，如果惹恼了土匪，不但对付不了他们，反而会给当地带来更大的灾祸。他们告诉我，彭叫驴子拥有上千人，前两年为了抢沅陵县城的一个漂亮妹子上山当压寨夫人，竟动用了400名喽罗攻打县城，如果我们惹恼了他，他会联合其他两股土匪一起来血洗常德的。

我听了他们介绍的情况，也觉得不能轻举妄动。可是总不能这样听其自然呀！于是我把乡绅、商贾们请来，向他们征求对付土匪的办法。他们说，办法是现成的，这里以前的地方官大都采取与土匪订立协议的办法，只要答应土匪提出的一些条件，他们就可以不到常德来捣乱。因为常德地区地势较为平坦，不像沅陵、永顺一带有高山峻岭，土匪容易躲藏，只要能让他们自由地到常德来采购物资，他们也是不愿随便来骚扰的。我只好派手下一个曾与土匪打过交道的组长前去与彭叫驴子订立协议。不过，与土匪协议是不能见诸文字的，那会让人抓辫子，只是双方心中都有数即可。土匪提出的条件是，他们到常德地区来采购物资器材时，官方不得捉拿拘捕，只要不找他们的麻烦，他们就保证不到常德地区作乱。我只好照办，任土匪在常德自由出入。

我在常德的两三年中，因有这个官匪协议，所以常德地区倒也安宁，不曾有匪患。但是与常德毗邻的沅陵地区，就时常遭到土匪的骚扰了。因为当时我还兼任湖南第二区（湘西地区）保安司令部侦察组组长，常德地区以外发生重大案件时，保安司令部有时也命我去负责处理，因此我又与彭叫驴子做了一次交易。

南京失守后，江浙、皖赣等地许多学校纷纷经湘西往大后方转移，因而西南公路上经常有一辆辆的大卡车把学生运往贵州、四川。常德地区的公路还较为平坦，而一进入沅陵地区，公路几乎是在崇山峻岭中盘旋，一个山头接一个山头，常常使人心惊胆战、头晕目眩。可是公路两边的自然景物又极为雄伟壮观，令人目不暇接，很容易使人忘记行车的危险。

一天，两辆满载着女学生的大卡车在公路上行驶。女生们对公路两边那潆洄的清流、挺拔的山峦赞叹不已，她们指指点点，比画着、欢笑着。车刚驰过桃源地区，突然，从公路两边的翠林山石间蹿出几十个彪形大汉，他们截住卡车，把司机和带领学生的男教师五花大绑地捆住，将车上 42 名芳龄少女全部劫走了。

原来，彭叫驴子及其部下平时对湘西农村里那些梳巴巴头、穿绿袄红裤的妹子、媳妇任意糟蹋，为所欲为，但还从未见过这些穿裙子的城里洋学生，此时见到公路上一卡车一卡车的女学生，早就垂涎三尺了。这次，他派人埋伏在公路两边，就是特意来抢女学生的。

事情发生后，学校和学生家长一下子都轰动起来了，状子一张接一张地告到湖南保安司令部，司令部便命令我设法营救那些女学生。我冥思苦想也无计可施，只好又派那个与土匪有联系的组长进山，去跟土匪谈条件。三天后，派去的人回来汇报说，彭叫驴子答应不让我为难，同意把女学生送出来，交换的条件是 100 发七九步枪子弹换一个人。

事也凑巧，我正好从当地渔民手里没收了一批七九步枪子弹。这批子弹是国民党军政部撤退时，一只运器材的木船在沅江上触礁沉底后丢下的。军政部的人只把贵重器材打捞走了，江上的渔民就把水中的子弹捞了上来。我认为军用物资不能留在老百姓手里，就不分青红皂白，把子弹全部没收。因为稽查处的人员都使用短枪，用不着这种步枪子弹，于是我答应了彭叫驴子的条件，把这些子弹全送给他。这些子弹除了可以换回 42 个女学生外，还多两千多发，也白送给他，希望他以后不要再给我添麻烦。

彭叫驴子得了这么多子弹，非常高兴，一个劲儿地夸我“够朋友”，还叫人给我送来一件意想不到的“礼物”。这礼物说起来让人毛骨悚然，那是一副人皮蒙的马鞍，除了脚镫是银制的外，马缰绳和笼头都是人皮做的，马鞍四周还镶了一圈人的大拇指指甲盖。来人说，这种马鞍在土匪中只有坐第一把交椅的山大王

才有资格使用。想不到我没收来的几千发子弹竟换来了一个山大王的“特权”。

看到这件令人啼笑皆非的礼物，真不知如何是好。我当然不愿使用它，但又觉得这确实是千金难买的稀世之物，就把它收藏起来。后来，我母亲来常德得知此事，大发脾气，命我立即把它深埋地下，还让人烧香焚纸祭奠了一番。

彭叫驴子倒也蛮讲“义气”，他很快就把女学生送回常德。但是只回来了30多个，有几个女学生居然自己愿意留下当压寨夫人。不愿意回来的女学生，每人都写了封信给家长，表示是自己要留下的。其中有个女学生在给父母的信中这样写道：

> ……二老不必为此事伤心，如果不是发生战争，我去年也许就被那个当官的娶去做小老婆了。依我看，嫁给土匪也没什么了不得的，如今的世道，官和匪都差不多，有钱、有枪就有一切。您二老不总担心我将来找不着好人家受穷受罪吗？这下你们可以放心了，保准二老今后不愁吃穿……
>
> 这里的人待我很好，所以我自愿留下，请放心。

原来，这个女学生长得极标致，曾和一个男青年感情很好，可她父母嫌男青年家里穷，硬是要把她嫁给南京一个看中她的官员做外室。她父母因收了那官员的彩礼，所以同那人一起拆散了他们，她很恼怒。后来南京失守，那当官的未来得及完婚，就去重庆了。所以这个女学生现在宁可当压寨夫人，也不愿将来再去做外室。

当时，我对这女孩子的做法很不以为然，现在想起来，她的话也不无道理。在旧社会，官就是匪，匪就是官，在对人民的危害方面，实在难分高低。

1941年初，我原来隐瞒了的部下贪污难民黄金之事，突然被人告发了。告状的人是军统局湖南站常德组组长秦某。他早就垂涎我这个处长职位，看到我把部下贪污难民钱财之事隐瞒不报，就认为我一定从中得到了油水，以为告倒了我，他就可以取而代之。秦某偷偷地向军统局和湖南站打了报告，军统局派来人调查，证明我并没有分赃，但洞庭湖警备司令部还是决定撤我的职，因为五个部下逃跑了，我也隐瞒未报。

这时我已知道是姓秦的在跟我作对，就立即写信给戴笠，把情况告诉了他，并提出让曾任沅陵警备司令部稽查处处长的黄加持来接替我的职位。我想，你姓秦的想挤走我，好占我的位子，没那么容易，我偏不让你如意！

不出所料，戴笠来信完全同意我的意见，并命令我马上去重庆报到。我虽然被撤了职，却十分得意，心想，看谁斗得过谁！

那次去重庆，我是很高兴的。只是雪雪正身怀有孕，行动不方便，如果坐汽车走旱路去重庆，我担心她经受不了一路的颠簸。加上沿途公路常常遭到日机的轰炸以及土匪的骚扰，很不安全，于是我决定坐车到沙市，再换乘宜昌开往重庆的客船。谁承想为了坐上客船，我还充当了一回偷船的角色。

当时，各地逃往重庆的人很多，从宜昌沙市开往重庆的轮船停在江心，不肯靠码头，达官贵人们要乘客船都不得不坐小船到江心去。可是当地的军队为了撤退方便，已把所有的小船都集中到一起，专门派人看守，不准别人动用。我虽有军统的证件，但当兵的可不管那一套。我知道，战乱之际，跟当兵的也无法讲理，就决定去偷一只小船。

小船集中的地方有五六个持枪的士兵看守，我领着卫士和副官侦察好地形之后，决定趁天黑时动手。到了晚上，我让保姆和副官陪着雪雪，我亲自带着卫士去偷船。这天晚上偏偏是皓月当空，朦胧的月色把波光闪闪的江面照得格外清晰。卫士的水性不如我，我怕他笨手笨脚被卫兵发现，反而误事，就让他在岸上等候。我绕到下游卫兵看不见的地方下水，迎着长江滚滚的波涛潜到拴船的地方。幸亏卫兵大都注视着岸上，很少回头注意江面，我趁机解开最边上的一只小船，潜到船底，随小船向下游漂去。

船刚漂离江岸，卫兵就发现了。我隐隐听见卫兵喊道："不好！船被水冲跑了，快追！"我在水下使劲把船推向江心，一直漂出一里多地，看看岸上卫兵并没有追来，我才把船推到岸边。之后，我们顺利地上了客轮，到达重庆，开始了我平步青云的仕途生涯。

第十一章　有恃无恐

重庆是一座美丽的山城。房合、竹林依山势层层而立，参差错落；蜿蜒曲折的青石板阶梯，光滑洁净；如云似雨的薄雾，长年笼罩着整个山城。她就像一位披着轻纱的少女，亭亭玉立在嘉陵江畔。

“八一三”以后，国民政府由南京迁到重庆，大批大批的特务、军警也随之蜂拥而来。他们在重庆作威作福，抓人杀人，为非作歹，把美丽的山城搞得乌烟

原重庆国民政府大楼

瘴气、民不聊生。然而，这正是戴笠最得意的时候。军统局由过去的2000多人，一下子扩充到了5万余人，就像个庞大的蜘蛛网，遍布全国各地。重庆特务最多的时候，竟达两万余人。无论是天上、地下，还是水上、陆路，都设置了特务的检查哨卡。甚至连旅店、商行、医院、学校等公共场所，也随时可以见到特务、军警的身影。

我一到重庆，就得到了戴笠的重用。仅仅一年多的时间，我就由重庆市警察局侦缉大队大队长晋升为重庆卫戍总司令部稽查处督察长，紧接着又升为该处副处长，第二年便提升为军统局局本部总务处少将处长。我之所以晋升得如此之快，不外乎戴笠的提拔，以及自己的"苦心"钻营，反共"有功"。

从常德一到重庆，我就迫不及待地去见戴笠。他见到我高兴地说："你来得正好。他们就是不撤你的职，我也要下令调你来的。你马上把家眷安排一下，我有特殊任务交给你。"

原来，汪精卫已在1938年底离开重庆，由昆明转往河内，并发表了卖国声明。蒋介石对他恨之入骨，因为日本人有了汪精卫，就不再把他作为谈判对象了。这时，汪精卫又在南京成立了汪伪政权，公开与日本人合作。蒋介石已先派

1940年3月30日南京举行汪伪政府成立典礼

唐生明去南京搞“曲线救国”活动，戴笠很想让我再领一批特务去配合唐生明，暗杀汪精卫。

我在上海搞了六年的行动，对这项任务充满信心，就把雪雪送到贵阳姐姐家中，自己前往上饶“便衣混成队”，去挑选、训练特务，准备带着他们经第三战区防地，潜入南京、上海。

三个月后，挑选和训练工作已告结束，正准备去上海时，突然接到戴笠的急电，命我立即回重庆。我不知有什么急事，匆匆赶到重庆曾家岩戴笠的公馆，一进门，戴笠劈头就说：“上海不要去了！”

“为什么？我什么都准备好啦！”

“你别管了，我马上派别人带他们走，你不能去了！你知道吗？你人还没去，敌人已经知道了。他们的电台多次广播说，沈醉将带人到上海、南京进行暗杀活动，各有关组织应严加防范、搜捕。上海、南京方面认识你的人不少，你要去了，不是去送死吗?!”

听了戴笠的话，我感激得不知说什么好，我又一次体会到戴笠对我的厚爱。其实，在戴笠给我下达这项任务时，我就意识到了去敌占区是有生命危险的，但我认为这正是效忠戴笠的最好机会，即便明明知道是去送死，我也会毫不犹豫地前往。更何况，我一向相信自己的机智和勇敢，自信有能力摆脱一切困境呢！

戴笠见我只是愣愣地站着，不说话，就笑着说：“别发愁没你干的！我已经给你安排好了，你去当重庆警察局侦缉队队长吧！”

为了让我接手，戴笠还特意把这个侦缉队扩充为侦缉大队，命我任大队长。

当时的警察局局长唐毅，并不是军统的人，他对戴笠插手警察局的事情很不满意，但又不敢得罪戴笠，表面上对戴笠的安排唯命是从。我任大队长工作之前，曾去见过他一次。他40开外，中等个子，那身材、那神态，根本没有一点军人风度，倒很像个大奸商。他听我通报姓名后，眯缝着眼睛上上下下地打量着我，那副神情似乎在说：这么年轻就想当大队长，真不知道天高地厚！他没有让我坐下，就开始询问我的情况，说话时，还是半闭着眼，嘴上叼着支香烟，既不抽，也不拿下来，而是任其粘在他那厚厚的下嘴唇上，说完一句话，才用舌头把香烟往上一舔，接着再抽。

他那傲慢的样子使我很反感，但毕竟是第一次见面，他又是我的顶头上司，我只好毕恭毕敬地站着回答他的问话。临走时，他连屁股都没抬一下，只在鼻子里哼了一声说："你去找蒲岗，把工作先接过来，试试吧！"

我的前任队长蒲岗，40多岁，是黄埔四期的学生，资格很老，但他不善于搞这种工作，什么事都交给手下人去办，自己整天坐在一个茶馆里听汇报，连队部办公室也很少去。他手下的人自由散漫惯了，一见我这个大队长不过才二十五六岁，就根本不把我放在眼里，也很少向我汇报工作。

一天，我无事可做，穿着便衣到大街上闲逛。街上人很多，但货摊上的货物并不齐全。因为是战争时期，只有一些从国外走私进来的货物和四川本地的土特产。我漫无目的地在人群中走着，这里瞅瞅，那里看看。突然，我发现有两三个人总在我身前身后转悠，我也不知他们要干什么，就装作若无其事的样子继续往前走。走不多远，其中一个人故意撞了我一膀子，我刚要回头，觉得上衣兜动了一下，一摸，兜里的一对派克金笔没了。还没容我反手抓人，就听见"啪！啪！"两记清脆的耳光声。回头一看，原来是侦缉大队的一个小队长正在打那个偷金笔的扒手，只见他边打边骂：

"你瞎眼啦！偷到我们大队长头上来了，还不赶快赔礼！"

挨了打的扒手连忙像鸡啄米似的鞠躬赔礼道："我们有眼不识泰山，请大队长多多包涵！"

小队长一把抓过扒手递过来的金笔，一挥手说了声："滚！"

扒手灰溜溜地走了。小队长把金笔递给我，扬扬得意地说："这些家伙真他娘的不长眼，偷到你的头上来了。幸亏让我看见，不然的话，你这对金笔就没啦！"

听了他的话，我暗自好笑，心想，我抓小偷的本领，你还没见着呢！我也懒得理他，继续往前走去。他见我不说话，仍然不知趣地跟在我身后吹牛。

大街上的人越来越多。我快走了几步，想摆脱这个吹牛的家伙。

"你们俩给我过来！"紧跟在我身后的小队长突然喊了一声。

我抬头一看，两个身着空军制服的男子恭恭敬敬地向他走来。嗬，这家伙好大的谱呀！当时，谁不知道空军是“天之骄子”，我们军统都不愿惹他们，他怎么就敢如此放肆？只见这个小队长居然上去搜他们的口袋，并当着我的面把搜到的一个钱包装进了自己的衣兜，而那两个男子却一声也没敢吭。

我好奇地看着他，可他竟毫不脸红地对我说：

“大队长，我领你到一个地方玩玩去，今天这两个小子又给我进了点外快。”

“他们是谁？”我不解地问。

“咳，是两个小偷。他们那身衣服是偷来的。你不知道，这些小偷只要让我们抓到一次，以后就别想逃出我们的手心，只要碰上了，就得乖乖地孝敬我们……”

我没有跟他去玩，回到队部后，立即召集所有中、小队长开会。副大队长问我有什么事，我严肃地指指那个小队长说：“让他说说今天干了些什么事！”那家伙也感到事情不妙，站起来求援似的看着副大队长，说：“我，我没干什么。你不都看见了，我就是搜了那小偷的钱包！”

在座的人开始都愣愣地看着他，以为出了什么大事，听他这么一说，才像松了口气似的，有的开始抽烟，有的开始交头接耳。副大队长还好像怕我露怯似的，在我耳旁悄悄地说：“这里都这样！”

我没有理他，抬头对那个小队长说：“我们侦缉大队是干什么的？难道不是维护社会治安的吗？你身为侦缉队的小队长，居然和小偷同流合污，明目张胆地分赃，把我们侦缉大队的脸都丢光了！”我转身对副大队长说，“你派人把他先关起来，这个风刹不住还了得！”

在场的人听了我的话都面面相觑，谁也不说话。散会时，大家的神态仿佛都在说：何必小题大做！

说心里话，我本来也没必要非这么做不可，只是这个家伙在我面前那股肆无忌惮的傲气太让我恼火了。我想，不借机会整治一下，这帮人还不知道我的厉害呢！可是从开会的结果看来，他们还是很不服气的。

这天夜里，我躺在床上怎么也睡不着。我想，这里不像上海，可以把我过去搞的那套绑架、暗杀的本领施展出来。看来，我不拿出点真本事，这帮人是不会服我的。这时，房间里传来一阵窸窸窣窣的响动声，我知道，这是老鼠在作怪。我住的这个大队长办公室，过去从没人住过，蒲岗办公也从不到这里来，所以老鼠很多。我突然灵机一动，一伸手从枕头下摸出手枪，另一只手猛地拉开电灯，对着满地乱窜的老鼠砰砰砰就是三枪，三只半尺来长的老鼠抽搐了几下就不动了。

队部值班队员听到枪声，不知发生了什么事，都提着枪拥到我住的办公室，连声问道："怎么回事？怎么回事？"

我若无其事地笑着说："这些耗子吵得我睡不着，我教训教训它们。"

几个队员惊愕地看着地上的三只死耗子，连连称赞道："大队长好枪法呀！"

他们刚走出门，我就听见一个队员说："别看他年轻，还真有点本事呢！"

我不禁得意地一笑。这一夜我睡得特别香甜。

为了搞好侦缉大队的工作，使手下人都能为我所用，我就把下面的分队一律升为中队，小组升为小队，使得各单位的负责人皆大欢喜。与此同时，我还向军统人事部门要来了一批临澧特训班的学生，将我认为不称职的通通撤职，换成我的学生。

经过这样的扩充改组之后，我就想根据戴笠的意思和军统的总任务改变侦缉队过去的工作性质了。我一直没忘戴笠对我说过的一句话："……真正能和我们争夺国家政权的是共产党和那些反对委员长的异党分子。你抓来再多的土匪、流氓有什么用？"所以，我认为侦缉大队不应满足于搞社会情报和整治小偷扒手，而应成立一个直属队，专门负责搞党政情报工作。

我的这一建议，果然得到了戴笠的赞赏。他高兴地拍着我的肩头说："好，很好！你不愧是我的学生！"说完，他亲自给唐毅写了一封信，让他按照我的计划去做。可我临走时，他又担心唐毅不买我的账，就让我把报告交到军统局，由那里按手续去办。我正乐得不去见唐毅，就把报告和计划一起交给毛人凤，由他去找唐毅交涉。这样我的计划很快就实行起来。

三个月后，我把侦缉大队整顿得有点条理了，部下也不敢在我面前摆老资格

了，党政情报工作也有了一些“成绩”，一切事情都干得得心应手。不想就在这个时候，因为一件小事，我不得不主动提出辞职。

重庆市警察局局长唐毅，在当时来说算是我的顶头上司。可是一想起第一次见面时他对我那种瞧不起的态度，我就非常反感。这一次，他家丢了两床鸭绒被，报案后，我三天之内就派人找回来了。我按照新规定，通知失主前来领取。没想到他的干儿子却跑来大吵大闹，嫌我没有亲自送上门去。当时我眼里只有戴笠，根本没把这个上司当回事，见他这样无理取闹，以势压人，自然非常生气，就借着他想动手的机会，一拳把他打出门外。他从地上爬起来，边走边指着我喊道：“好！你等着，你等着！”

他走后，我也慢慢地冷静下来了，心想打狗也得看主人啊，我动手打了唐毅的干儿子，唐毅能饶我吗？越想越觉得事情不好收场，只好匆匆忙忙地跑去找戴笠。戴笠听我说完，并没有责备我，只是笑着骂我一句：“冒失鬼！”然后让我马上提出辞职，他另给我安排工作。

然而辞职报告呈上之后，唐毅仍不肯轻易放过我。他派他的干儿子带几个人来查侦缉大队的财产，因为历任侦缉队队长往往是在财物上出问题，他想这下准能抓住我的小辫子。可他们查了三天，账面上一文一物不差。戴笠知道后，得意地对我说：“好！你可给我争了口气，就要这样廉洁奉公才行！”其实，只有我心里清楚，几个月里，我从没收来的赃物中拿出过不少金笔和怀表去做人情。

在重庆，我有不少临训班、黔训班的学生，许多人来看我时，总短不了向我要钢笔、怀表什么的。开始，我也觉得没收来的赃物都是登了记入了账的，怎么能随便送人呢？如果有人来认领或是上面查起账来怎么办？我正不知该如何答复他们时，一个在侦缉队当书记官的学生悄悄地告诉我说：“让他们挑一样吧，只要他们打个认领条，你批一下不就行了吗？”

我一想，这个办法不错。按规定，从小偷手里没收来的现金，三个月没人来认领就充公，作为侦缉大队的奖金；没收来的实物就保存在仓库里，只要有人来认领，打个认领条，写清楚遗失的时间、地点、物品的特征，我签个字就可以领走。现在库房里存了百十来支金笔和十几块怀表，很长时间也没人认领，何不做个顺水人情？只要他们打个认领条，书记官凭条子记账，就可以做得滴水不漏，谁也不会知道，岂不是两全其美吗？

就这样，仓库里那百十来支金笔和十几块怀表，就都通过我的手流进私人的腰包里去了，而我还落了个“廉洁奉公”的美名。

离开侦缉大队后，戴笠立刻提拔我为重庆卫戍总司令部稽查处督察长，不久又升为副处长，仍兼督察长。唐毅常去卫戍总司令部开会，遇到我时，虽然心里很不服气，但表面也只好客客气气的，对我毫无办法。他知道，地方上的警察单位与军统局的人作对，往往是得不到什么便宜的。

在当时，稽查处、警察局和驻重庆的宪兵团，虽然都是重庆卫戍总司令部的下属机构，但警察局属重庆地方管辖，宪兵由宪兵司令部领导，而稽查处则是受军统直接控制的，这三个单位常常发生冲突。戴笠的原则是：凡是军统的人与地方发生争执打斗时，只许打赢，不许打输。不管谁对谁错，只要是军统的人打赢了，他顶多说两句，如果是打输了回来，他就要严加惩处。所以军统的人在外面专横跋扈，从不让人，就连沾了军统一点边的人，也敢胡作非为。

重庆稽查处当时管辖重庆卫戍总司令部13个县的社会治安，每个县都设有稽查所。军统人员不够时，往往就利用当地县城的地头蛇当稽查员。我任稽查处副处长时，綦江县曾发生过这样一件事。

綦江稽查所的一个稽查员在搜查行人的违禁品时，贪污了一个浙江人的财物，这个浙江人正好是重庆卫戍总司令部下属綦江警备司令周振强的同乡。周振强知道此事后大发脾气，把那个稽查员叫到司令部臭骂了一顿。这个稽查员是綦江县的特务介绍的，自认为有军统做后台，就有恃无恐地和周振强对骂起来。周振强气得拍着桌子嚷道：“老子枪毙了你！”这个稽查员也毫不示弱地说：“你要不毙了我，你就是我儿子！”身为司令的周振强，哪里吃过这个？一怒之下，就让卫士把这个稽查员枪毙了。

我在重庆听到这个报告不禁火冒三丈，心想，你一个县的司令有什么了不起？竟敢随便毙了我们的人，我也要让你好受不了！于是我马上带着40个稽查员，分乘两辆大卡车直奔綦江，准备抓周振强，好好地收拾他一顿，让他知道知

道我们稽查处的厉害。我带着人刚到重庆一品场检查所时，检查员向我报告说，戴笠要我在这里立即给他去个电话。原来，我带着人一走，就有人打电话向戴笠做了汇报。他在电话里命令我马上带人回去。无奈，我只好掉转车头。

回到稽查处，我立即气呼呼地去见戴笠。他一见到我就笑着说："我问你，你把周振强这个司令官抓起来准备怎么办呀？"

"反正得狠狠地揍他一顿，看他还敢不敢随便杀我们的人！"我还是气呼呼的。

戴笠听了我的话，沉思片刻问道："那个稽查员是我的学生吗？"

"不是！"

"是军统局派去的？"

"也不是，是当地同志介绍去的。"

"咳！那就算了！司令毙了个把人算什么？只要不是我派去的同志和学生就行啦！你要知道，周振强还是委员长办的战干团的副教育长呢！你打了他，委员长追查下来，你要吃亏，我也不好交代。"

事后，每想起这件事，就觉得自己确实太冒失了，若不是戴笠及时把我追回来，那娄子可就捅大了。

有了这次教训，我就比过去谨慎多了。特别是沅陵警备司令部的稽查处处长郭宗尧、洞庭湖警备司令部的稽查处处长黄加持，以及汉中警备司令部的稽查处处长左明等，都因犯了点小错误被调到重庆卫戍总司令部稽查处任副督察长时，我就更知道要小心行事了。他们调来时，戴笠一再叮嘱我，让我注意考察他们的言行。我这才明白，这个稽查处除了担任军统局在重庆的大部分外勤工作外，还是戴笠用来考核干部能力和储备、锻炼特务骨干的地方。我除了把戴笠的这种做法暗示给黄加持等人外，自己也特别注意，工作干得特别卖力。在当督察长的几个月中，我跑遍了13个县的所有稽查哨所，发现问题就及时解决，实可谓兢兢业业。

几个月以后，戴笠让我兼任了稽查处副处长。我认为自己的"苦心"没有白费，就干得更起劲了。每天下班后我都守在办公室里，把处里的大小事情了解得一清二楚，无论戴笠什么时候打电话来查询什么问题，我都能详细地告诉他。戴笠对我非常满意，这就为我后来能当上军统局本部的总务处处长打下了基础。

第十二章　晋升少将

一转眼，我到重庆已经一年多了。这座依山傍水的山城确实别具特色，生活在这里的人们只要一出门，就得爬岭下坡。初到这里的人，就是空手走路也免不了汗流浃背。

这天清早，我刚起床，正在卫生间洗脸，卧室里的电话铃就响了起来，卫士告诉我说是戴先生来的电话。我一拿起话筒，就听见戴笠异常焦急地说："快！你马上把汽车加满油，亲自开到曾家岩来！"

当时曾家岩有戴笠的一处公馆，位于嘉陵江畔，距我所住的稽查处并不太远。我不明白他为什么这么着急，也顾不上多问，连卫士给我端来的早饭也没吃，就开车赶往那里。

曾家岩的戴公馆大门前有一条斜坡似的碎石子路，汽车能直接开到门口。下了车，门内的卫士就告诉我说："戴先生正在等你。"

我顺着门内的石级过道走到客厅，见戴笠正背着双手站在窗前，隔窗眺望那弥漫着轻纱般水雾的嘉陵江。听见脚步声，他急忙转身走过来，急促地对我说："你快把车开到牛角坨小巷口，路边有个年轻女人等在那里。你让她上车，不要停留，一直把她送到成都金河街公馆去。"

"什么事这么急呀？"这时戴笠的卫士正用盘子端着早餐进来，我忙说，"我还没吃早饭呢，吃完饭再去吧！"听说是送一个年轻女人，就知道不是什么大不了的事，我有点不太情愿。

“嗨！你别问了，赶快去吧，晚了就误事啦！给，把这鸡蛋和面包拿去！”他说着，连忙从盘子里抓了两个鸡蛋和一块面包塞到我手里，我只好接过来，边吃边往外走。他见我那不慌不忙的样子，就着急地催促说：“你边开车边吃吧，别磨时间了！”

当我把车开到牛角坨时，果真看见一个极标致的姑娘提着两只皮箱，正在巷口焦急地东张西望。我的车子还没有停稳，她就急匆匆地跑过来问：“是戴先生派来的车吗？”

我点点头。她二话不说，迅速地钻进汽车。我的车刚开出不远，迎面就遇见了一辆小轿车和一辆大卡车。卡车上坐着满满的一车人，手里都拿着棍棒等物。这时，我从车上的反光镜看见，我车座后面的那个姑娘面色苍白，使劲低着头，显得十分惊慌。汽车开出十几里地，她才直起身子，回头往车后看了看，见没有任何车辆了，长长地嘘了口气，自言自语地说：“好险啊！”接着，她请我把车停一停。我以为她要上厕所，便在一处路旁有厕所的地方停下车，并替她把车门打开。她下车后，并不上厕所，而是把前面的车门打开，和我一同坐到驾驶室里。

见她刚才吓成那样，我觉得她真是怪可怜的。我想，她肯定与戴笠没有什么密切关系，如果有什么关系的话，她就用不着怕谁了。可是戴笠又为什么这样关心她呢？出于好奇，我忍不住问她到底是怎么回事。开始，她红着脸支支吾吾地不肯说。后来我安慰她说：“你放心，有戴笠先生帮忙，你什么也不用怕！”她听了我这话，摇摇头，叹口气说：“也多亏戴先生及时派了车子来，如果车来晚了，就是戴先生亲自在场，怕也是帮不了什么忙的。”然后她才吞吞吐吐地把实情告诉了我。

她刚22岁，在中国银行当职员，被宋部长看中，做了外室。宋的老婆得知此事后，几次都要带人来打她，砸她的家。前几次没找到她的住处，可是这天早上，宋子文打电话告诉她说，他的老婆已经知道了她的住处，正要带一批人去找她。她说，她上车以后，迎面遇到的那两辆车，正是宋子文老婆带来打她的人，所以她特别惊慌，生怕被认出来。

听了她的话，我才恍然大悟。我知道戴笠与宋子文的关系一直很好，他不但在工作上极力维护宋子文的利益，就是在私生活上也是关心备至，考虑得非常周到。宋子文家的警卫人员大都是戴笠派去的，他家里发生了什么事情，戴笠都能很快知道，只要能帮上忙的，不用宋子文说话，他就主动地替他解决了。这次事情大概也是属于这种情况。

四大家族之一的民国“首富”宋子文

那天，因为我的汽车出了点小故障，未能按戴笠的要求赶到成都，我们就在内江市的一家高级旅店住了下来。这时，那女子还没有恢复常态，像一只刚刚逃离危险的小兔，惊魂未定，住宿的房间刚安排好，她突然又提着两只箱子哭哭啼啼的来找我。我问她怎么了，她把两只箱子都打开，说：“你看，我提错了箱子，什么东西都没带，可把这些东西带来了!”

我低头一看，就忍不住想笑。原来这两只箱子里装的全是布娃娃和其他玩具。她告诉我说，临走时，她太慌张了，装着所有贵重物品的两只箱子没拿，却提来了两箱宋子文从国外给她买回的玩具，现在她连换洗的衣服都没有。说着，她气呼呼地抓起箱子里的玩具就往地上摔，像受了委屈的小姑娘，边摔边冲着布娃娃说：“你们真把我害苦了，要你们有什么用?”

我强忍住笑，安慰她说：“东西没了不要紧，只要人平安出来就是万幸。这些布娃娃可没有罪，你别摔了，如果你不要的话，正好给我的孩子玩儿!”她听我这么一说，又破涕为笑了。

在旅馆里，我给戴笠打了个长途电话，把这件事告诉了他，他一听就哈哈大笑地说：“不要紧！到了成都，她要什么给她买什么。先安排她在金河街住下，我一两天就去成都。你也在那里等我，我还有事对你讲。”

戴笠在成都金河街的公馆，抗战前是日本驻四川的领事馆。那是一座钢筋水

抗战时期蒋介石和夫人宋美龄在重庆

泥结构的二层楼，坚固而美观：室内宽敞明亮，米黄色的天花板雕饰着本色的图案花纹，几盏枝形吊灯均匀地悬挂其间，地面全用方形花砖镶嵌，家具摆设极为豪华。但是室内布置却十分零乱，可以想到，房子的管理人员是不大会安排布置的。

我把那女子安顿好之后，就领着戴笠留在那个公馆里的副官、卫士，把客厅里的家具、摆设重新布置一番。刚布置完，戴笠就赶到成都了。他一进门，看到室内变了样，不禁满意地问道："嗬！布置得这么好，是谁的杰作？"

当手下人告诉他，这是我领着人干的时，他很惊讶，仿佛不认识我似的，把我打量了好一阵才说："想不到你这个人在这方面也有一套，这我就更放心了！"

原来，宋美龄要去美国游玩，蒋介石让戴笠找一个可靠的将官级特务去给宋美龄做随员。戴笠决定让我去，他认为我忠实可靠，办事认真，胆子大，枪法好，正适合去担任这项工作。这时他看到我在安排内务方面也这么细心、周到，就更加满意了，相信我一定能照顾、保护好宋美龄。

一天下午，3 点左右，戴笠领我去重庆上清寺蒋介石办公和居住的地方去见蒋介石，让他做决定。这时，蒋介石夫妇正在一个小饭厅里进午茶，侍从警卫组长黎铁汉向蒋介石汇报之后，他让我们马上进去。

我已经不是第一次见蒋介石了。我早年在上海的时候，蒋介石每年都要到上海来一两次，他在上海的住宅坐落在法租界西区，贾尔业爱路 9 号，从 1933 年起，他一到上海，戴笠总是叫我挑选十几名组员去为他担任外围警卫工作。我记得接受这项任务后的第一件事，就是去法租界巡捕房为蒋介石带去的警卫人员领取临时枪照。当时法租界规定，国民政府高级官员到租界管辖地区的住宅后，其警卫人员所携带的手枪，都要马上登记，而且不能超过六支。至于其他武器，如手提机枪、步枪、马枪、冲锋枪等，根本不能携入租界。即使是中国当时的第一号统治者，也得遵守这一规定。不过法租界对蒋介石还是多少给点面子的，准许他的警卫人员可以携带 12 支手枪。

每次我和别人一道去替他的卫士办理临时枪照时，心里都很愤愤不平。为什么在中国的土地上，中国的最高统治者还要受到外国人的制约呢？这些外国佬也实在太横行霸道了！与此同时，我又由衷地敬佩他，心想，人家到底是大人物，气量就是大，居然能对法租界的这等无礼规定置若罔闻，而且每次一到上海，他就主动地叫侍卫长马上找人去办理这种手续。当时我认为，这么大的人物能做到这一点，可真不简单呢！

记得戴笠第一次交给我外围警卫任务时，带我进住宅去与他的侍卫长取得联系，同时也见到了他。他见我那么年轻，就有点不放心。戴笠一再向他解释，他才没有再说什么，点了一下头表示同意，但没有对我说一句话。

按当时的规定，外围警卫人员只有组长才能进入住宅与侍卫长和随从警卫组长取得联系，其余的人只能待在外面。我每次带十几个人去做临时警卫时，都是用两辆小轿车停在他住宅的两端，除了经常有三四个人在他门口和房前屋后走动外，其余的人都在轿车里休息，等待轮换。

戴笠对这项警卫工作非常重视，一再叮嘱我，一定要防范严密，切不可麻痹大意。他告诉我说，1931 年，在蒋介石的上海公馆里，曾发生过一次暗杀事件。那次是因为他的警卫被人收买了，半夜里，向他的床上连打数枪。而那天他正巧住在宋美龄的房里，所以没有丧命。从那以后，他留在上海公馆里的警卫便经常轮换。而他带到上海的警卫，则昼夜守在他的会客室、卧室、书房等处的门窗外。我们外围警卫的任务，主要是防止外面的人闯进去行刺。所以每次接受这项任务时，我都日夜不敢休息。幸亏蒋介石每次去上海都只住两三天就走了，否则我可真有点吃不消。

从1933年到1937年，我曾多次担任蒋介石的外围警卫，也多次见到他，但他很少跟我说话。有时我进入住宅找侍卫长联系工作，很容易碰见他，我总是恭恭敬敬地给他行个礼，而他只在鼻子里嗯一声。只有一次，外面下大雨，我跑进去躲雨。他在窗口看见了，隔着窗户问我："外面的人带没带雨衣？"

"都带了，下雨也照样巡逻！"我连忙回答，他才放心地点点头。这就是他多次到上海对我说的最长的一句话。

后来，他去庐山避暑时，我也担任过他的外围警卫。每次他去游山或看日出，都披着薄呢斗篷，坐着轿子在山间小路上行进。我们为了保证他的安全，十几个警卫分别在两边的山顶上奔跑，怕有人藏在山上行刺。和他接触这么多次，他总共也只对我说过两三句话。不过，他的脾气我倒是多少知道一些，所以这次戴笠领我去见他，我一点也不紧张。

戴笠领我进去时，他正用西餐叉子叉着一块宁波小点心往嘴里送，见我们向他敬礼，也没有任何表示，依旧吃他的点心。戴笠站在一旁向他报告说："校长让我挑选的随夫人去美国的人来了，请校长和夫人审定。"

这时，蒋介石才抬头看了我一眼，微微笑了一笑。戴笠接着向他介绍说："他十几岁就跟着我，绝对忠实可靠。校长过去去上海、庐山时，他都带人担任过外围警卫。他办事认真，能干，两手都能打枪。"

"多大了？现在担任什么职务呀？"蒋介石边吃东西，边慢条斯理地拉着长音问道。

"28岁。现在是重庆卫戍总司令部稽查处副处长。"我毕恭毕敬地站着立正回答。

我的话音未落，戴笠就在一旁抢着说："年纪虽不大，但很老成。"

"除了会打枪，还会干什么？"坐在一旁一直没有说话的宋美龄，这时插话说。

我正不知如何回答时，戴笠却像早有准备似的答道："还会驾驶汽车、摩托、汽艇，会照相，会游泳，国术也有基础……"

我颇有些担心地补充说："我的英语讲不好，只懂上海'洋泾浜'①。"

宋美龄笑笑说："懂得这些就行了，我并不要带翻译。"

---

① "洋泾浜"，指上海人力车夫和服务人员等发音不准确的英语。

戴笠知道这是同意了，就问什么时候动身。蒋介石说："你们过两天就去成都等我们，到时自会通知你。"于是我们向他们敬礼退出。他们没说一句客气话，也没动一下身子，还在继续进他们的午茶。

一路上，我心里说不出的高兴，觉得能给夫人当"侍卫长"，就更不用发愁将来的前途了。

回到戴公馆，戴笠除叮嘱我此去应注意的一些事项外，还要我做两套漂亮的西装。这之后，我不解地问他："为什么不在重庆坐飞机走，还要绕到成都去?"

戴笠告诉我说，宋美龄乘坐的四引擎的空中霸王号飞机，无法在重庆的许多中小型机场起落，只有重庆白市驿机场才行，可是当时这个机场已拨给美国空军使用了。这之前，美军因怕日本飞机偷袭，已向蒋介石提出，在白市驿机场上空的一定范围内，不准中国的军用飞机和其他客运、货运飞机飞越或接近，否则一律击落。所以即便是蒋夫人要去美国，也不能利用这个机场，只好到离重庆400公里的成都附近的新津飞机场去起飞。

两天后，我把稽查处的工作做了交代，就和几个随员跟着戴笠飞到成都，并调动了几十名便衣警卫去成都新津机场做保卫工作。没想到临上飞机时，因为宋美龄带的东西和照顾生活的佣人较多，已然超载，在征得蒋介石夫妇同意后，戴笠决定不让我去了，而让他已派驻美国大使馆的副武官肖勃代替我。这样，我才没去给蒋夫人当上"侍卫长"。

送走宋美龄的飞机后，蒋介石飞回重庆。戴笠则要我先在成都休息几天，然后给我另行安排工作，但具体干什么，他说还未定下来。

在金河街公馆，我整天无事可做，就帮助戴笠整理内务。公馆内除大客厅外，在楼上还有小客厅、卧室、客房等十多个房间，但是只有客厅和戴笠的卧室安有电话，有时客厅的电话铃响了，戴笠就得从楼上跑下来接，有时卧室的电话铃响了，他又得从别的地方往卧室跑。我见他来回跑很不方便，就建议他安个总机，每个房间都安上分机，那就用不着来回跑了。他对我的建议很满意，立即让手下人把每个房间都安上分机，连洗澡的卫生间都安上了。

戴笠特别爱洗澡，每天除早晚洗澡外，有时中午也要洗个澡。他的洗澡间很

沈醉任军统总务处少将处长

讲究，四周墙壁和地面都镶砌着雪白的釉面砖。遗憾的是釉面砖沾水之后非常滑，有一次，他刚一出浴盆就险些滑倒，气得他骂骂咧咧地走出洗澡间。我看在眼里，记在心里，暗中叫人用木条钉了一块踏板，又在踏板上铺一条浴巾，放在澡盆边。第二天他洗澡时，觉得有这个踏板放在那里，不但不用担心滑倒，而且站在上面很舒服，非常满意。当他得知这又是我让人做的时，就高兴地拍着我的肩膀说："想不到你还这么会理家，你就给我管总务吧！"

我一听这话，心里真是有说不出的高兴。谁都知道军统局的总务部门是一个实权机构，除各地常来常往的外勤人员外，仅局本部就有1000多人，衣、食、住、行都归总务部门负责。这项工作油水大，危险小。不过，真正要想搞好这项后勤工作也不那么容易。军统局局本部原来只有一个总务科，科长几乎每年都要换一次，那些科长不是有贪污行为被戴笠查出，就是工作没做好戴笠不满意。我一向自信，认为自己一定能把总务工作做好，可以进一步博得戴笠的欢心，更何况由外勤调到局本部工作，本身就是一种提升、一种信任呢！不过，我不愿当着戴笠的面把自己内心的高兴和得意表现出来，反而不满似的说："调我去当科长啊！"

"怎么？大材小用啦？"戴笠开玩笑地瞪了我一眼。

"哪敢呀！只是一个科长要管那么多事情，就怕别人不服，工作不好做呀！"我连忙半开玩笑半认真地说。

戴笠听了，似有同感地点点头，认真地对我说："放心吧！我正准备把总务科扩充为总务处，汽车大队和外勤的物资供应也统交总务处管。”

听了戴笠的话，我自然更加高兴，那天晚上，兴奋得在卧室内走来走去，一夜没睡着觉。我万万没有想到，这次仅仅为戴笠做了几件微不足道的生活小事，就使自己能一下子跻身于局本部的八大处长之列，这对我这个年仅 28 岁的人来说，无异于是一步登天了。我一方面由衷地感激戴笠的大胆提拔，另一方面我也暗暗下定决心，要想方设法保住这个位置。我相信自己有这个能力。然而，事实并非如我想象的那样简单。

第十三章　提心吊胆

古人说："伴君如伴虎。"戴笠虽然不是什么君主，但对军统这个王国来说，他无异于一个魔王。只要他一句话，可以使无数人头落地；只要他一句话，也可以使多少鸡犬升天。而初任总务处处长时，我并没有认识到这一点，还以为只要自己像以前一样忠于他，勤奋工作，让我的部下服从于我，就没有搞不好的事情。

上任那一天，戴笠亲自领我到局本部大院。他站在大门口，用手指着宽大的院子说："这个院子里就有1000多人办公。你除了负责外勤的物资供应外，还得解决这1000多人的吃、穿、用等生活问题。"说到这里，他看了看我，又笑着说，"我把这么大一份家产交给你，你可得替我管好哟！"

"是！我决不辜负先生的栽培。"我既严肃而又自信地回答。

戴笠笑笑说："我好久没下去检查工作了，正好，今天你也跟我下去看看，熟悉熟悉情况。"说着就迈着大步向院里走去。

局本部的院子可真大，前门在枣子岚垭，后门竟到了中山二路，整个院子像一个小盆地。从前门进去需要下一个很长的斜坡，从后门进来也需要下一个很陡的坡。紧靠前门的两幢大楼，是戴笠和八大处长办公、会客的地方。其他人的办公室、局本部大院礼堂以及一个200来米长的防空洞，大都集中在盆地的左边。盆地的右边没有什么房屋，只有一条曲折的从后门通往前门的碎石子汽车路。盆地的底部是一个很大的草坪，可以停放上百辆汽车，同时还可以做篮球场和操场。当时，后院里很零乱，碎石小路上常常扔着一两块破砖头和零七八碎的东西，各办公室之间的电话线也到处可见，有时垂下的电话线能把高个人的帽子挂掉。我边听戴笠介绍，边观察着四周环境。戴笠只顾说话，险些被路上的石头绊倒。他皱了一下眉头，什么也没说。这一切我都看在眼里，记在心里，暗暗打算接完手续后的第一件事，就是要派人把局本部大院的环境改变一下。

这天，我正指挥总务处的工作人员清扫道路，重新安架电话线，我的秘书跑步前来告诉我说有我的电话。电话是姐夫余乐醒打来的，他告诉我，我母亲和妻子、孩子已到重庆，让我马上派车去汽车站接她们。

我到重庆一年多，只顾忙于事务，讨好戴笠，忙得连妻儿老小也顾不上，一直把她们安置在贵阳姐姐家中。我当上总务处处长之后，也没顾得上接她们来重庆。她们的突然到来，虽然使我高兴，同时也感到很狼狈，因为我连住房都没有给她们准备。

我扔下电话就往汽车大队跑，想要辆车去接她们。可是刚跑出门，就又转身回到办公桌边，抓起笔写了个条子，让秘书去办理。因为我知道，要是我自己跑去要车，很有可能会被汽车队队长顶回来。

汽车大队原是一个独立单位，大队长姓张，从1932年起就给戴笠开汽车。随着军统编制的扩大，他也步步高升，当上了汽车大队长。他一向自恃为戴笠的亲信，一般人都不放在眼里。我虽系戴笠提拔，但是年轻，资历浅，在他眼里我不过是个后辈。如今汽车大队划归总务处管辖，我成了他的顶头上司，他很不服气，我每次当面给他下达任务，他都敢当面就把我顶回去。因为看在戴笠的情分上，我不愿跟他翻脸。所以后来，我每次给他下达任务都不直接出面，而是写在纸条上，交秘书去办理。因为按局本部规定，处级官员写的手令都要登记，要有回执，谁要是看到手令不执行的话，就要受到纪律处分。这样，汽车大队长就不敢不执行我的命令了。

打发走秘书之后，我就靠在沙发上考虑一家人的住房问题。在我未任总务处处长之前，局本部大小头目就已将强占来的好一点的房产都占住了；再者，当时重庆的国民党高级官员很多，比较像样的公寓、住宅也都早已被占用。那时，我手上虽有一些高级住宅，但已全部划为军统公产，而且都派有用场，虽说要挪用

一套也未尝不可，可是一时半会儿很难腾出来。想来想去，我决定先让家人住在局本部招待外勤特务的招待所里，等我腾出一套像样的公房再搬。

当我乘车赶到喧闹杂乱、人头攒动的汽车站时，姐夫已被他在重庆的临训班学生接走了。母亲和雪雪带着一个胖乎乎的保姆，像难民似的坐在一大堆行李包上。看到这种情景，我不由得心头一热，快步走到母亲跟前，抓住母亲的手说："妈妈，你们怎么也不先来个电报，我好提前来车站接你们呀?"

"知道你忙，你姐夫正要到重庆来办事，我们就跟来了。"母亲谅解地说。

"你在这里当官当上瘾啦，哪里还想得到我们!"雪雪怀里抱着二女儿，眼里噙着眼泪说。

看到雪雪那憔悴的面容和委屈的神情，我心里感到一阵内疚，看来这一年多她确实吃了不少苦头。1941 年，她在贵阳姐姐家中生下二女儿不久，因惦念留在老家的弟妹，就领着两个幼小的孩子回湖南去了。我母亲不了解湖南的情况，不放心她一人在外，多次催她回贵阳。她来信要我去接他们，可是那时我事情忙，抽不出身，只给她寄去一些钱，让她自己领着孩子和弟妹们回贵阳。刚满 22 岁的她，就带着两个孩子、三个弟妹，随难民一起，经湘西到桂林，又从桂林到贵阳。一路上有车坐车，无车只好步行，一年之内有三个月在路上奔走，真可谓吃尽了千辛万苦，好不容易才把一家子拖到贵阳。听说我连升了三级，却没有接他们来重庆，其委屈之情可想而知了。

我连忙接过雪雪怀里那个尚未见过面的女儿，狠狠地亲了几下。孩子认生，哇哇地大哭起来。雪雪嗔怪地瞪我一眼，把孩子接了过去，我只好冲她抱歉地笑笑。这时警卫已将行李装上汽车，母亲在一旁催促道："有话回去再说吧！唉！国难之际，都不容易，你没看叔逸也瘦多啦!"叔逸是我的号。母亲自然是心疼儿子，见我那副无言以对的尴尬样子，就忙替我解围。

当天，安顿一家人在招待所住下之后，我们都聚在母亲房里聊天。一年多的离愁别绪，就在这东一句西一句的闲谈中吐露出来。临离开母亲房间时，母亲突然想起什么似的叫住我，从一个皮箱里拿出一本书来，递给我说："这次我特意带来一本书给你，你看看有好处。"

我接过一看，原来是晚清宫廷女官德龄写的《御香缥缈录》。我不解地看着母亲。她老人家慈祥地看着我说："你看完之后就明白了。"

我花了两个晚上把书看了一遍。书中德龄讲述自己如何进宫，如何受到慈禧太后的宠信，以及后来替慈禧保管珠宝。因盗用了慈禧的首饰而被赶出清宫的经过。前一部分我觉得很平常，后一部分却给了我很大的启发，看完之后我明白了母亲的苦心。我想，现在戴笠相信我，让我总管军统的全部财物，不也像慈禧当年让德龄保管珠宝首饰一样吗？如果滥用职权，挪用或贪污公家财物，其结果不仅会失宠于戴笠，被赶出局本部，而且有坐牢杀头的危险。尽管戴笠一向信任我，但他也决不会允许我监守自盗的。

母亲的指点真是太及时了。我向她保证说，我决不会为自己动用局本部的一钱一物。母亲满意地点点头。

话虽是这么说，但眼前急需解决的住房就成了问题。如果不挪用公房就得租用私房。而在那个时候，重庆租用一座像样的私房也是很困难的。可要盖一座像样的公寓又实在有点不合算，万一日本人一个炸弹扔来，岂不人财两空？然而不盖吧，我又觉得自己的家太不像样子也有失身份，思来想去不知如何是好。我就把自己的想法告诉了母亲，母亲笑着说："战乱之际，还讲什么排场？只要能给全家人遮风避雨就行了。再说你管财物，如果讲排场、摆阔气，即使不用公家财物，也容易引起人家的怀疑、猜测，还不如俭朴些好。像你在常德乡下盖的那种简易平房不就很好吗？"老人家的这句话又一次提醒了我。

当时，我并不缺钱花，除了很高的薪水外，我每年都要和商人合伙做两三笔生意。那时军统特务遍布各地，什么地方有哪种特产，什么地方哪种货物奇缺，我都很清楚。我只要及时地把这种商业情报告诉关系较深的商人，他们就可以从中捞取不少利润，我自然也可以坐地分红，所以我想盖一幢漂亮的房子是不成问题的。不过母亲说得对，我管财物，还是俭朴为好。这使我突然想起戴笠的一件事，更加觉得母亲的话有理。

一次，戴笠陪蒋介石夫妇在黄山散步，看见炮兵总监邹作华乘着一辆美国第一流的派克牌敞篷汽车驶过，蒋介石眉头一皱，表现出很不高兴的神情。戴笠虽

邹作华（1894—1973），国民党陆军上将，抗战时期任炮兵总指挥

然酷爱汽车，收集的汽车很多，可是打那以后，他每次去黄山都改用一辆旧车，有时还特意让蒋介石看见，以至后来蒋介石看了也过意不去，主动提出让他买部好点的汽车。我想，在住房问题上，我何不照方抓药，让戴笠自己看不过意，而主动提出给我拨套公房呢？

我选中了局本部大菜园旁边一块很大的空地，准备在那里盖幢茅草房。那个地方原来是重庆的公共球场，军统为了解决蔬菜供应困难，就将这个球场占为己有，改成菜园，雇菜农种植、管理。有了这个菜园之后，戴笠为了标榜军统勤奋俭朴、分担国难，还规定局本部的所有特务每个月都要轮流去菜园参加半天的集体劳动，有时他自己也去做做样子，拔拔草。我想，把房子盖在这个地方，戴笠一定会看见。

主意拿定之后，我就给重庆警察局侦缉大队的一个临训班的学生打电话，要他找些人，把张家花园被炸毁了的蒙藏委员会旧址废墟上的砖头收集几千块，去菜园旁边搭盖一座茅草房，外表不要求好看，但里面装修要好一点。他对我的这点要求自然满口答应了，同时告诉我说，在重庆的临训班同学准备举行一个宴会，欢迎余乐醒老师，想邀请我也参加。

我一向钦佩姐夫，这不仅因为他博学多才，更主要的是我把他视为恩人。我总认为如果当年不是他把我推荐给戴笠，我怎么会有今天呢？所以听说学生们宴请他，让我作陪，自然很高兴，就毫不犹豫地答应了。可是临到赴宴那天，我又突然改变了主意。

那天上午，戴笠告诉我说，他要在杨家山公馆请宋子文等人吃饭，让我安排一下。当时重庆物资供应非常紧张，但戴笠所需要的食物可以说应有尽有。我知道他爱请客，爱排场，所以就想方设法让人把各地的土特产都弄到重庆来，收藏在冰箱里，戴笠要什么就有什么。新疆的哈密瓜、兰州的大辣椒、广东的香菇、福建的荔枝，甚至连沦陷区最名贵的阳澄湖螃蟹、扬子江鳗鱼都能弄来。我知道宋子文最爱吃新鲜鳗鱼，还特意让人在局本部的消防池里养了许多。当我向戴笠汇报了他中午请客的安排、布置之后，顺便对他说了一下学生要宴请余乐醒，让我去作陪的事。谁知我的话还没说完，戴笠就脸色阴沉地说："你姐夫笼络人倒挺有办法。在临训班学生的眼里，只知道有他这个副主任呢！"

听到戴笠的这句话，我不由得一愣，意识到自己失言了。在我没任总务处处长之前就有人对我说，戴笠对我姐夫很不满，因为临训班的学生对我姐夫很亲热敬佩，对戴笠这个当年临训班的主任反倒敬而远之。我知道，戴笠可以信任一个人，却不能允许他手下的任何人利用职权发展个人势力。他认为余乐醒在有意拉拢学生，发展自己的势力。特别是1939年底，戴笠派余乐醒领几个人去河内刺杀汪精卫未遂，蒋介石把他狠狠地骂了一顿，戴笠就更加嫉恨余乐醒，总想找碴儿整治他。当时我听了这些话很不以为然，可是如今这话从戴笠嘴里说出来，我才意识到问题的严重性。我认为姐夫和戴笠都是我的恩人，他们俩闹矛盾，我夹在中间就难办了。思来想去，反复权衡利弊，我觉得姐夫现在是我的部下，而戴笠是我的顶头上司，怠慢一点姐夫问题不大，但得罪了戴笠，那就非同小可了。于是我决定不去参加学生邀请的宴会，以免引起戴笠的不满。

在临训班学生的帮助下，我的茅草房很快就盖好了。表面看上去，完全是一幢农民的住房，墙壁全是用旧砖砌成的，房预上铺着一层厚厚的稻草，房前有一块空地供孩子们玩耍，房后开了一块不大的菜园，雇人管理，用它来供应全家蔬菜，四周全用半人高的竹篱笆围起来，不知情的人谁也想不到会是我家的住房。不过为了让全家人住得舒服，我让人在房顶的稻草下铺了几层油毡，把房内装修得很高级，墙壁粉刷得雪白，地面铺上木板，家具也很讲究。我对家里人说，这样做是为了安全起见。因为敌机来轰炸时，一般只炸市中心的高楼大厦，不会把炸弹扔在这种茅草房上的。

我的苦心博得了大家的欢心。雪雪为了孩子和一家老小的安全，自然很乐意住在这里。我母亲因为我按照她的意思行事，更是高兴。她老人家对这种"长吟掩柴门，聊为陇亩民"的田园情趣也十分欣赏。她还亲自题了"醉归"两个字，

让我请人制成匾，挂在篱笆墙的大门上。这“醉归”二字，既有盼我归家之意，又很雅致，富有诗意。可没想到因为这两个字，后来又惹得母亲很不痛快。

一天黄昏，母亲正坐在院内乘凉，一伙当地的俏皮鬼经过我家门口，有一人边看匾边开玩笑说：“醉归，醉归，大概就是醉乌龟的意思吧！”因为四川人最爱用“龟”来骂人，母亲听了这话，很不高兴。她立即让人把匾取下来，又重新题了“沧海一粟庐”五个字，做成匾挂在门上。因为“沧海”是我的别名，“粟”是雪雪的姓，这意味着我和雪雪白头偕老，同时又像是说，这幢茅屋在许许多多的房屋中就像海洋中的一粒粟米一样平凡、细小。我和雪雪都喜欢母亲题的这五个字，她老人家也很高兴。

母亲的喜爱、妻子的满意都使我很高兴。然而最使我得意的，还是事情果然如我设想的那样发展了。

一天戴笠心血来潮，也到菜园来参加拔草劳动。休息时，我趁机指着自家的茅草房对戴笠说：“那边就是我的家，你进去喝点水，休息一下吧！”

戴笠顺着我的手指一看，就皱起了眉头，说：“你就住在这样的房子里呀！”我点点头，并指着在院外小水沟边玩得浑身是泥的大女儿说：“这是我的大女儿。”

“我不去，你也太给我丢人了！你身为总务处处长，总得顾点身份嘛！怎么住这么一套破茅草房？”他说完便转过头，当机立断地对我手下主管庶务的科长说：“你拨给沈处长5000元钱，让他盖栋像样的住房。”

虽然戴笠没有拨给我一套公房，但我的目的已经达到了。即使以后我家的住房弄得华丽一些，也不用担心别人说什么了。

正在我得意之际，突然又发生了一件让我头痛的事。

这天，戴笠打电话到办公室，叫我马上赶到他所住的曾家岩公馆。我急急忙忙赶到那里时，戴笠正在他自己掌管钥匙的一个小保险柜前找东西，我就没有进门，而在外面客厅等他，我不愿让他感到不便。因为他曾经对我说过这样一句话：“我将来如果不死在共产党手里，也早晚会死在委员长手里。”当时我不解地问他为什么，他叹口气没有再说什么。我懂得这是因为他知道蒋介石的秘密太多，蒋介石迟早要找借口杀掉他。他的这句话一下提醒了我，我想自己知道戴笠的秘密也不少，以后能避开的事情也得尽量避开。如果我知道他的秘密太多了，将来岂不是也会死在他手里吗？所以我每见到他在开那个从不让别人插手的保险柜时，总是有意避开。

抗战时期的戴笠和蒋介石

戴笠忙完之后，走到客厅，把一份关于我姐夫挪用公款的报告递到我眼前说："你看看余乐醒干的这些事！你马上去调查一下，要好好弄清楚。"

报告是遵义炼油厂一个特务打来的。那人在报告上说："余乐醒伙同总务组组长沈吟等人一起挪用公款做买卖……"看到这句话时，我只觉得脑袋发胀。因为我知道戴笠正想找机会整治姐夫，这下姐夫不是正撞到他手上了吗？而且沈吟是我的大哥，这件事一下就牵扯到我的两个亲戚，这叫我如何处理呢？发愣之际，我觉得寒光逼人，猛抬头，只见戴笠的两只眼正死死地盯着我。我不由得一惊，立即意识到，戴笠不仅要查办姐夫，而且是在考验我，如果我稍有迟疑，不但不能替姐夫、大哥解围，而且自己将永远失宠于他。就在这一瞬间，我啪的一个立正，迎着戴笠的目光，果断地答道："我立即调查！"

离开戴笠，我陷入了深深的苦闷之中。我想，如果没有姐夫，我不会有今天，10 年前他介绍我加入军统，10 年后我成了他的上司，今天我又要亲自去调查他的问题，检查他的工作，且不说这样会使他如何难堪，怕的是如果问题属实，他和大哥就都将有坐牢、杀头的危险，这不等于是我把他们送进牢房、送上断头台吗？即使我能原谅自己，但母亲、姐姐能原谅我吗？

我闷闷不乐地回到局本部办公室，正好碰上原来的总务科科长，自打我接任他的工作后，他一直闲着，无事可做。因为他任总务科科长时挪用了一笔相当大的公款无法归还，我替他去会计室说情，算作他的借支，才没有把这事闹出去，他便常常来帮我的忙。看到他，我灵机一动，决定把去遵义调查姐夫挪用公款的

事交给他，让他带人去调查。这样我既摆脱了自己亲自去调查的尴尬局面，又执行了戴笠的命令，即使查出问题来，我在母亲、姐姐面前也可以推脱责任了。而且我也相信，因为我有恩于他，他也不会对我的家人落井下石的。我立即把这个意见写成报告，亲自送给戴笠去批，他一看，笑了笑："不愿得罪人吗?"我不作声。他迟疑了一下，终于在我的报告上批了一个"可"字。

事情真相很快就清楚了。当时由于法币天天贬值，前一天的1000元法币，到第二天就只值900元了。当时姐夫的炼油厂主要是从桐油里提炼汽油，有时桐油缺货，姐夫就伙同大哥及他手下的几个学生用公款买些其他商品，过十天半月后再把这些商品卖出去。因为法币贬值，商品并不降价，这样他们就可以从中捞到不少油水。

那位原总务科科长去遵义调查之后，就直接向戴笠做了汇报。戴笠把我找去，并把事情的前前后后都告诉了我，问我应该怎么办。我一听这种情况，觉得问题并不像想象的那么严重，就不慌不忙地回答说："法币贬值得这么厉害，如果桐油缺货，买上其他东西放在那里也是对的，不然的话，本来可以是100桶桐油的钱，过几天就只能买80桶了。"

"如果是为公家这样做，当然没错。可是他们把挣得的钱装进了自己的口袋，那总是不行的吧?"

我原本想替姐夫他们辩护几句，可是听戴笠这么一说，也不便再袒护他们，忙表态说："那当然。你看该怎么处理，就怎么处理吧!"我心想，反正这种事情你也不可能给多重的处分，顶多是个撤职。

然而我想象的也有点过于简单了。戴笠因为一向嫉恨余乐醒，早就想找碴儿整治他一下，以打击他在学生中的威信，所以这次硬是抓住不放，让人把他关在监狱里，而对我大哥和其他人都不予以追究。

姐夫原来身体就不太好，关到监狱不几天就得了场病。我母亲和姐姐都很着急，姐姐几次打长途电话催我去向戴笠求情，让他进医院治疗。我没办法，只好硬着头皮去求戴笠，并建议把姐夫关到军统局办的"四一"医院，因为在那里可以接受治疗。其实，把余乐醒关起来，就已经达到了戴笠的目的，他也明白，如果让余乐醒死在监狱里也不太好，就同意了我的建议。不过，他要我保证不让他见任何人，只许我一个人一星期去看一次。

20世纪30年代的“电影皇后”胡蝶

后来，我去医院看姐夫时，姐夫告诉我说，这件事是他手下的一个副厂长告发的。因为这个副厂长早就垂涎他的厂长职务了。听了这话，我也很生气，就安慰姐夫说：“你放心好了。他想当厂长，我就偏不让他得逞！你好好养病吧，过些日子，我想办法让戴先生把你放出来。”

离开姐夫之后，我就去找戴笠。

当时戴笠特别宠爱电影皇后胡蝶，特意为她在重庆杨家山盖了一幢别墅，让工匠把别墅的道路按“喜”“寿”两个字形修筑，并准备在字的空隙处点缀上名贵树木和奇花异草。他把收集奇花异草的任务交给我，我就让手下人到各地去办理。没想到，其中一个部下竟将四川军阀王陵基母亲坟上的一株柏树挖来了。王陵基当时正领着第三十集团军在江西一带抗战，得知这一消息后，亲自给戴笠拍了电报。我记得电报是这样写的：家母坟上之柏树，务请归还，生死同感。戴笠看到电报后，把我大骂一顿，让我赶快把柏树还回去。我只好把手下的人也训斥了一顿，一面让他们赶快归还柏树，一面又让他们赶紧到其他地方去继续收集。我对他们说：“无论如何也要弄些名贵树木来，能买的就买，能拿的就拿。不过拿的时候你们可要睁点儿眼睛，不要像这次这样，把王陵基祖坟上的树也刨来了！”手下的人也真“能干”，不知从哪里弄来了含香梅、五色梅、月季桂等名贵树木。

我见到戴笠，先把收集树木的情况向他汇报了一番，趁他高兴的时候，才向他提出撤销炼油厂的问题。我对他说：“这个炼油厂不要办了，很不合算，我直

接派车到玉门去拉汽油也比办这个厂合算得多。”

实际上，去玉门拉油是很不合算的事，一辆汽车拉 10 桶油，来回就得用去 6 桶。可是我为了替姐夫出气，一心想撤销这个炼油厂，让那个副厂长再也当不成厂长。幸亏戴笠只想整治一下余乐醒，对炼油厂并不关心，他完全同意了我的意见。不过，余乐醒却一直在医院里关了两年多，直到戴笠摔死才放出来。因为此事过后不久，我也差点被戴笠关进监狱。

事情本来是很严重的。1944 年冬天，桂林沦陷前夕，蒋介石让戴笠派一个潜伏组到桂林去，以便在桂林沦陷后搜集广西一带日军的情况。戴笠立即打电话，让电讯处处长魏大铭调一部无线电台，让人事处处长龚仙舫派几个人，让我派部专车送潜伏组去桂林。而我们三人都认为广西有桂系部队在那里防守，不至于那么快沦陷。魏大铭和龚仙舫都拖了几天才派电台和人，我更是没把这当回事。潜伏组来要车时，我对他们说：“过两天，有十几辆给忠义救国军运武器的卡车，你们就跟车队走吧，何必再派专车呢？”我没想到，跟车队走行动慢，只要有一辆车出了事故，其他的车都得停下来等它，这样，在路上又耽误了好多天。等潜伏组到达桂林时，桂林已经沦陷，潜伏组再无法进入了。

戴笠是最能秉承“领袖”旨意的，对蒋介石唯命是从。

蒋介石为此事大骂戴笠贻误军机。戴笠回到局本部，就让人把我们三个处长找去，拍着桌子大骂：“你们太不像话了！委员长布置下来的任务，你们竟这样拖拖拉拉！你们贻误了军机，定要好好处分你们，非把你们三个处长关起来不可！”他把我们三人骂得头也不敢抬，骂够了，还宣布给我们每人判刑两年，勒令我们马上回去交代工作。

我们三人垂头丧气地相跟着走出戴笠的办公室，一出门，就相互埋怨起来：“都怨你，不肯派辆专车！”“你派电台也派得太慢了，过了好几天才派来！”“你派人派得也不快呀！”三人边走边吵着。

最后还是龚仙舫那个书呆子想得开，他说：“嗐！谁也别怨了，我们正好乐得休息两年。”他说完这话又拍了拍我的肩头，“你和我都不会打麻将，我们俩正好跟大铭兄学打牌，怎么样？”

我和魏大铭都被他的话逗乐了。魏大铭打着哈哈指着我俩说：“没问题，只要你们两位肯学，我包你们不出一个月就学会。只是打牌得四个人呀，咱们还三缺一呢！”

“嗨！随便找一个就凑齐了，咱们好好舒舒服服地休息两年！”

说着到了我的办公室。我也想通了，这又不是干了什么坏事，工作上的失误有什么了不起的？关两年就关两年！我于是接着龚仙舫的话说：“好！咱们好好舒服两年。”然后又转身对勤务兵说，“去，搬三张钢丝床、三床鸭绒被，送到监狱去，给我们安排一间有洗澡间的大房子，你再去我家搬十几箱罐头送去。”

家里已经安排好了，要移交的手续也都准备了。我心里虽然不痛快，但事到如今，也只好自我安慰说：“正好乐得舒服两年。”

一天，我在办公楼的过道上迎面遇见了戴笠，本想低头躲过去，谁知戴笠倒先把我叫住了。他说：“听说你倒满不在乎啊！我还没打算去休息呢，你倒想好好休息两年，想得倒蛮好呀！你等着，有办法治你！”说完转身就走。

我想，大概会更重地给我们判刑吧。

第二天，他又把我们三人叫去说：“你们别净想好事，想去休息？没那么便宜你们！局里的事情忙，我宣布给你们缓刑两年，每个处关一个科长进去。”

“这件事与科长没关系。再说处里事情多，科长关起来了，那叫我们怎么工作？还不如把我们关起来！”我们知道他不会关我们了，就与他分辩起来。

“那不行，不关科长，也得关个副科长进去，没那么便宜你们！”

我心里好笑，这件事竟像闹剧似的收了场，我们准备好的那套东西，只好让那三个副科长去消受了。

“沈醉，你留下，我有急事找你！”当我正准备和龚仙舫一起退出来时，戴笠又把我叫住了。

第十四章　歌乐山下

龚仙舫和魏大铭走了之后，戴笠从抽屉里抽出一份电话记录，说："梅乐斯先生打来电话，说他们想要香山别墅做第四招待所，你看怎么办?"

重庆白公馆原为四川军阀白驹的郊外别墅。1943 年"中美合作所"成立后，白公馆曾改为来华美军人员招待所，到 1945 年又被作为特别看守所。

所谓“香山别墅”，就是白公馆。它原是四川军阀白驹的一幢避暑山庄，因为白驹字道成，别号香山，故这别墅的门楼上雕刻着“香山别墅”四个大字，我们也都这样称呼它。

香山别墅位于杨家山下的一座山腰上，四周环境秀丽幽静，景色迷人。这幢依山而建的二层楼的别墅十分奇特，房后和左侧都紧靠山崖，而房前和右侧则均临一条很深的山涧。下雨天，山涧里常常有一股山泉像瀑布一样淙淙而下。门前，只有一条紧靠山崖顺山势向下延伸的石板小路。从山下看去，它就像是深山翠林中孤零零耸立的一座寺院，只有走近了，你才能看出这是一幢有钱人家的别墅。大门处，除门楼上有“香山别墅”四个大字外，门两旁还有一副对联：“洛社风光闲处适，巴江云树望中收。”进院门，有一片50平方米左右的院子，右侧是厨房和地窖，房子建在一米多高的石基上。两层楼的结构布局完全一样，四周是用圆柱形木栏杆围起的甬道，中间有一凹进去的堂屋，堂屋两边和后面才是住人的厢房。当年白驹怕遭人偷盗，所以除院墙高大外，还在每间房的门窗上都加了一道铁栅栏。

蒋介石在抗战中提出“攘外必先安内”政策

抗战开始后，军统执行蒋介石提出的“攘外必先安内”的政策，加紧了对共产党人和革命群众的镇压。军统原有的息烽监狱和望龙门监狱已经不够用了，于是就将这幢别墅买下，在高大的院墙上和房屋的四周加上了一圈铁丝网，把厢房作为牢房，把堂屋和甬道作为犯人放风的地方，而过去的地窖和厨房就成了关押重要犯人的地牢。这样别墅就成了一座名副其实的监狱，人们也叫它白公馆。

现在美国人既然看中了它，军统当然只好另找监狱了。美国人得罪不得，犯人也不能不关呀！我想了想，对戴笠说：“这好办，我另想办法。”

戴笠点点头叮嘱道：“你亲自去察看一下，地点不要超出中美所的范围，这样便于管理。”

我点点头，心想这好办，中美所的范围很大，从磁器口直到歌乐山，方圆十多里，峰回路转，荒僻险峻，找一个合适监狱还不容易吗？

第二天，细雨蒙蒙，整个重庆都笼罩在乳白色的雾气之中，这种天气本来是不宜外出的，但为了尽快完成戴笠交下来的任务，我还是亲自开着一辆吉普车在中美所范围内的群山峻岭中到处去察看，凡是能勉强通过小车的地方，我都跑遍了。到了下午，雨停了，天气还有点阴沉，但我的心情却十分开朗，因为我终于选定了一个叫“渣滓洞”的地方。

渣滓洞监狱

渣滓洞当时是一座私人开采的煤窑，因所产煤里矸石多，当地人就叫它“渣滓洞”。渣滓洞三面环山，一面临谷。这里的山峰险峻陡峭，云雾缭绕，高不见顶，远远看去宛如一幅清淡、素雅的水墨画。特别是新雨后的山峦更是青翠欲滴，景色怡人。如果是游山玩水，那么这里无疑是一处绝妙的旅游胜地，但我当时的任务是要找一处关押革命人士的监狱。我看中的是这里的险峻地势，看中的是山坳里被煤矸石堆起的一块很大的平地，以及平地上已有的一排矿主办公和井下工人居住的房子。我认为这个地方做监狱是再理想不过的了，只要把这块平地用高墙电网一围，犯人就是插翅也难逃出这个山坳，因为三面的山峰陡峭高险，人很难攀登，前面的山谷也很陡，只有一条通往磁器口的羊肠小路。小路右侧沿山崖有一条一米多宽的碎石路，这是煤矿为了用牛车往外拉煤而修的。只要在这条路的山崖上修一个岗楼，派一两个士兵把守，就有“一夫当关，万夫莫开”之势。

我将这情况向戴笠做了汇报，并领着他亲自去看了一下。戴笠很满意，他说：“就定在这里。”

可是，当我带着几个特务去跟矿主交涉时，矿主说什么也不答应。他是一个50开外的胖老头，一听我们要占用这个地方，就急得汗流满面，他说：“这不行啊！为了开采这个煤矿，我花了十多年的心血，把资本全都投进去了，你们如果占用它，那不是让我倾家荡产吗？”

“是我们的事重大，还是你的事重大？我们出钱买你的煤矿，又不是白要你的！”我不耐烦地回答。

矿主一听我这样的口气，也有些急了。他气得脸色发青，双唇哆嗦着说：“你们能买下我的煤矿，可能偿还我这十多年的心血吗？你们如果硬要占这块地方，我就死在这里，我就是不搬！”

“哼哼！”我冷笑两声，心想，用死来吓唬我们，真是笑话！当初为了在重庆西北郊磁器口至歌乐山一带建中美合作所，拆毁了多少民房？逼死了多少人？那又怎么样！

当年，拆迁杨家山五灵观一带民房的一件事，给我的印象是很深的。中美所成立时，戴笠看中了磁器口至歌乐出一带的地方，决定把中美所建在那里，把军统局的办事处建在其中的缫丝厂内。于是凡在这一带范围内的民房，都被勒令拆迁。从磁器口到歌乐山中间的杨家山，幽静而俊美，山势平缓而秀丽，终年郁郁葱葱，是歌乐山下一座不甚高大的小山，山前还有一条碎石路，蜿蜒曲折地通向

重庆市区。这里原是一处比较热闹的居民区，一下子要把民房全部拆掉，许多贫苦人家无处可去，但特务们一到限期就去拆，不管人家搬没搬走，去了就把房顶一揭。

有一次，我亲自去视察拆房情况。我坐在汽车里，到杨家山一带时，一个特务科科长正在指挥十几个特务拆一所民房。特务们在房顶上往下乱扔瓦片，稀里哗啦的拆房声中，夹杂着女人和婴儿的哭声。我下车问那个科长："怎么回事?"科长向我报告说，屋里有个刚生了孩子的女人还没搬出来。

我走到房门一看，屋内尘土飞扬，房顶已经拆得差不多了，大部分已露了天，破破烂烂的家具上落了厚厚的一层土，一顶旧蚊帐里坐着一个披头散发、面色苍白的年轻女子。只见她头上裹着一块旧花布，身上穿着一件打了补丁的花棉袄，下身盖着床补丁摞补丁的棉被，怀里还抱着一个襁褓中的婴儿。

我走进去问道："你为什么还不搬呀?!"

那女子抬起浮肿的泪眼，抽抽搭搭地祈求我说："长官，再宽容几天吧！我刚生娃儿三天，娃儿他爹去找房子到现在还没有回来，你叫我往哪儿搬?!"

看到这情景，我不由得也产生了几分恻隐之心，就回过头对跟在身后的那个科长说："先拆别的房子吧，最后再拆这间。"

"处长，今天是最后一天了，这一带还有好多人家没搬出去，如果都不拆就要延误工期了。"

是啊，延误了修建中美所的工期，那可不是闹着玩的！我看了一眼这间房顶几乎拆光的房子，没有再说话，转身走了。

当天夜里，重庆上空乌云密布，电闪雷鸣，天空像被雷电炸开了口子似的，倾盆大雨哗哗地倒了下来。我们一家人吃完晚饭都围坐在舒适的客厅里，我正逗孩子玩儿，妻子安详地坐在沙发上给孩子织毛衣。突然一个炸雷，吓得3岁的二女儿用小手捂着耳朵一下子扑在我的怀里。看到客厅窗户的玻璃上唰唰流下的雨水，我蓦地想起杨家山那个年轻女子，她现在会躲到什么地方去呢？那间破房的墙壁即使不拆的话，那露天的屋顶也是不能为她遮雨的呀！

过了好久，我遇见那拆房的科长时，就顺便问了一句那个坐月子的女人什么时候搬出去的。他告诉我说，他按照我的意思，当天没有拆那间房子，可是那母子还是死在那里了。因为他们根本没有可以躲雨的地方。那间房子的屋顶已经拆得差不多了，别说那么大的雨，就是再小一点儿也会漏雨的。听了这话，我心里闪过了“可怜”二字，可是一转身，我就把它忘到脑后去了。

这天听到那个小矿主用死来要挟我，我又想起了那个女子。我觉得这个矿主的处境比她可强多了，于是就在登上汽车时，硬邦邦地扔下了一句话：“你答应也得搬，不答应也得搬。这块地我们要定了！”

后来，特务们去封那个煤矿时，那矿主果然当着他们的面在矿井里上吊死了。

听到部下向我报告这个消息时，我也有点吃惊，没想到他真的这样做了。我赶到渣滓洞，人们已经把那个矿主从上吊的地方放了下来。他仰面朝天躺在矿井里，舌头伸得很长，两只眼睛都快突出来了。旁边一个特务对我说，他们来封井的时候，他死活不让，他把一根绳子拴在井口的一根横木上，对特务们说：“你们要是封井，我就吊死在这里！”特务们根本不理他的茬儿，继续往井口运石头封井，他就真的吊死了。

看到这个情景，我不禁又想起了另一起自杀事件。

那是我刚到局本部任总务处处长时的事。当时，戴笠一改过去一天一换总值日官的做法，决定让我一个人担任总值日官的职务，因此我常常在局本部值夜班。军统局局本部大院的黑夜是不平静的，机要组、情报处等单位常常工作到深夜，每天不知有多少反共反人民的罪恶阴谋，通过密电码和下达文件这两条线传到全国各地的特务手里，也不知有多少关于进步人士和革命者被捕、被杀的消息，又通过这两条线集中到局本部。除此之外，局本部大院内也常常发生一些这样或那样的事情。一天半夜，我正在大院内的办公室值班，突然不远的地方传来了砰的一声枪响。这种事发生在局本部可真非同小可。随着枪响，大院内各处室值夜班的特务顿时乱作一团，他们跑到院子里互相询问：“什么事？什么事？”我也和他们一样如临大敌，急忙组织所有的警卫人员进行搜查。

“报告！防空洞里发现一具死尸。”我正焦急地等候搜查结果，一个卫兵慌慌忙忙地跑来向我报告。我连忙赶到局本部大院内的防空洞门口，那里已围了一大群人，只听见人们正纷纷议论：“怎么会是他?!”“下午他还在站岗呀!”

我拨开围观的人群，走进去一看，只见一个卫兵装束的年轻人仰面朝天地躺在血泊中，早已断了气。

“怎么回事?!”我盯着一旁低头站着的警卫连连长问。

那连长抬起头，求饶似的看了我一眼，又低下头吞吞吐吐地回答说：“他母亲病了，他向我请了几次假，我没批准他，因为连里人手不够。没想到他会自杀。”

“自杀?”我一听是自杀，顿时松了口气。原来我还想打电话向戴笠汇报这个事情，可一听说是自杀，也就放心了。我认为，自杀嘛，怨他自己的心眼太小，死个士兵算什么？如果是他杀，那就是很严重的大事了。因为这个防空洞，实际上是戴笠秘密储存伪钞的地方。当时戴笠为了解决军统的经费问题并扰乱日伪经济，常常自制一些伪钞到沦陷区去购买物资，这秘密即使是局本部的人也不一定清楚。

第二天一早，我照例去戴笠的公馆向他汇报昨晚的情况。他正在吃早点，一听到卫兵自杀的事，猛然把送到嘴边的牛奶杯嗵地一下蹾在桌上，站起来怒气冲冲地责问我：“这么重大的事情，你怎么不立即汇报?”我见他发那么大的脾气，也有点不知所措，忙分辩说：“我觉得一个卫兵自杀，没必要半夜三更来惊动你。”

他余怒未消地瞪了我一眼说：“你呀，一点头脑也没有！你马上去让警卫连集合，我这就到。”

戴笠赶到局本部操场时，警卫连早已集合好。连长见他来了，照例跑步到他跟前，立正敬礼，请他训话。谁也没想到，连长刚跑到他面前时，他竟迎面就是两个耳光，并且大骂道：“我把一个连的士兵交给你，你竟这样不关心士兵的生活，把人都逼死了，还有脸来见我!”

那连长被打得连连倒退，吓得脸色惨白，一句话也不敢说。戴笠又当着全连卫兵的面，把连长臭骂了一顿，说了许多应该如何爱护士兵、关心士兵的道理，然后当众宣布撤销连长的职务，派人厚葬那个卫兵，并让我拨一笔相当1000银圆的法币给那个卫兵的家属做抚恤金。

当时我很不理解他的这些举动，认为他对那个连长做得太过分了。死一个卫兵有什么了不起？何况还是自杀，哪用这样兴师动众！我对他说："我不明白你为什么对警卫连连长处分那么重，连长只不过没准他的假，又没让他自杀。"

"你这还不明白吗？我们把枪发给这些当兵的，是为了让他们保卫我们。你想想，他既然有勇气自杀，也就可能有勇气先把我们打死，然后再自杀或被杀。你以后处理这类事情，一定要注意影响，今天我处分一个连长，发一笔抚恤费，就可以收买全连警卫的心，懂吗？"

想起这件事，我知道，这个小矿主自杀的事还得立即向戴笠汇报。不过我很清楚，戴笠决不会为这个小矿主的自杀而发脾气的。因为他死与不死，对我们都不会有丝毫影响。

果不出所料，当我打电话告诉戴笠这件事时，他只哼了一声，说："那就成全他的心愿，让他的家属来领点钱就行了。"

从此，中美所内又增加了一口活棺材——渣滓洞监狱。

在这口活棺材里，不知有多少革命志士被关押，不知有多少共产党人被杀害，只要进了这口活棺材，就别想走出这个"鬼门关"。就连军统自己招来的学生，若有一点不满情绪，也会被关进这口活棺材，无法逃脱。

在中美合作所范围内，军统一共开办过 20 多个特务训练班，学员中少部分是特务的亲戚或子弟，绝大部分都是从青年学生中挑选来的，其中有很多还是满怀抗日激情被骗来参加训练班的。当他们明白这些特训班的实质后，不少人后悔莫及，有的设法逃走，有的找借口请长假。逃走的学生只要被抓回来，就会被打得半死，再投进监狱。而对那些请长假的学生，戴笠的回答是很干脆的："不行！我这里的规定是只许进，不许出。想请长假离开？向无此例。"

戴笠之所以这样严格，是因为怕学生出去泄露军统和中美所的秘密。中美所内主办的特训班第二期学生中，有人写过这样一副对联，上联是"进缫丝厂如走向阎王府"，下联是"入中美所像登上鬼门关"，横批是"休想活命"。这副对联一联贴在特训班大礼堂的侧门门框上，另一联贴在中美所特意为蒋介石修的小休息室的门上。这很可能是贴对联的人刚贴了上联就听见巡逻兵的脚步声，所以把下联贴到了另一个地方。

最先发现这副对联的是工程处副处长侯桢祥。这个只搞搞建筑的人看到这副对联后，连忙把它揭了下来，准备交给戴笠，以为可以借此讨好。他像发现新大陆似的，得意地向戴笠报告。没想到戴笠一看气得火冒三丈，又听说是他揭下来的，二话没说就狠狠地踢了他几脚，并破口大骂道：“混账东西，谁叫你揭下来？你把现场给我破坏了，还叫我查个屁！”

戴笠最担心的就是他培养的学生思想左倾。他知道，学生思想如果左倾，就等于在军统内部埋下了一枚定时炸弹，说不定什么时候就会爆炸。在军统局曾发生过这样一件事情：

军统局派在重庆卫戍总司令部稽查处电讯监查科工作的张蔚林，也是早期电讯班毕业的一个学生，不知怎的，将一部专门侦收监听中共重庆办事处等电台通讯的电机真空管烧坏了。他不仅没有及时汇报，还悄悄走了。稽查处发现后，马上派人去他家找他，没找到，就在他家搜查了一番。搜查中发现，他私自抄录了军统的许多机密材料，而且有些材料还不是他一个人抄的，显然是好几个人的笔迹。这无疑是严重违反军统纪律的行为。稽查处将这些情况报告给戴笠。戴笠大吃一惊，并气愤异常，他在办公室疾步走动，对稽查处电监科科长说：“你马上派人把他给我抓回来，这件事一定与共产党有联系！”

张露萍（1921—1945），中共党员，1939年打入国民党军统局的电讯总台，获取了大量绝密情报。1945年不幸牺牲。

电监科科长回到办公室，立即抓起电话向电讯处副处长汇报。那位副处长回答说：“张蔚林就在我这里，他正为真空管被烧坏的事求我讲情呢！既然是这样，那我马上把人送去。”张蔚林就这样被捕了。

戴笠对这件事非常重视。他亲自向蒋介石做了汇报，被蒋介石大骂一顿，并责成他立即查清。于是戴笠又亲自主持清查工作。

根据在张蔚林家搜到的几张字条的笔迹以及他平时与人接触的情况，很快就发现并逮捕了军统内与张蔚林有关系的四个电讯人员，就连曾被称为张蔚林女友的张露萍也被捕了。被捕者有电讯处的报务员、译电员等，只有电讯处重庆总台的一位报务主任当时没有抓到。

原来，在事情发生的当天晚上，这位报务主任半夜起来上厕所，发现许多特务向总台包抄，他猜想事情暴露，就急忙跳出围墙跑了。戴笠发现总台报务主任跑了，立即电告各个路口、关卡，并连夜印发了他的照片。第二天清晨，就在江北一个路口抓到了他，并将他和张蔚林等人一起关押在重庆稽查处的看守所内。

张蔚林本是个热血青年，1931 年上海抗战时，他还是个中学生，当时就想投笔从戎，参加抗日。后来军统局成立，以抗日的名义举办了不少特训班、电讯班。他放弃学业报考了电讯班，不想误入魔窟。1934 年，红军撤离瑞金时，特务处在江西省站立即成立了一个瑞金组，张蔚林被派到该组当电台报务员。这个组的主要任务是协同当地军队，搜捕红军投能带走的伤病员及留下来坚持斗争的中共地下党员。他们一共只有五六个人，住在瑞金城郊的一个大地主家中。

瑞金组在当地残酷地捕杀红军伤病员及地下工作者，甚至连红军的妻儿老小也不放过。张蔚林对此兽行非常反感，却又敢怒不敢言，心中非常苦闷。后来，他们所住这家人的儿子从大学回家度假。这个大学生和别的有钱人家的大少爷不一样，生活俭朴，待人和气，对穷人也很好，张蔚林便对他产生了好感，两人渐渐成了好朋友。

一天，该组又抓来一名中共地下党员，为了追逼口供，便把他关在地主家的后院空房里。下午，组里其他几人都出去了，只有张蔚林一人在家看守着这个犯人。这时，那个大学生走过来跟他闲谈。张蔚林告诉他，今天抓的这个人是共产党的地下工作人员。那个大学生却摇摇头，不以为然地说：“哪里是什么共产党？只不过是个普通老百姓罢了。如今国难当头，你们不去抗日倒反过来抓自己的同

胞，真是令人痛心啊！”

张蔚林听了颇有感触地说：“是啊！我也不明白当局到底是怎么想的，我们只不过是奉命而为罢了。”

那大学生突然说道：“那你为什么不把他放了呢？”

“那可不行，让他们知道了可不是闹着玩的！”张蔚林忙答道。

“那你就眼看着无辜被害？”

张蔚林沉默片刻，然后说：“我假装出去买烟，你看着办吧！”

于是在张蔚林出去的时候，被抓的人逃走了。事后张蔚林被组长狠狠地骂了一顿，从此，这个大学生和张蔚林关系更密切了，经常给张蔚林讲革命道理，批评蒋介石的不抵抗政策。

原来，这个大学生就是共产党员，在他的帮助教育下，张蔚林觉悟提高得很快，不久就加入了共产党，为党做了许多工作。

南京失陷后，张蔚林调到重庆，在军统局电讯处重庆总台任报务员。中共派了一个在延安抗大受过训的女共产党员张露萍负责与他联络，佯称是他的女朋友。在军统电讯处重庆总台里，张蔚林先后发展了五个党员。这几个党员中，有的还是抗战初期从中国国际电台调来的技术很好的电讯人员。这些人到军统之后，发现这里是个特务组织，有的就不愿继续干下去了。其中有一个人还以为这里也像其他单位一样，不愿干了就可以一走了之，便来了个不辞而别。戴笠得知此事后，立即派人把这个报务员抓回来，竟严刑拷打致死，最后还把这人的血衣拿给所有的工作人员看，声称谁要是想离开军统，那么这人的下场就是榜样。

他原想来个杀一儆百，不想反而弄巧成拙，许多工作人员对这件事非常反感，特别是同死者一起从中国国际电台调来的电讯人员更是恨之入骨。就在这个时候，张蔚林开始做这几个人的思想工作。他们一想，留下不愿意，走又不能走，何不与之斗争呢？这样，中国国际电台调来的总台报务主任等便加入了共产党。后来这个报务主任也发展了与自己来往密切的译电员，他们在军统内部成立了中共党小组。

戴笠抓到张蔚林等人后，就想借此机会进一步破获重庆的中共地下党组织。

他查明张蔚林曾经常去中山二路四德里，估计那里很可能是中共地下组织与张蔚林的接头地点。他自鸣得意，立即派人前去搜捕，竟一无所获，人去房空。他做梦也没有想到，给四德里地下组织送信的，正是他自己的小同乡——稽查处看守所所长毛烈。

原来，张蔚林被捕的当天，毛烈还以为他是因业务上的差错而被关的。张蔚林给他 50 元钱，托他给家里送封信，他就毫不犹豫地照办了。后来戴笠查出是他送的信，气得当时就给了他两个耳光，并命令部下马上把他拉出去枪毙。士兵往外拖他的时候，他哭喊着向戴笠求饶，可无济于事，就这样，他为了 50 元钱送掉了一条命。

“张蔚林事件”在军统引起了很大的震动。戴笠从那时起，对手下人的防范更加严格了，所以当他发现特训班居然有人贴出这种对联时，简直气得发昏。他让人把第二期特训班中要求过请长假的学生不问青红皂白地关起来十几个，尽管有许多特务出面求情，戴笠也不肯答应放他们，一直到他死后，这十几个人才被放出来。

第十五章　抗战胜利

中美合作所美方领导人梅乐斯

“攘外必先安内”，这是蒋介石一贯的政策。即使在抗日民族统一战线成立之后，国民政府依然暗中执行着这一政策。

中美特种技术合作所成立后，美国人在我国各地区成立了156座气象站。一次，戴笠接见一个刚从欧洲学习军事回国的特务，我也在场。那个特务听说美国人在中国广泛设立气象站时，就很诚恳地对戴笠说：“在现代空军发达的时候，一个国家的气象、水文等资料，都是国防秘密。我看，由美国人来代劳，恐怕不妥当吧？”

“这有什么关系？人家热心来帮助我们嘛！”戴笠很不以为然地说道。

听了这话，我立即想起，中美技术合作所成立初期，美国人想方设法企图掌握军统多年来积累的对日空军密码研译技术和经验，而他们自己的技术情报却总是不肯告诉我们。于是我插嘴说：“我看美国人并不完全是想帮助我们，它与我们合作是有阴谋的。”

“不错，美国人与我们合作是有阴谋。不过他们想利用我们的，也正是我们想利用他们的。你们要知道，我们真正的敌人不是日本人，而是共产党。在消灭共产党这一点上，美国人和我们的愿望是一致的。再说，为了对付共产党，我们必须充实自己的力量，这就需要美国人的援助。”

1945 年 10 月，中国陆军总司令何应钦将军在上海

戴笠这句话倒是事实。中美合作期间，美国人为军统开办了 22 个特种训练班，培养了近 10 万名武装特务和刑警特务，调拨了 9000 多吨特工器材和武器。这些大多用来准备对付共产党及八路军、新四军等，而真正对日本人却用得很少。当时国民党内有这样一种说法：日本人可以使我们亡国，但不会使我们亡党；共产党虽然不会使我们亡国，但却会使我们亡党；如果国民党都灭亡了，那我们这些人还能做什么呢？基于这种指导思想，所以国民党反共比抗日要积极得多。

1944 年冬天，日本人开始向西南进军，其少数先头骑兵部队快开到贵州的独山附近时，西南地区竟连一个师的正规部队都调不来，大部分正规部队都由胡宗南领着去围攻陕甘宁边区去了。当时负责组织抵抗的陆军司令何应钦急得直跺脚，他对戴笠说：“现在只要给我一个师，我也能抵挡一下呀，可是现在连一个团的人也调不来！”

谁都知道，贵州一旦被攻破，重庆就朝不保夕了。国民政府的陪都一沦陷，那我们这些人可就真的成了亡国奴。这不仅会影响自己的仕途前程，而且连身家性命都很难保全了，国民党内的军政人员也是不愿意当亡国奴的。这时，戴笠也不得不放下其他事情，把西南地区的军警部队组织起来，成立了一个临时战斗指挥部，并号召大家做好“保卫大重庆”和“必要时撤往西昌继续抗日”的准备。

当时，军统局本部和中美所的汽车都集中到了贵阳。戴笠命令我率领1000辆十轮卡车，把军统在贵州各地的物资、器材，抢运过乌江；命令息烽监狱主任周养浩把一部分囚禁的犯人押过乌江，把另一部分中共党员和政治犯就地枪决。他一再强调说："千万要防止这些犯人趁机逃跑，那些中共人员如果逃出去了，就等于是放虎归山，将对我们很不利。"打入军统的张蔚林等七人，就是在这次迁移时，被杀害在息烽监狱附近快活岭一个被服仓库里的。

那时贵阳的情景真是混乱不堪，所有政府机关单位都在收拾物资、器材，往乌江对岸抢运。大街上到处都堆着各种物资，东一堆，西一堆。日本人还没到贵阳，贵阳就像遭了一次大抢劫一样。由于军统运输力量雄厚，大部分物资很快都运过了乌江，只有息烽监狱附近的几千套棉制服没运了。这时戴笠命令我放弃这些棉制服，帮助其他单位抢运物资。他指着街上乱七八糟的东西对我说："你看看，哪些东西不是党国的财产？你还是帮别的单位把物资运过乌江去吧，那些棉制服要不要都没关系。"戴笠的这些安排，完全是一副随时都准备逃走的架势，这倒使我很着急。

我最担心的是放弃重庆，逃往西昌。且不说当时我一家老少七八口人都在重庆，就是从工作来说，我也觉得逃往西昌可真不是办法。因为军统局在西昌没有基础，到了那里连住房都很难解决，作为总务处长，我不得不考虑到这些问题。于是我几次向戴笠建议，先派几个人去西昌修整和准备房屋，而他一直不回答我。有一次被我问急了，他不耐烦地说："不用！不用！""不用？那万一重庆失守，我们去了住哪里？"我还是有些不明白地问。

"你不必担心，你以为我们真的会逃到西昌？那还得了！到时候自有办法的。"

听了戴笠的话，我脑子里立即闪出了一连串的问题："到时候自有办法的，那会是什么办法呢？"要想保住重庆，只有两条路，要么援军及时赶到，要么就是与日本人签订城下之盟。戴笠不也曾经说过"我们真正的敌人不是日本人，而是共产党"吗？那么后一种可能是完全存在的。当年7月的时候，日本人不是还发表过声明，对蒋介石进行诱降吗？那么蒋介石会不会派戴笠去南京，和日本人签订盟约呢？

想到这里，我觉得应该趁机探探口气，同时也有必要在这个时候向戴笠表示一下自己的忠心。我见屋里没有第三者，就讨好地对戴笠说："我去哪里都不在乎，只要是跟着你就行。你去哪里，我去哪里，你去南京，我也跟你走！"在当时来说，"南京"，即指汪伪汉奸政府。

听了我的话，戴笠半晌没有作声。他上下打量着我，仿佛是第一次才认识我似的。我被他盯得浑身不自在，但我仍然紧紧地盯着他的眼睛，毫不羞愧地迎着他那仿佛能透视别人心底的目光。这样对视的一瞬间，对我来说仿佛是过了好久似的。我表面上镇静，心里也不由得在打鼓，暗暗责怪自己这句话说得太露骨了。我的话等于是在对他说：你去南京当汉奸，我也跟你去当汉奸。我觉得戴笠可能要大骂我一顿了。哪知，他看了我半天后，竟冲我诡秘地一笑，转过身走到窗前说："南京嘛，我们自然早晚会回去的。"我做梦也没想到，他会回答得这样巧妙，这样无懈可击。

当然，那次日本人并没有攻陷贵州，因为汤恩伯和胡宗南连夜空运了一部分部队到贵州，日本人不明虚实，只与国民党军队接触了一下就自行撤退了。这样，贵阳、重庆才免遭沦陷。

民国上将汤恩伯（1898—1954）

1945年8月15日，这是一个难忘的日子。这天清晨，我像往常一样，5点半钟就起床，去盥洗间边刮脸洗漱，边收听新闻广播。我刚在脸上打上香皂，刮了两下，就听到了日本人宣布投降的消息。其实，这一消息我早在6月间就有所耳闻了。当时，欧洲战场上希特勒失败、自杀，《波茨坦公告》签订后，苏联宣布对日作战，国民党政府就知道日本人投降的日子为期不远了。由于当时东南沿海地区国民党部队很少，而新四军比较多，为了防止日本人

投降后，活动于东南一带的新四军在国民党部队之前进入南京、上海、杭州等地，戴笠就准备领着梅乐斯和杜月笙等人冒暑赶往东南。他们计划让美国海军在东南沿海登陆，由戴笠和杜月笙先去联系上海的帮会和汉奸部队，会同东南地区的国民党军队一起夹击新四军。

戴笠临走前，曾在局本部召开了一个处级以上负责人员的会议。他在会上一再强调说："我们将来的敌人要比日本人难对付，你们切不可掉以轻心！"

他还特别指示我说："日本人一投降，中美所就会宣告结束。你一定要赶快运一些军火器材去东南。现在，你也必须派人把现有的一些弹药物资运往安徽，那里的忠义救国军等部队需要补充。"

因为这个原因，我对日军投降是早有思想准备的。可是真的从广播里听到这个消息时，我仍像不相信自己的耳朵似的，扑在收音机前，把耳朵紧贴在收音机上，这才确信日本人无条件投降是真的。我跑进卧室，一下子把睡意蒙眬的妻子抱起来，在屋里旋转着，喊叫着："胜利了，我们胜利了！"

妻子被我弄得不知发生了什么事，急得大喊："快放下我，你疯了？"

这时我才想起，妻子已怀了几个月的身孕。我忙轻轻地把她放在床上，激动地对她说："我们胜利了，日本人无条件投降啦！"

"真的？这可太好了，太好了，总算盼到这一天了！"妻子说着，紧握着我的手，眼泪夺眶而出。

这天，吃完早饭，妻子就领着孩子们去门外放鞭炮了。我兴致勃勃地要去局本部，却让汽车司机开着车先走了，自己则在大街上优哉游哉地慢慢走。自抗战以来，重庆这座美丽的山城仿佛终年都笼罩在浓雾之中，家家关门闭户，商店冷落萧条，很少看到人们的欢笑，耳边常常听到的是那刺耳的防空袭警报和抓人的警车声，空气沉闷得透不过气来。但这一天，整个山城像开了锅似的沸腾起来，鞭炮震天，欢呼声、祝贺声处处可闻，家家门口都满是红红绿绿的鞭炮纸屑，人人脸上都挂着难以抑制的笑容。

胜利了！我们这些抗日"功臣"，将会有更多的晋升、发财的机会。胜利了！也该结束"清苦"的生活，去上海、南京享受享受了。我想等戴笠回来，就向他

1945 年 9 月，重庆各界举行庆祝抗战胜利大游行。

请求调到上海去工作。我当时认为哪里也不如上海那个花花世界好，只要离开局本部，行动就会方便自由得多。我曾经把升任总务处长，在戴笠身边工作看成是一种荣耀，但这时我已懂得，常常守在戴笠身边是很不自由的，不仅要处处小心谨慎，而且知道戴笠的秘密越多，将来遭他猜忌的可能性就越大，不如离远点，行动自由一些，还可以多做些生意、多捞些钱。

我边走边打着自己的小算盘。到了局本部，迎面碰见毛人凤，他一把抓住我的手，兴奋地说："我们总算胜利了！"我也激动地点头说："是啊，我们终于胜利了！"

当天中午，毛人凤召集军统局高级特务们开紧急会议时，宣读了戴笠的电报。电报上说，要由重庆去电报，委任周佛海为京沪行动总指挥，委任任援道为太湖剿匪总司令。

原来，戴笠走的时候，就带去了不少委任状，他早就想利用伪军和汉奸部队，配合国民党军队及美国海军接收上海、南京、杭州等重要城市，防止新四军进入。

周佛海（1897—1948），中国共产党早期领导人和中国国民党政府官员，后任汪伪政府财政部部长及警政部部长等职

而美国人因为兵力不足，未能在东南登陆，戴笠就不惜委任臭名昭著的大汉奸周佛海为京沪行动总指挥，委任汪精卫伪政府的军政部部长任援道为太湖剿匪总司令。戴笠已将委任状给了他们，要求去电报的目的不过是表示重庆方面已予承认。

会后，毛人凤让我留下，说戴笠决定在南京洪公祠建一座军统局办公大厦，让我先去视察一下。我接受这个任务后，立即安排了工作，赶往南京。

这时的南京，远不是当年从上海撤退时的景象了。那时，国民党的军政要员早已飞往武汉、重庆等地，所见皆是散兵败将，人人惶恐不安。而今的南京，可真是将军云集，凯歌冲霄。将军们各个眉开眼笑，趾高气扬，俨然抗战英雄神态。他们之中有的人确实也不愧是“英雄”，日本人尚未正式宣布投降之前，就“勇敢”地潜入南京、上海，日本人刚一宣布投降，他们就和派到这些地区的地下工作人员一起站了出来，抢收日伪财产。

我在南京待了三天，毛人凤打电报来催我回去抓军统的财物清理工作。但仅这三天，我就开始尝到了胜利的甜头。这三天里我只在洪公祠看了一眼地形，其余的时间不是被这个拉去赴宴，就是被那个拉去参加舞会，什么烤乳猪、酥脆石榴虾、生扣鹅掌等在重庆很难见到的美味佳肴，几乎都尝了个遍。军统局来打前站的一个临训班学生，还从日伪物资中挑了一幢洋房和一部汽车送给我。

撤退时的南京，和如今这个灯红酒绿、纸醉金迷的南京相对比，真是太强烈了。我当时想，抗战时，你们这些将军有多少躲在部队的后面，从不像现在这样身先士卒，而如今接收胜利果实，你们倒真叫奋勇当先啊！

回到重庆，我总忘不了南京那些陶醉在胜利中的将军们。我那爱挖苦人的毛病又上来了，就抽空以《抗战胜利还都南京有感》为题，写了几首小诗，准备在我熟悉的一家小报上发表。诗是这样写的：

山城飞将勇无前，振翼长空奏凯旋。
赤胆孤身临虎穴，歌台舞榭好流连。

身先士卒越重关，满座将军尽笑颜。
五子登科齐奋力，人间谁复念饥寒？

冤魂卅万哭犹哀，忍见江头白骨堆。
卫国无功频失地，有何面目又从来？

都门风物倍堪思，万水千山奏捷迟。
愧对江南诸父老，八年垂泪盼王师。

石城风雨近重阳，烟雨台城柳色黄。
犹爱秦淮河畔水，至今仍带六朝香。

后来，报馆编辑来我家取诗稿，坐在客厅里，边看诗边称赞说：“写得太好了。这可是一副清凉剂，也好让那些被胜利冲昏头脑的将军们清醒清醒。”

不料，这位编辑的话竟让偶然路过客厅的母亲听见了。她老人家拄着手杖缓缓地走过来问：“是谁写的诗啊？”

“老太太，是……”编辑递过诗稿正要回答，一见我对他使的眼色，立即停住了。可是母亲已把诗稿拿在手里，看出是我的笔迹，就生气地摇摇头说：“你呀，你呀，真是不知天高地厚！你知道这样的诗会得罪多少达官贵人吗？你身在其中，怎么能这样不管不顾？这样会招来大祸的！”

母亲毕竟是母亲。她既希望我洁身自好，又担心我得罪人而遭不测，所以说什么也不让我发表，我也只好作罢。而老人家只看见这几首诗就这么为我担心，她如果知道我平日在军统的所作所为，知道我那除戴笠之外不把任何人放在眼里的神气，肯定会更加不放心了。我随之想到，如果自己继续任总务处处长，总管钱财，如果不离开局本部到外面干公开的工作，得罪人的事是少不了的。现在胜利了，我何不趁机要求戴笠派我到上海、南京等地去干个公开的工作？那样既自由，又可以少得罪人，而且可以凭着自己的本事，在地方上搞出些名堂来。

戴笠于10月间回到重庆，他眉飞色舞地谈到他在南京、上海等地组织伪军、汉奸部队和忠义救国军将新四军抵拒于几大城市之外的情况，并谈到对日伪财产接收的情况。等他兴致勃勃地说完，其他人都走了之后，我就向他提出去上海工作的请求。我先用试探的口吻对他说："困在山城这么多年，你也该让我出去走走了吧？"

"你想去哪里？"

"我想去上海，公开工作，那里的情况我熟悉。"

戴笠看了我一眼，站起来走了几步，然后转身对我说："这么大一份家产，你看交给谁合适？你给我找出个人来。"

"你考虑嘛！我上哪儿去找人呀！"

"我没有考虑过。"

没想到他一句话就拒绝了我的要求。我知道再与他争辩也没有用，就闷头不再作声了。

他看到我那副老大不愿意的样子，便坐到我身边，对我说："你快不要三心二意了，总务工作你已经熟悉了，你不干怎么行？再说现在美国人支持我们建设海军，成立海军总司令部，让我兼任总司令。我早想好了，让唐生明任参谋长，你给我兼任副官长，怎么样？"

"唐生明平时就不爱管事，他哪里能给你当参谋长？"我不解地问。

"我哪里用他当参谋长？只不过让他占住这个位置。要不然，委员长会派别的人来。要是派来的人跟我另搞一套，那不是很麻烦吗？再说唐生明交际很广，各方面都有不少朋友，有了他，也可以在中间给我起个缓冲作用嘛！”

听了他的话，我真是打心眼里佩服他的手腕。我也知道，抗战期间，他确实得罪了不少人，许多国民党内的高级军政要人对他很不满，常常想找军统的毛病，好到蒋介石那里去告他，拆他的台。据我所知，当时的军政部部长陈诚，对他就很反感。

记得有一次我担任总值日官，在局本部值夜班时，住在局本部大院隔壁杨森公馆的军政部部长陈诚突然来了。门警打电话告诉我说，陈诚部长要找总值日官。那时我就知道，陈诚和何应钦两人矛盾很深，而戴笠跟何应钦关系又特别好，我想陈诚不一定喜欢戴笠。因为局本部与陈诚虽然是邻居，但是从不来往，深更半夜的，陈诚来干什么呢？

蒋介石心腹爱将陈诚

我整理一下军装来到大门口，陈诚正双手叉腰站在那里，面色阴沉，一副前来兴师问罪的样子。我知道，这人得罪不得，忙毕恭毕敬地向他敬个礼，说：“我是总值日官，不知陈部长有何指教？”

陈诚看了我一眼，然后指着灯火通明的局本部大院说：“为什么这么晚了还不熄灯？抗战期间，电力供应极其紧张，你们难道不知道？”

听他提到电灯的事，我心里不免有些紧张。因为供电局的几个查电工都是军统的外勤特务，他们为了节省军统局的经费开支，把局本部大院的电线都接到公共用电的线路上，局本部从来不掏电费，所以用电也从不知节省，尽管只有两个科室在夜间工作，但经常是整个大院都灯火通明。我想这件事如果让上面查出来，告到蒋介石那里去，事情就闹大了，决不能让陈诚发现这一秘密，抓军统的辫子。于是我硬着头皮回答：“报告部长，因为工作需要，我们的许多处室每天

都要工作十几个小时，现在还在上班，所以没有熄灯。”

陈诚半信半疑地盯着我：“是吗？你领我看看去。”“请！”说着我便在前面领路，往机要组的译电科走。我担心陈诚发现我们的秘密，就背着他向门警使了个眼色，暗示他趁我领陈诚去看译电科时，把其他没用的电灯都关了。

译电科的工作是非常紧张的，每个人面前都摆着一堆待译的电文，一个个都埋头干着自己的工作，谁也不相互交谈。陈诚在窗外看到这种情况，不由得说了声“好！”

译电科楼下就是情报处，译出的电文都要及时地送到那里，情报处再根据电文的内容把它们分门别类，有的直接上报蒋介石，有的上报戴笠，有的则送交下面各负责部门执行。

我们又来到情报处，看到他们工作也像译电科一样紧张。看完这两个办公室的情况后，陈诚似乎已经忘了他此次前来的目的，连声称赞说：“很不错，要都像你们这样工作的话，我们的国家就有希望了！”

没料到事情的结局会是这样令人满意。第二天一早，我就兴致勃勃地去向戴笠汇报。我刚说了句“陈诚昨夜到局本部来了”，戴笠的脸色顿时就阴沉下来，说：“他来干什么？”“找麻烦呗！”我顺着他的话答道。当我把昨夜的情况绘声绘色地向他学说一番后，他的脸上露出了笑容，称赞我说：“好！以后一定要注意这种事，要当机立断，免得让人家抓我们的辫子。有的人正愁找不到我的毛病呢！”那时我才知道，陈诚与戴笠之间存在着很深的矛盾。

想起这件事，我更加佩服戴笠的精明、周到。我想，既然戴先生这样信任我，我也不能太为自己着想了，还是按他的意思，让我干什么就干什么吧，反正跟着他升官发财是没问题的。想到这儿，我连忙向戴笠表示说：“那就按你的意思办吧！”

戴笠听我这么一说，就笑了，说：“你想出去走走也可以嘛！现在胜利了，南京、上海你都可以去玩玩。当然，眼前不行，你得赶快把我们在各地接收的财产弄清楚，以后有的是机会。”

我点点头，心情愉快地退了出来。没想到，这竟是戴笠跟我的最后一次单独谈话。

第十六章　戴笠身亡

1946 年 3 月 18 日上午，军统局局本部会议厅里烟雾弥漫。二十几个身穿将官服装和西服的特务都闷头不响地坐在那里。有的不停地抽烟，有的不住地搓手，有的索性两臂一抱低着头，闭目养神。平时一向面带笑容的毛人凤，今天却变得异常不安，他在讲桌前不停地走动着，焦急地瞧着这二十几个人。可是谁也不看他，谁也不说话，这场面一直持续了半个多小时。最后，毛人凤几乎要哭出声来了，他含着眼泪说："同志们，委员长再三强调，一定要派个高级同志去。如果没有一个负责人肯去，岂不是显得我们军统的负责人太胆小怕死了吗？如果我能走开，我一定去。可是戴先生临走时让我在局里处理日常事务，离不开。你们叫我怎么去向委员长复命呢？"尽管他声泪俱下地说了一大通，下面还是没有反应。

胡蝶与潘有声

原来，17 日上午 9 时，毛人凤接到戴笠从天津打来的电报，说他乘一架 C－47 型 222 号专机去上海，两天后再飞重庆。当时，戴笠的情妇胡蝶，正在上海准备与丈夫潘有声办理离婚手续，然后正式与戴笠结婚。所以戴笠在北平、天津办完公事后，想去上海看望胡蝶，然后再赶回重庆。他想赶回重庆的目的有两个，

李士珍，1896 年出生，黄埔军校第二期、日本警官学校结业

一个是准备参加胜利后的第一次军统局的“四一”纪念大会，另一个则是与中央警官学校教育长李士珍争夺全国警察总监的职位。当时，李士珍拟了一个战后建警计划，已通过他的后台老板——考试院院长戴季陶交给蒋介石，并为他请求战后建警任务，以便独揽警察的领导权。蒋介石对李士珍的计划很感兴趣，同时又因有戴季陶的关系，就准备把建警任务交给李士珍。被戴笠推荐到蒋介石身边的唐纵等特务了解到这一情况后，立即打电报向戴笠汇报。而戴笠早就想把警察的领导权掌握在自己手里，他也写了一个全国建警计划，要求任警察总监。所以他得到唐纵等人的情报后，急于赶回重庆，好亲自在蒋介石面前力争。

按惯例，戴笠每到一个地方都要给毛人凤来份电报，既为了告诉自己的行踪，又为了询问局里的情况。然而这次，毛人凤自 17 日上午 9 点后，直到下午也未接到戴笠的电报。这一反常情况使毛人凤坐立不安。他亲自打电话问重庆总台，并命令总台向南京、上海、天津、青岛等处询问，得到的答复是：222 号飞机曾到达上海、南京上空，由于两地都是大雨滂沱，未能降落；又因为云层低，雷电大，他们与空中联系很困难，现不知飞机去向。

整个下午和夜间，毛人凤都焦急不安地守在办公室。重庆总台不停地“青岛青岛”“济南济南”地向全国各地呼叫着，呼声此起彼伏，通宵未断，但还是一点消息也没有。

第二天清晨，毛人凤心急火燎地跑去向蒋介石汇报这一情况。蒋介石一听，立即显出焦急和关怀的神色。他转身命令秘书说：“接周至柔。”周至柔是航空委员会主任。电话很快接通了，蒋介石亲自抓起电话，询问222号飞机的去向，得到的回答跟毛人凤汇报的一样。蒋介石的脸色更加阴沉了，他对着电话命令道："你马上派几架飞机沿途寻找！一定要找到这架飞机迫降在什么地方！"放下电话，他又转身对毛人凤说："你马上选派一名将官级负责人，带部电台、一个报务员和一个外科医生，多带些药品，下午就乘专机去寻找。我估计戴科长（因戴笠曾担任过南昌行营调查科科长，蒋介石常常这样叫他）乘坐的飞机，很可能是飞错了方向，或者是出了故障，落到共产党地区了。你马上去布置吧！"

军统头目毛人凤（1898—1956），后任保密局局长

"是！"毛人凤毕恭毕敬地行个礼，准备出来，蒋介石又叫住他说："只要是发现了戴科长的飞机，就马上降落。如果无法降落，就立即跳伞下去，并用无线电向这里汇报。一定要把戴科长找到！"

毛人凤回到局本部，立即召集了这个紧急会议。当听说戴笠一天一夜不知去向时，大家都不由得惊叫起来："那能到哪里去呢？""会不会飞机失事？""千万别降落在共区！"人们议论纷纷，关心、焦急、恐惧……我当时觉得这是一个不祥之兆，浑身直冒冷汗，心想，他可千万不要出什么事啊！

人们的议论声使毛人凤无法继续往下讲，他摆着双手大声说："同志们静一静！"接着他把蒋介石的意思告诉了大家，并问谁肯去寻找戴笠。

如果是去一般的地方，也许大家都会争着去寻找，但一听说很可能降落在共区，整个会议厅顿时鸦雀无声了。

去共区？那是闹着玩儿的吗？我们这些靠屠杀共产党起家的人，倘若落在共产党手里，还能活着出来？再说，"奋斗"了八年，好不容易盼到了抗战胜利，目前正是抢收日伪财产、大发横财的好机会，日后荣华富贵享受不尽，只有傻子

才会去送死。我和大家一样闷头不语。

抗战胜利后，我的想法多极了，常常想起去南京查看建筑军统大厦的情景。那次我只在南京待了三天，就得到了一幢房子和一部汽车，如果我再趁机做几笔生意，抢收一些日伪财产，岂不是终身享用不尽？可是我也想到，在这关键的时刻，我若不去寻找戴笠，怎么对得起他呢？我既不是浙江人，又不是黄埔学生，如果不是戴笠一手提拔，我这个初中尚未毕业的青年怎能爬到如此高位？人不能不讲良心啊！看来，我应该去。可是，我今年才33岁，正是年轻有为、前途无量之际，如果戴笠正落到共区，我这不是去白白送死吗？母亲年迈，妻子才27岁，四个楼梯台阶一样的幼小儿女怎么办？看来，还是不能去。但是，戴笠如果没有落在共区，而是在其他地方迫降，电台失灵，他要是知道了谁也不肯去找他的这种情况，会做何感想？我十几年对他的忠实岂不毁于一旦？再说，如果不把戴笠找回来，这几万人的军统局有谁能压得住阵？戴笠十几年的苦心经营岂不要付诸东流？倘若没有军统这把得力的屠刀，委员长的宝座、党国的权力，能有这样牢固？无论为国为党为个人，都必须把戴笠找回来。要想得到更高的官位，要想得到更多的钱财，不冒些险是不行的。即使自己此行发生意外，也是为党国尽忠，在党国的史册上留一美名，妻儿老母也会得到很好的照顾……

我这样翻来覆去地想着，权衡着。最后，我猛地站起身来，说：“我去！”

沉默的人们立即如释重负般嘘了一口长气，脸上露出喜色。毛人凤则泪眼汪汪地疾步上前，紧握我的双手说：“养兵千日，用在一朝。我原以为大家会争着去，结果这么久没人表示，想不到，只有你肯去！”

我似乎也被自己这一“壮举”感动了，激动地说：“应该的，应该的！”

“好！好！”毛人凤紧握着我的手，仿佛怕我逃跑似的，对其余的人看也不看一眼，当即拉着我下楼，乘车去见蒋介石。

以往去见蒋介石总是要等很长时间，但这次一通报，蒋介石马上接见。我们进去时，他正坐在办公桌前批阅公文。我们给他敬过礼，毛人凤向他报告说我愿去寻找戴笠。他立即合上卷宗，快步走过来和我握手说：“那很好，很好！”然后让我们坐下，亲切而又坚决地对我说，“你一定要把戴科长找回来！我已通知航委会准备好了飞机，你下午就出发吧！”接着他又分析了一番戴笠可能降落的地方，我们就起身告辞。刚走两步，他又走过来喊住我问：“你过去跳过伞吗？”

“没有！”我如实回答。

“那你先带着医生和报务员一起练习一下跳伞，今天来不及走，明天一早动身。”

我们刚转身要走，他又叫住说：“等等！”然后走到办公桌前，从抽屉里取出一张信纸，挥笔写了几个字，交给秘书盖上公章后递给我，并对我说：“你如果发现失踪的飞机不是停在机场上，你们就跳伞下去。不管遇着什么单位的负责人，先出示我的手令。找到戴科长，立即用无线电告诉我！我相信，一切都不成问题，看谁敢违抗?!”从他说最后一句话的语气、神态来看，完全可以肯定是对共产党而言的。

听了他的话，再看看手令所写：“无论何人，不许伤害戴笠，应负责妥为护送出境，此令。”我马上明白了他的意思，忙接着说：“只要能找到，一切都好办，谁敢不服从委座的命令！”

他点点头，好像很称赞我已懂得了他的话。他又对我说：“不管落在什么地方，一定要跳下去，不要害怕，一定要把戴科长找回来！”

毛人凤忙回答说：“他不会害怕的！刚才好多人都不愿意去，只有他主动表示愿去的，请委座放心！”

蒋介石一听，脸上立即露出了赞赏的笑容，问我说：“你有什么要求吗？”

“没有！我要求去，是为了党国的利益，也是为了报答戴先生的知遇之恩。”

“好！我们需要的就是这种忠于党国的好同志！”

当我们向他敬礼告辞后，他居然把我们送到办公室门口，并且紧紧盯住我的眼睛，伸出手来，很用力地和我握了一下，仿佛在说：好好干！这次就看你的了！——这是过去见他从来没有过的。

离开蒋宅，我连家也没回，就开始挑选报务员和外科医生，这是因为母亲和妻子不在重庆。抗战胜利后，母亲思念久别的家乡，妻子也想回湖南去，所以第一班客轮通航时，我就送她们回湖南了。我想，幸亏她们不在重庆，否则说什么

也不会同意我去冒这个险的。

下午，我领着挑好的报务员和医生到两路口的跳伞塔去练习。那里的人告诉我们说，跳伞时一定要离开飞机一段距离之后再打开伞，否则，伞先打开，挂在机尾上就麻烦了。另外他们还告诉了我们一些诸如在着陆时一定要先把腿蜷起来再伸直等等注意事项。我们按照他们说的程序，连跳了三次，才去九龙坡机场乘飞机试跳。

试跳时，我从机舱门口往下一看，不由得倒抽了口冷气。下面的房屋建筑就像是军事模型上的模具，而人如同蚂蚁一样在模具上移动，这情景虽然在坐飞机时常常看见，可是让我只身往下跳，还真是第一次。我只觉得头晕目眩，身上直冒冷汗。这时，戴笠的面容、蒋介石的眼睛不知怎么就像是在眼前，我心一横，两眼一闭，便一头栽了下去，只觉得人像铅球似的，急速地往下坠落，耳边的风呜呜作响。我一慌，忙将胸前的绳子一拉，就觉得像是谁猛地把我向上提了起来似的。我被打开的伞稳稳当当地吊在半空，然后才飘飘悠悠地徐徐降落，很顺利地着陆了。我深深嘘了口气，心想，原来是这样简单。第二次、第三次我们都很顺利地跳了下来。这时天已快黑了，我们也累得筋疲力尽。

我们赶回局本部的时候，天已经完全黑了。一走进办公大楼，毛人凤就红着眼圈告诉我说："戴先生可能已经遭到不幸了。刚才，李人士（南京办事处处长）从南京来长途说，17 日中午有一架军用机坠毁在南京附近，但不知是不是 222 号专机。我已向委座做了汇报，他认为一定是那架飞机。他估计戴先生已经遇难了。不过你还是得准备明天出发，去看看是不是那架飞机，如果不是，你接着去找。"他说着说着，眼泪几乎就要流出来了。

听了毛人凤的话，我也是热泪盈眶，觉得浑身无力，连晚饭也不想吃，就往毛人凤办公室的沙发上一靠，心里忐忑不安，甚至想找个地方大哭一场。

毛人凤的办公室里，还聚集着十几个人。大家都哭丧着脸，闷头想着自己的心事，有的担心今后的命运，有的考虑以后的前程。我靠在沙发上，仿佛是在闭目养神，心里却像开了锅似的翻腾着。我意识到，戴笠一死，军统局内部将会发生巨大的变动，我自己的地位也会因之而发生变化，要么更上一层楼，要么遭人排挤。在军统内我最信服的只有戴笠，而对其他两个负责人郑介民、唐纵，我向来只是表面尊敬，心里却很瞧不起他们，认为他们没有戴笠办事的精干和气魄。毛人凤虽是戴笠的亲戚、同乡、代主任秘书，但他是靠笔杆子起家的，内勤没有当过处长，外勤没有当过站长，一直是给戴笠当秘书，靠着文笔好，对戴笠忠实，才得到提拔和信任，所以我更没把他放在眼里。以后，由谁来主持军统工作合适呢？谁又有戴笠的手腕和能力呢？但愿坠毁的不是戴笠乘坐的飞机才好。

"铃……"急促的电话铃声把我从胡思乱想中惊醒，我和其他人一样从沙发上站起来，盯着抓起电话的毛人凤，想从他脸上看出事情的发展。

电话是蒋介石的秘书打来的，他说委座有事找毛人凤，叫他马上就去。我们猜想，蒋介石一定又得到了什么新情况，叫毛人凤去布置下一步行动。

毛人凤去了不到半个小时，就垂头丧气地回来了。他站在门口，一言不发，只是用沉痛的目光看着大家。大家一看这情景，知道戴笠一定是死了，都默默地和他对视着，谁也不肯首先打破这死一样的沉默。最后，还是毛人凤先说话了，他声音沙哑、低沉，看得出是在强压住心中的悲痛。他说："委座已接到航委会的报告，说坠毁的正是戴局长的那架飞机，并肯定全机人员均已遇难，无一幸存。龚仙舫也和戴先生乘坐的同一架飞机……"

毛人凤的眼眶早已红了，说到最后已是泣不成声。留在办公室的大都是戴笠的亲信，无不叹息流泪。我一屁股坐在沙发上，把头埋在手掌中，任泪水无声地流淌。那时的我，对戴笠的感情几乎超过了自己的亲人，我多么希望这不是真的，而是一场噩梦啊！

"委座让我们商量一下，在郑介民和唐纵两个人中间选个人，来接替戴先生的工作，正好你们差不多都在这里，就讨论一下吧！"毛人凤的话刚一出口，在座的都忍住抽泣，开始考虑这个问题。

唐纵是军统局帮办，蒋介石派来协助戴笠工作的，他的为人大家都是清楚的。他谨慎小心，对什么事情都抓得很紧，表面上很斯文，说话和气，但性格却很倔强，凡是他认为对的事情，别人怎么说都不行，连戴笠有时对他的稳健、冷静和倔强也无可奈何。如果让他接替戴笠的工作，他马上就会上任，而且会把一

切权力都抓在自己手上，那对我们这些下面的人是很不利的。

郑介民呢，虽然名义上是军统的主任秘书，为人也很谨慎小心，但他在北平任军调部的和谈代表，常驻北平，一切工作都由毛人凤代理。毛人凤则因为是代理的主任秘书，所以从不敢在部下面前摆架子，态度总是和蔼可亲。思来想去，大家一致认为还是让郑介民接替戴笠为好。

我知道毛人凤的内心也是希望郑介民接替，只是自己不便说罢了。为了讨好毛人凤，我抢先对他说："还是选郑介民好，如果他接替戴先生的工作，那实际工作还是你负责，这样局里就不会有多大变动。"其余的人都纷纷附和我的主张，事情很快就定了下来。

毛人凤对我的提议很高兴，临走时亲切地拍着我的肩头说："你好好休息吧！委座让你明天一早就赶到南京去料理后事。"我俩彼此都会心地点点头。

实际上，这一夜我哪里能睡着啊！戴笠的死使我很难过，同时也迫使我不得不考虑自己今后的出路。戴笠在世时，谁都知道我是他的亲信，现在他死了，他们会不会借机报复我、排挤我呢？以后我要保住自己在军统的地位，该如何行事呢？我不是黄埔学生，年轻、资历浅，在蒋介石眼里是无足轻重的。但是在军统内部，我的实力并不小。自从在临训班任教官起，我就开始培养学生对我的感情。那时我就看出蒋介石是靠黄埔的一些学生起家的，戴笠对学生抓得也非常紧，我明白要发展自己的势力，必须抓住学生，所以以后军统办的各种特训班我都坚持去讲课，几乎有2/3的学生听过我的课。担任总务处处长时，工作再忙我也坚持兼课，同时尽量把毕业后的学生安排到总务处，或推荐到各个部门去。我想，在军统这几个负责人中，我的年纪最轻，加上我培养的一些学生，何愁将来不会后来居上、独树一帜呢？当然，目前我还不能与唐纵、郑介民比高低，他们资格老，深得蒋介石信任。可是如果郑介民主持军统工作，仍然会是毛人凤负实际责任，天长日久，毛人凤将取代郑介民，到那时，我再取代毛人凤就不成问题了。不过，目前我还得三方面都要敷衍，将来不管谁负责，对我都没坏处……

这一夜，我在床上翻过来掉过去地想着、分析着，还不时地把台灯打开，在笔记本上记下我该做的一些事情。

第二天一早，毛人凤就来到我在局本部内的卧室。我已起床，正在整理行装。他一进门就关心地询问我准备工作做得怎样了，还有什么要求。我回答说："一切都准备好了。去南京安排好了，了解清楚情况就回来，没有什么要求。"

"那好！你安排好就赶回来。不过，昨晚上我们决定的事，你先不要告诉唐纵，等委员长批下来后，再说瞧不迟。"毛人凤出门时握着我的手叮嘱道。

"放心吧！我不会告诉他的。"我满口应承下来。但临上飞机前，汽车路过上清寺时，我特意下车去了唐纵家。

唐纵刚起床，正穿着睡衣在院子里锻炼身体，见我就问："这么早来，有事吗？"

我忙凑到他跟前，神秘地对他说："戴先生出事了，委员长让我们在你和郑介民中选一个人来接他的工作。我提出由你来接替，可是毛人凤他们说什么也不干，最后他们决定选郑介民来接替。"

听了我的话，唐纵那白皙、清瘦的脸立即阴沉下来。他习惯地推了推自己鼻梁上那副白金丝边眼镜，沉思片刻，苦笑了一下，慢腾腾地说："他们不希望我去，我也不想收拾这个烂摊子。"

"这事你知道就行了，先别有什么表示，看委员长怎么定吧！"

他看了我一眼，微微一笑说："你见我几时随便说过话？"

我带着戴笠的一张大照片和几个办事人员到达南京时，已是下午3点多钟了。南京的大特务们早已去出事地点收尸，4点多钟，一个个都乘坐着小汽车陆续回来了。最后，戴笠的亲信副官贾金南，从一辆大卡车上抱着一截用白布裹着的东西走下来。他一见我，就忙把那东西放在地上，扑到我的面前号啕大哭地说："沈处长啊，你可来啦！平时他们那样尊敬戴先生，如今戴先生的尸骨未寒，他们就不让戴先生搭乘他们的小汽车呀，我只好抱着戴先生坐运尸体的大卡车回来！"

我一听这话，心里更加难过，也哭着叹息说："'人在人情在，人走万事空'，你就想开些吧！你抱着的是不是戴先生的尸体？"

"没错，我哪能认错啊！我跟了他十几年呀！"

戴笠的葬礼

不知为什么，我仍不相信戴笠真的会死，就走上前把白布揭开，想看个究竟。

这哪里是个人？完全是段黑炭。幸亏头还没有烧掉，模模糊糊还能看清嘴的位置。我想看看嘴里是否有几颗金牙，就用手把嘴唇掰开，刚一动，那黑炭般的嘴唇就直往下掉渣。我的手不禁有些发抖，但我还是把嘴扒开，看清嘴里确实有几颗金牙，才相信戴笠真的是死了。

我不禁痛哭失声，并命人把死尸抬到殡仪馆去整容，画上一个脸罩，套上一身新的毛料中山服，并在南京办事处为他设了一个灵堂。

傍晚，南京办事处和上海办事处的负责人，如释重负般地在一个豪华大饭店大摆筵席。他们都像无事人似的大吃大喝，还美其名曰：“大家忙了一天，辛苦了，好好犒劳一下。”我心里明白，戴笠一死，他们这些在南京、上海的负责人就可以大发横财，不用担心戴笠让他们交出接收的日伪财产了，所以各个心里都很高兴。

在一片觥筹交错的喧哗声中，我却一口也吃不下去。我不仅为戴笠的死难过，也为跟戴笠同时遇难的人事处处长龚仙舫难过。龚仙舫跟我的关系一直很好，凡是我推荐到各个部门的学生，他从来都不为难。那时，局本部院外有幢名为“漱庐”的会客处，戴笠常常爱在其二楼接见一般的客人。一楼是一般特务会客的地方，三楼空着没用。我喜欢三楼安静，就在那里放了张办公桌和单人床，有时就在那里办公或休息。龚仙舫也喜欢安静，他也把办公室搬到三楼来，就在我的办公室对面。

龚仙舫是湖南人，黄埔六期的，50多岁，胖墩墩，见人总是笑嘻嘻的，就像一尊笑佛。可是他有些书呆子气，从来不敢像我们其他几个处长那样，到外面去跟别人合伙做买卖捞钱，就是别人给他送礼也不敢收，纯靠自己那些薪水来养家。他没有自己的房子，老婆孩子寄住在兵工署兵工厂的宿舍房里。他很少回家，每个月他老婆都要打发勤务兵来要钱。他没有钱时，就用被子把头一蒙说：“我不管，我要睡觉！”我知道他手里没有积蓄，每当这种时候，我就掏出一把钞票塞给勤务兵说：“先拿回去吧！”他也从来不问我这些钱是从哪里开支的。他知道我手里有特务生活补贴经费，我也正乐得做这个顺水人情。现在他摔死了，他的一家老小可怎么办呢？

喧笑声、劝酒声打断了我的沉思。看着眼前一个个喝得红光满面的笑脸，我很生气，心想戴笠一死，他们可以毫无顾忌地大发横财了。这次戴笠从北平、天津回来，一定带了不少古玩珍品，他们会不会趁收尸之际，将那些不易烧毁的古玩拿走呢？如果能查出来，我就可以有凭有据地向局本部报告，名正言顺地给他们处分，看他们还能如此得意、如此无情！

晚上，我把贾金南叫来，询问去收尸的情况。贾金南说，他们去时，那些尸体早已被当地百姓搬得乱七八糟，除了飞机残块和尸体外，没有发现值钱的东西。戴笠的尸体在半山腰的一条沟里，是他下去找到的，当地人叫那条沟为“困雨沟”。听他这么一说，我决定亲自去一趟出事地点。

第二天，我带人来到南京江宁县板桥镇南面的岱山脚下，找来了当地的县长和保甲长，要他们把当地居民召集来，一方面询问飞机坠落时的情况，另一方面查问是否有人捡走了未烧毁的物品。

当时有些居民说，他们亲眼看见了飞机坠落时的情景。那天大雨倾盆，中午1点多钟，滂沱大雨还在不停地下。突然，一架飞机从南京方面飞来，飞得很低，撞着了岱山前面一座小山的大树，就又往上飞了一些。由于当时浓雾茫茫，前面的岱山完全笼罩在浓雾之中，飞机又飞了不到200多米，就一头撞在了岱山的山腰上。他们只听见一声巨响，火光冲天，大火在雨中燃烧了两个多小时才熄灭。出事经过大家说得基本一致，可是一提到古玩珍品之事，就谁也不说话了。

听到这些情况，我心里更加难过。我想，戴笠“威风”一世，没想到竟落得

如此下场。他人虽死了，但他失落的东西一定要追回来。我拍着桌子对县长说："事情发生在你的管辖之内，你要负责查清此事！"县长吓得直点头，说："一定照办，一定照办！"事隔不久，这位县长果然派人送来了一个一尺多高的宋代雕琢的白羊脂玉九龙杯和一把寒光闪闪的古剑。后来这两件珍品都被送到了当时的故宫博物院。

一切安排妥当之后，我立即赶回重庆，向毛人凤做了详细汇报。然后我去看唐纵，因为唐纵夫妇都是湖南人，又深得蒋介石信任，谁知今后会不会是他来当军统的老板呢？

见到唐纵，我就难过地向他讲述戴笠遇难的情况。谁知我刚说到一半，他就很不耐烦地说："好了，情况我都知道了，这是没办法的事。人都死了，难过也没用。现在戴先生不在了，我的活动很多，你把他的好汽车拨给我一辆吧！"

听他这么一说，我心里气极了，心想，戴笠死了，你对他死的情况连听也不听、问也不问，开口就要汽车，真是太不像话了。但是，我敢怒不敢言，只好点头说："行！我回去商量商量！"

一回到局本部，我就愤愤然地把这一情况告诉了毛人凤。他也狠狠地说："哼，他以为戴先生死了，他就可以高升了。可是，委座已经同意了我们的意见，让郑介民主持军统局的工作了。"

蒋介石既然已经定了军统由郑介民负责，那么我也不能等闲视之。当时郑介民还在北平，一两天就会赶回来，我必须赶在他前面，先笼络好他的妻子。我知道，郑介民很爱财，但他自己却从不出面，而是让他老婆出面捞钱财，许多事情须先讨得他老婆的高兴。于是从毛人凤那里出来，我就径直去了郑介民家。

郑介民的老婆是个贪财而又不甚识大体的人。郑介民升官的事，毛人凤已在电话里告诉她了。她一见我，就知道是给她送财进宝来了，满面春风地开玩笑说："哎呀！沈处长，是哪阵风把你给吹来了呀？"

"我这不是来听候老板娘吩咐来了吗？"我也乐呵呵地开着玩笑。

"哎！说真的，戴先生的那些房子，能不能分给我们一些呀？"

"那还用说！你要哪里的？南京的，还是上海的？我挑最好的给你！"

“我上海要一幢，南京要一幢，武汉我娘家也要一幢。行不行?”

好家伙，一口气要了三幢！我心里虽这么想，但嘴上还是满口应承说：“没问题！我马上就给你安排。要是你家没人手，我派人去给你布置。”

“那就多谢你啦!”

“谢什么？郑先生接替了戴先生的工作，他的房子、汽车，当然要归你们喽!”

两天之后，郑介民从北平回重庆。我和毛人凤等人以及他的老婆，都到机场去迎接。他乘的飞机本来是4点钟到，可是误了点。他老婆担心地望着阴沉沉的天空，焦急地对我说：“哎呀，飞机怎么还不到呀？这阴沉沉的鬼天气，也实在让人担心!”我知道她生怕郑介民也像戴笠一样出事，就讨好地对她说：“放心吧，郑先生是吉人天相，不会出事的!”

5点多钟，郑介民乘坐的飞机在重庆珊瑚坝机场徐徐降落。飞机一停，郑介民就得意地走下来，跟前来迎接的人一一握手，并幽默地开玩笑说：“好险！戴先生差点把我找去给他做伴了!”说得在场的人都笑了起来。我原以为他会对戴笠的死表示一番感叹哀伤，谁知他竟用一句玩笑话做了开场白，把本来很沉闷的气氛一下破坏了。

第二天上班时，郑介民找我去了解军统的财产情况，并亲切地对我说：“你就好好地给我把这份家当管起来吧!”我知道，前两天在他老婆身上下的功夫已经奏效，心里虽然得意，但也很难过。我想，戴笠一死，你们升官的升官，捞财的捞财，皆大欢喜，只有我失去了得力的靠山，以后一切都只有凭自己的本事了。

第十七章　另寻靠山

唐纵（1905—1981），曾任国民政府中将参军、国防部保安局局长、内政部次长兼警察总署署长等职

戴笠尸骨未寒，军统局三巨头——郑介民、唐纵、毛人凤，就开始拉帮结派，争权夺利。戴笠在世时，绝对不允许军统内部有小团体，都得以他为核心，否则严惩不贷。而如今三巨头各显其能，竞争雌雄，下面的人也积极地寻找新的靠山。

戴笠死了，我的靠山不存在了，我所敬之、畏之的人也不存在了。常言说："物竞天择，适者生存。"在军统这个以尔虞我诈为"专职"的环境里，我自要有新的打算。在这三人之间，我要反复权衡、选择。

唐、郑二人资格老，又深得蒋介石信任，我自知无法与他们争高低，但我也不愿依附在他们的门下。郑介民为首的广东派，大都是广东人，以往我只一心伺候戴笠，根本未将他们放在眼里。现在我虽然用多分房产的方法笼络了郑介民的太太，使郑介民对我产生了好感，但过去毫无基础，他们即使接受我，也无非是利用我罢了，绝不可能把我当作心腹，我自然不能投靠他。

对于唐纵，我倒是有几分敬意。他是湖南人，与我同乡，从 1932 年起我就与他有来往。我在上海担任行动组组长时期，他一到上海，戴笠就叫我派人去保护他。抗战期间，他在蒋介石身边的侍从室当第六组组长，戴笠为了拉拢他，常派我去给他送些日用品或现款。此人在军统素有“智多星”之称，表面上文质彬彬，白皙清瘦的脸上戴着一副白金丝边眼镜，说话总是慢条斯理的，嘴角常常挂着微笑，而且写一笔娟秀的好字，不知情的人会把他当作一个文弱潇洒的书生，实际上他却是一个极为固执、倔强、吝啬、拘谨的人。他曾经去德国学习法西斯的特务技术，回国后也极力推行希特勒搞的那一套，什么窃听、检查邮电、控制交通等，就连法西斯残酷的电刑，也是他最早介绍给军统的。只要他认定一件事，就一定要办到，遇到麻烦时，也决不像戴笠那样暴跳如雷，而是慢声细语地阐述自己的理由，竭力说服对方，直至达到目的。他这种以柔克刚的方式，使戴笠也敬让他三分。可是他过于谨慎小心，凡是认为不必让别人知道的事情，总是守口如瓶，而对自己的职权抓得很紧，决不肯放手让部下去干。所以我认为，在他手下，也是很难发挥自己才干的，很难抓到实权。

至于毛人凤，那就不同了。他在军统内部的资历连我都不如，1936 年才参加军统，内没当过处长，外没当过站长，完全是靠着与戴笠的亲戚关系和对戴笠的忠实，靠着他的笔杆子起家的。但是他待人处世很有一套，特别是在军统局任代主任秘书期间，对任何人都和和气气、笑容满面，即使遇到部下向他耍脾气、发牢骚，他也毫不介意。因此军统局内部的许多人都很喜欢他，他这一派的人也不少。我想，毛人凤对内务了如指掌，而对外面的工作却知道得很少，他如果掌权，一定需要像我这样内、外情况都熟悉的助手。而且我俩都是戴笠一手提拔起来的，戴笠死后，我们都希望把他创办的这份“家业”保住，而郑介民和唐纵却总想压缩军统人员，改组军统局。一次，毛人凤拉着我的手诚恳地说：“戴先生创办的这份家业不容易，你我都是他亲手栽培的，我们可要同心协力管好这份家业，才对得起戴先生啊！”从感情上说，我是完全同意他这些想法的。

另外，我还有个不可告人的想法，那就是认为毛人凤不是黄埔军校毕业的，资历又浅，只要他能掌权，今后，我就有取代他的可能。我虽不是黄埔毕业的，但在军统的资格比毛人凤老，戴笠活着的时候，不是就一直在培养我吗？更何

陈立夫（1900—2001），与其兄陈果夫一道组织“中央俱乐部”，在国民党形成了一个很有权势的CC系

况，我曾在临澧特训班和黔阳等地办的许多训练班都当过教官，这批学生中不少人已是军统的中层干部，他们跟我关系都很好，有许多人还是我把他们提拔起来的呢。蒋介石和戴笠不都是靠着自己的学生起家的吗？我将来为什么不能靠着我的学生把毛人凤挤掉呢？不过，我也清楚地知道，如果不帮毛人凤挤掉郑介民和唐纵，仅凭我的资历，是绝不可能与他们二人争雄的。在这三派争斗中，我必须与毛人凤密切配合，先挤走郑、唐，然后再与毛人凤争高低。但是目前时机尚未成熟，自己的羽翼并未丰满，还不得不与他们三人周旋，敷衍他们。

戴笠去世的消息传开了，军统在各地的外勤站负责人纷纷来电表示哀悼。但随着唁电而来的，便是各地接收财产的改正单。这天，毛人凤打电话叫我去他的办公室。一进门，他正坐在办公桌前批阅文件，见我进去，便习惯地合上卷宗，拿起大沓电报对我说：“你看看，各地都打来电报，说过去报的财产数字不准确，要求更改。戴先生刚死，他们就想在财产上搞名堂。你马上派人去查查他们财产的原始清单，看他们搞什么鬼！”于是我奉命外出，清查各地接收的财产去了，一去就是两个多月。不想回到重庆时，军统局已陷入了一种内外交困的局面。

陈诚和陈立夫为了扩大自己手下的特务组织，都向蒋介石提出了裁减军统局的建议。而军统内部郑介民、唐纵、毛人凤三巨头，为了争权夺利，矛盾更加尖锐。唐纵后来被蒋介石任命为全国警察总署署长，才基本上退出了军统内部的权力争端，而当时他提出了“不浪费一文钱，不滥用一个人”的口号，主张淘汰一些军统人员，缩小编制。郑介民当时常驻北平军调部，大部分精力都用在对付共产党方面，他也主张淘汰一些特务。只有毛人凤，一心想维持戴笠遗留下来的这个摊子，但他没有戴笠那种捞钱的手腕，尽管没收了不少日伪财产，但军统的经费仍然是入不敷出，他急得束手无策。

我刚从外地回来，毛人凤就急不可待地把我找去。他满腹牢骚地说：“郑先生常驻北平，他派来的人也只是想抓权却不想负责任。如今经费开支越来越困难，叫我怎么办？你这次外出清查，有没有什么想法？”

我对他的苦衷表示很同情，并大概地向他汇报了财产清查的情况，然后建议他利用接收的日伪财产办一个公司，做生意，以弥补经费不足。

他听了我的话很高兴，紧紧地握着我的手说：“你到底没有辜负戴先生这么多年对你的栽培！”

我也很激动地答道：“这是义不容辞的事。你、我都是戴先生一手提拔起来的，我们当然只能给他发家，不能败家，不能让他九泉之下不瞑目啊！”一席话说得我们俩眼眶都湿润了。

话虽是这么说，我心里却明白，我们无论如何努力，也难把戴笠扔下的这个大摊子维持好。我也不能在一棵树上吊死，必须再给自己准备另一条出路。

离开毛人凤，我就去上清寺看望唐纵。唐纵正好在家，见我去了，他的太太连忙让座、上茶。当时，唐纵刚得了警察总署署长的职务，正在得意，坐在我对面的沙发上亲切地询问财产清查情况。我简要地向他汇报之后，就把我所知道的有关郑、毛之间的矛盾告诉了他，并趁机对他说：“现在好多人不是投靠浙江派，就是投靠广东派，我……”

我的话还没说完，唐纵就接过去说：“你自然是我们湖南派的喽！”

“那还用说？我以后还想到警察系统来干事呢！”

“没问题，只要你愿意，我让他们给你补发一个警官学校的毕业证，以后你想当个省会警察局局长或省警务处处长也没问题了。不过，目前你还走不开。现在警察总署虽然成立了，可连办公的房子还没有呢，你有什么办法？”说话时，他那双在白金丝边眼镜后面的眼睛笑眯眯地看着我，仿佛在说：“这就看你的啦！”

我知道唐纵是很讲求实效的，要想真正得到他的信任，就必须拿出实际行动来。于是我毫不犹豫地说：“这好办，南京洪公祠的军统大厦也快竣工了，一部

分已经粉刷好了，我把马台街22号的房子给警察总署办公，让南京办事处搬进洪公祠去。”

“说话算话!”他高兴地站起身来拍着我的肩说。

“这件事我还是能做主的，没问题。”我也站起来，拍拍胸脯回答，又凑到他的面前，压低声音说，“不过，你现在虽然是警察总署署长了，可军统的工作，你不能撒手不管哟！现在广东派的势力是比较强大，你最好还是跟毛先生搞好关系，将来，我跟毛先生说，把中美所那些刑事训练器材和警犬都移交给警察总署，这样你的装备就更充实了。”

“行啊，我当然会以大局为重的。”唐纵因为得到警察总署署长一职已经心满意足，不再计较毛人凤不想让他接管军统的事了。

回到局本部，我又遇见毛人凤，就借着向他汇报从中美所接收过来的财产分配问题，提出把刑事训练器材和警犬移交给唐纵的事。毛人凤没有说话，我便说：“我们分些东西给他，将来让他在警察总署安排一些我们军统的人，就好说话一些了。眼下我们还是和唐先生联合起来比较好。”

毛人凤边听边点头。我说完后，他立即表态说：“就照你说的办。以后你常与唐先生取得联系，也希望他多关照一下我们军统的老同志。”在毛人凤心里，我理所当然是他这一派的人，因此对我的建议毫不犹豫地接受了。

离家时间长了，真有些想家。妻子和老母都到湖南老家去了，只有二女儿因为刚上小学，还留在重庆。我从局本部回家，刚下汽车，就被放学回家的二女儿发现了。她像春雀似的飞过来，扑在我怀里撒娇地喊道：“好哇，爸爸，你出去那么长时间也不回家，昨天好不容易回来了，今天一早就又跑了。不行，你今天晚上非得带我吃馆子去不可!”

我在外面可说得上是有谋有略，而在家里对孩子的纠缠却毫无办法。我只好顺从地答应说：“好！我这就带你去。你妈妈不在家，你就成了一家之主啦，我还得听你的！不过，你总得让我洗个脸吧?”

“行!”女儿高兴了，牵着我的手，蹦蹦跳跳地跑进房去。

刚进门，副官就从楼上下来说：“处长，郑太太打电话来，请你去他家一趟。”

我知道，这是郑介民的太太打来的。戴笠死时，我答应给她的房子现在还没有过户，我想她一定是为这事找我。上海和南京的房子，自然名正言顺地是可以给郑介民做住房的，因为他代理军统局长，给他安排住房是理所应当的，虽然给他家住，但还是公产。而他的太太要的那幢武汉的房子就不好说了，所以我一直没敢给她回话。

“不行！爸爸要带我上馆子！”我的女儿听了副官的话，可不乐意了，小嘴一噘嚷了起来。

我看了看表，离吃晚饭的时间还早，就哄着她说：“我先领你去郑伯伯家，然后带你去吃炸牛排，好吗？郑伯伯家附近就有家很好的西餐馆。”

小孩两只黑亮亮的大眼珠转了转，小心眼有点活动了，说：“那也行，不过不能在他家待得太久。”

“行！去一会儿我就领你出来。”

到了郑家，郑太太高兴地一拍双手说：“你可来啦！哟！这不是你的二小姐吗？真是越长越漂亮！”她拉过我身后的女儿，抚摩着她的头发，夸奖着，还吩咐佣人给孩子拿糖和水果。

“郑太太找我有事？”

“坐，坐下说。郑先生不在家，武汉那幢房子的事，你看怎么办？”

“你的意思是过在谁的名下好？”

“我这不是问你嘛！你看怎么好呀？”

我想了想，说：“依我看，就把它过在你的名下。现在局里人争房子闹得不可开交，如果都放在郑先生名下，那湖南派和浙江派的人就有话说了。我看如果过在你的名下，谁也不知道，而且将来，这房子就是你的产业了。你看如何？”

“那当然好喽，我也是担心这一点呀！你看看那个姓胡的，听说为房子和汽车的事要打人啦！”

她说的那个姓胡的，原来在息烽训练班和衡阳侦缉班当过副主任，只因为他过去在蒋介石身边当秘书时帮过戴笠的一点忙，戴笠死后，他竟想与郑、毛、唐

三人平分秋色，要房要车。不给他，他就借酒装疯，到军统局要打毛人凤和唐纵，还躺在地上耍无赖。

“姓胡的只是个无赖，他不可怕。我怕的是湖南派、浙江派的人说话呢！你知道，我刚回来，既没参加浙江派，又没参加湖南派，所以，我是替郑先生着想，免得那两派钻空子。我虽不是广东人，可是郑先生的事我一向是乐意帮忙的，这件事，就交给我办吧！以后有什么让我办的，你只管说好了。”

一番话说得郑太太眉开眼笑，她亲切地拍拍我的手背说：“沈处长呀，可真有你的，大姐我信得过你，以后少麻烦不了你哟！”

“爸爸，我们走吧，我们走吧！”郑太太的话还没有说完，孩子早已等得不耐烦了，她在我怀里不住地扭动着身子，催促着。

“急什么？在我家吃了饭再走嘛！”郑太太挽留着。

“不啦，孩子要我带她去吃炸牛排呢！”

郑太太满意地把我们父女送上汽车，叮嘱道：“沈处长，我可把事情托给你啦！”

“放心吧！”我在汽车里回答道。

这时，我心里可真的是得意极了。汽车在市区的公路上行驶着，我紧紧地握住方向盘，心想，现在的事情，就像这辆汽车一样，只要我把住方向盘，让它向东就向东，让它向西就向西。

我的苦心确实没有白费。1946 年 10 月，蒋介石批准了郑介民等人提出的“汰弱留强”的改组计划，军统局正式宣布结束，改组为保密局。郑介民为局长，毛人凤为副局长。在改组中，郑、毛、唐三巨头都想尽量安插自己的亲信，排挤其他派的人。争来夺去，最后，军统局原来的八个处长撤换了七个，只有我，是三巨头都想保留的一个，所以没有被撤换。

这样，我这个处长的位置算是保住了，这就是说，我计划的第一步已经成功了，心里自然是得意非凡。

这时，我母亲从湖南来信，催我回去看望妻子和新生的女儿。我现在心也安定了，很想回湖南一趟。可是，改组后的第一件事就是毛人凤带一部分人迁往南京，我要负责把所有在重庆的物资、器材运到南京。

开始，我调用了原中美所的1000辆十轮卡车，运送重庆的珍宝文物和军统局的物资器材。可是东西太多，1000辆卡车也运不完。而且我觉得这样用汽车运输花销太大，不如改成水路运输。西南木材便宜，而南京、上海都缺少木船，如果买上几十条木船把物资运到那里，然后再把木船高价卖出，岂不是一举两得？

这主意一传开，保密局上下都夸我能干，连一向不当面夸奖别人的郑介民，也对我竖起了大拇指。正在郑介民表扬我时，郑太太连忙插话说：

“这下好啦！我母亲的灵柩正愁没法运回南京呢。沈处长，你就帮个忙吧！”

我见她那急切的神情，不由得顺口开玩笑说：“放心吧，别说一口棺材，就是十口，我也能替夫人效劳！”

“你这鬼头，我家总共还不到十口人呢！”她气得给了我一巴掌，笑着直骂我。我也自知失言，不禁有点脸红。临出门她还一再叮嘱我：“这事你可一定替我办好呀！”

这还用说吗？这种顺水人情，我当然毫不犹豫地一口应承下来，并且一再关照手下人，千万要把那口棺材安全运到南京。

谁知事也凑巧，几十条船都平安无事，唯独装棺材的那条船触礁沉没了。当时，我指挥手下人运走物资之后，就赶回湖南老家去了。可刚到长沙，就接到郑介民的急电，要我立刻回重庆，说是由重庆运往南京去的一只装物资的木船在重庆附近沉没了，那只船上装的他岳母的棺木也不知漂到何处了。

这时，郑太太也来长途电话，她在电话中大哭大闹，让我一定要把棺材找回来。我只好在电话中安慰她说：“这是天意，老夫人命该水葬，你家今后的钱财就会像江水一样滚滚而来了，这不正好？”

“不行！我家不兴水葬，一定要土葬。你可得给我找回来！”

我只好又连夜赶回重庆，立即下令让沿岸的水上警察局悬赏500银圆，招人寻找棺材。这一招儿很灵，第二天就得到消息，说是棺材在距触礁十几里处找到了。我立即乘船赶往那里检查。

郑太太听到棺材已找到，又打电话给我：“沈处长，只要找到棺材就好了。

不管进水没进水，你可千万别打开棺材盖！”

郑介民（1898—1959），中华民国国民革命军上将，军统头目之一

本来，我只想去核实一下是否是她家的那口楠木棺材，顺便再检查一下物资损失情况，可听她这么一说，倒引起了我的好奇心。我赶到那里后，就特意让人把棺材盖打开，我亲自检查。

不料打开一看，我不由自主地倒抽了一口凉气。里面哪里是什么老夫人？那黑黑的东西不都是大烟土吗？这些人可真敢干啊！在四川买上100元的烟土，到了上海、南京就可卖两三千元。而上面明文规定，贩卖鸦片是违法的。

我想，如果借此告郑介民一状，肯定会给他一个难堪，若让老头子知道了，说不定还会撤销他保密局局长的职务呢！可是转念一想，目前老头子正利用郑介民在军调部与共产党对阵，别说一棺材鸦片，就是一船鸦片，可能也不会处分他。何况他还是自己的顶头上司，万一告不倒，岂不是自找没趣？想到这里，我忙叫人把棺材钉好，另买一条船把棺材运往南京。

可是，望着那口漆得油亮的楠木棺材，我的心情实在难以平静。棺材，本是装死人的东西，可是活人却可以利用它干出许许多多见不得人的勾当。看着这口棺材，我不由得又想起了另一口棺材。

那是一个月前的事。我乘小吉普车押运1000辆卡车往南京运物资，途中接近安徽的一个小县城时，天色将暮。因为车多、人多，县城内无法停留，我就下令车辆停下来，让押送人员和司机在野外生火做饭、露营，自己则带着副官，驱车往县城去歇息。

我的小车刚进城门之际，迎面就遇上了一伙怪人。一个枯瘦如柴的老头，身着一身玄色绸缎马褂，瓜皮似的帽子下面还拖着一条长长的辫子，活像出土的清代僵尸。他骑着一头毛驴在前面开路，后面有几个抬着棺材的彪形大汉，每个人手里都拿着一把铁锹，还跟着不少看热闹的人。如果不是那个红木板的棺材里不时发出咚咚的踢打声，人们都会认为这是个送葬的队伍。

我被那踢打声吸引住了，好奇地停下车一看，棺材边上还有一滴滴鲜血往下淌。我忙问："怎么回事？"

那老者见我身着笔挺的将军服，又坐着小吉普车，就恭恭敬敬地坐在毛驴上回答："将军不必多问，这是老夫在执行家法。"

"这棺材里装的什么？"我惊诧地问。

"这棺材里装的是我的儿媳。我儿子死了，她不守妇道，偷人养汉，败坏门风，老夫不得不以家法惩之。"那老者一边说，一边捋着那把稀稀拉拉的山羊胡子，哑着嗓子慢腾腾地，一副满不在乎的神情。

老头的傲慢态度激怒了我，我气恼地说：

"真是无法无天了！你怎么能随便把活人装在棺材里呢？马上放出来！"

"将军是过客，还是不要过问我们这里的事吧！"老头似笑非笑地说。

"不行！这事我管定了！"说着，我转身让副官去把当地的警察局局长找来。

不一会儿，警察局局长随车来了。他一下车，我就认出是临训班的一个学生。他显然也认出了我，惊喜地迎上来说："沈教官何时来的？怎么不事先通知我？"

这时，我看见那老头仍然是一副满不在乎的神情，火气更不打一处来，冲着警察局局长的笑脸就是两记耳光。这两记响亮的耳光，不仅把警察局局长打得直发愣，而且差点把那个老头吓得从驴背上滚下来。

"你当的什么局长？地方上出了这种活埋人的事，你还不闻不问？"我仍然怒不可遏地指着警察局局长大骂。

警察局局长的笑脸顿时变成了哭脸，他连连申辩道："学生实在不知！我一定严查！"说着转身就冲那还在发愣的老头嚷道，"还不赶快把棺材打开，向沈处长认罪！"

"请长官息怒，老夫有眼不识泰山，罪过，罪过！"那老头翻身下来，冲着我连连作揖，腰弯得像个虾米。想起他刚才那副傲慢劲，再看看这时的卑恭样，真是让人又好气又好笑。

一会儿，红木板棺材撬开了，看热闹的人们把一个面色苍白清秀的年轻女子扶了出来。她头发蓬乱，衣着不整，痛苦地捧着一只已经少了四个指头的手，颤抖地走过来，扑通一声跪在了我面前，泣不成声。不一会儿，她面前的地上，就滴下了一片殷红的鲜血……

原来，这老头是这个小县城的一个大恶霸地主，财大气粗，连县长也让他三分。他的一个儿子年轻轻的就得病死了，丢下个20出头的媳妇。这媳妇与当地一个小学教员相好，被他发觉，就要把她活埋了。钉棺时，她死命地用手抓着棺材边，不住地挣扎，老头就让人把她的手指剁掉了。

望着眼前这口楠木棺材，想起那个小县城的红木板棺材，我不由得感慨万端。看来，在这个世界上，钱和权同样是“无价之宝”，有权可以捞钱，有钱也可以买权，无怪乎郑介民等人自己在前面争权，老婆、亲属在背后捞钱了。想起自己，虽然有机会时也捞，但还从未像他们似的如此胆大妄为，就连两个月前，去各地清查没收的日伪财产时，偷偷地收了一点学生、部下的贿赂，还生怕同去的廖华平知道，不得不玩一点花样。其实，费了半天劲，跑遍了十几个省，也不过捞到几十根金条，与郑太太这种贩卖鸦片的行径相比，实在是小巫见大巫了。

第十八章　接收大员

汽车在黔湘公路上飞驰着。离春节只有两三天了，坐火车或乘飞机回湖南都来不及了，我只好带着两名卫士，日夜兼程往回赶。夏天回湖南，我刚下火车就被郑太太催回重庆。这次回家乡，我准备多住些日子。当然，回去并不仅仅是为了炫耀自己的成功或探望母亲、妻儿，更主要的是想去发笔财。达官贵人们都在大发胜利财，我又何必那么“清廉”？抗战期间，一场大火，几乎把长沙烧成平地，抗战胜利后，许多人都要回家。现在回去买地盖房子，岂不是最合时宜？清查财产时捞的那几十根金条，也正好派上用场。

想起这几十根金条的来历，我也不由得有点自鸣得意。虽然数目不能与郑介民他们的相比，但通过这件事，我自信如果我想捞钱的话，办法一定不会比他们少，而且可以干得更“漂亮”，让任何人抓不住把柄。那次清查工作的情景如同电影一般，浮现在我的跟前……

早在戴笠死之前，军统就成立了财产清查委员会，主要由我负责。可因为其他事务太多，清查工作一拖再拖。戴笠一死，外勤的接收人员趁机大发横财，毛人凤和我都认为清查工作再不能拖了。可是我知道，这工作是件得罪人的差使，如果秉公办理，不但自己捞不到一点油水，而且还要得罪一大批人，树敌太多，对我今后也不会有什么好处；而若不秉公办理，问题被揭发之后，又势必给自己造成不良影响。怎么办呢？我苦思冥想，最后总算想出了个两全其美的办法。

当时，局本部有个叫廖华平的督察主任，50 开外，中等身材，常常有病，原

在黄埔当过教官，后来是中共地下党军委委员，曾在北平被捕叛变，出卖了不少共产党人。当了特务后，可能是受良心的谴责，或者是看破红尘，他开始信奉佛教，给自己规定了许多清规戒律：不赴宴、不收礼、不交游。他在军统任督察主任也只不过是个闲职，一天无所事事，一心研究佛经。不过上面要是交给他什么事，他总是办得很认真。他在局本部里，不管走到哪个处，只要看见某个科员不在办公桌边，他就坐下一直等到那个科员回来，非弄清是干什么去了才肯罢休，所以科员们没有一个不恨他的。我认为这个人正是一块挡箭牌，清查时，让他去做黑脸。于是我借口一个人忙不过来，推荐他当了财产清查委员会主任，我任副主任，负实际责任。

清查工作的第一站就是上海。上海仍然像抗战前一样，灯红酒绿。我们一到，军统驻上海办事处的特务就都争先恐后地请我们赴宴。当我拿着一张张请柬给廖华平看时，他总是对我挥挥手说："你去敷衍敷衍吧！"说完，就又拿起佛经看起来，连一句多余的话也没有。许多人都知道他的脾气，有事从来不找他，都围着我转。

当时，我们住在上海杜美路军统办事处的楼房里。那房子非常讲究，每一套都有会客室、卧室和办公室，我和廖华平各住一套。我住的那套房子，正是曾任军统局人事处处长的龚仙舫过去的办公室。因为抗战胜利后，他又兼任了上海办事处人事组组长，常常在上海办公。他的住房摆设跟其他房子一样，也是地毯、沙发、办公桌、钢丝床，不同的是办公桌边多了一个四周长满绿色铜锈的烧纸炉。因为特务们都养成了一个习惯，不管什么废纸，总是随手烧掉，从不往字纸篓里扔，以免泄密。

刚到上海的当天晚上，我赴宴回来，已经是10点多了，在洗澡间洗了个痛快澡，刚出浴池，就听见有人敲门。这么晚了，谁还来？开门一看，原来是下午请我赴宴的上海办事处的负责人。他一进门就说："你辛苦啦！我们也是老朋友啦，需要什么尽管说。这次你可要高抬贵手哟！"

我把他让到卧室的沙发上，连声打着哈哈，说："老朋友嘛！好说，好说。"

我披着睡衣，挨着他坐下，拍着他的肩膀笑着说："你老兄这么晚来，是不是遇着麻烦了，嗯?”

他看看我，微笑着点了点头说：“麻烦嘛，也就是报错财产的事，只要你老弟肯帮忙，也就没什么麻烦了。不过，今晚是给你送这个来的，你看看。”

说着，他从文件包里掏出两张照片递给我。一张是幢洋房的外景，一张是部漂亮的德国造小汽车。他说：“怎么样?”

我故作不解地望着他说：“什么意思?”

“你喜欢，就是你的啦！我已经给你办好手续，就看转在谁的名下了。”说着，便把房契和汽车执照递给我。

“哎，这怎么行?！我不要，我不要！”我假意推辞着。

“见财有份嘛！一点小意思。”

“那好，盛情难却，那就转在海燕堂名下吧！”因为我的别名叫沈沧海，妻子名中有个“燕”字，所以我们的房产都以“海燕堂”命名。户主有的叫沈海燕，有的叫粟海燕，这是为了不让上面检查出来。

我知道，上海办事处接收的日伪财产不少，甚至连小特务都有房产和汽车。我懂得“得人钱财，与人消灾”，于是站起身来，从公文包里抽出上海办事处过去报到局本部的财产清单，对那个负责人说：“你看看，哪些东西报错了?”

他接过清单，指了指汽车、房产、珠宝等项说：“就这几项。不过，还有一个西汉的毛公鼎，过去确实有过，现在不知到哪里去了。另外，听古董商说，上海前伪市长有一对鸡血冻图章，价值连城，我们一直没搜到。”

“那好，你们报错的拿回去改改，明天一早就给我，别让廖主任知道了。毛公鼎和鸡血冻图章由我们来查找。”

“够朋友，明天保证拿来！”

第二天一早，他果然派人把清单送来了。清单还是原来的清单，只是那几项数字改掉了。不过，改过的地方，谁也看不出来，因为当时有一种外国进口的退字药水，改完后毫不留痕迹。加上过去的原始清单都没有入账立案，全部在我的公文包里装着，只要我不说，他不说，就是天王老子也休想找出破绽。

在上海的清查工作进行得很顺利，我特别对当时上海办事处把接收下来的日

军对共产党作战的情报资料保存得完整无缺表示非常满意。因为戴笠生前就对上海日伪东方图书馆的东方经济研究——冈村宁次派人专门收集整理的这批资料很重视，这批资料对研究共产党的战略战术是很有参考价值的。上海一接收，他就亲自派人去管理。尽管上海的特务们忙着抢夺各种财物，但对这批资料却不敢大意，一直严加保管。

廖华平在上海清查工作中一直没发现什么问题，只在有些财产的最后处理上和我发生了一点分歧。我坚持要把所接收的日伪锯木厂、胶合板厂，连同锯木厂旁的码头，卖给上海有名的陆根记营造厂老板陆根泉，他却主张由军统自己派人开办。而他坚持要把大汉奸周佛海所办银行里的半仓库自制伪钞销毁，我却想把这些伪钞兑换成法币，来做军统的经费开支。前者我坚持，是因为陆根泉过去与戴笠关系很深，他很会做生意，中美所内的房子大都是由他负责建造的。我想把这个便宜让给他，以后我和他合伙做生意就不愁他不肯了。而廖华平坚持后者，则是为了防止这些伪钞流入市场，扰乱上海的市场经济。最后解决的办法，就是他同意我把厂子和码头卖给陆根泉，我则同意他把伪钞销毁。

上海的清查工作基本上结束了，可是原来清单上的那个毛公鼎一直找不着，伪市长的那对鸡血冻图章也一直下落不明。这两件无价之宝找不到，我和廖华平谁也不敢在清单上签字。而上海办事处的人怕廖华平在上海待的时间长了，会发现其他的问题，也很着急，他们特意请了几个老古董商来，让他们给我们提供这两件古玩珍品的来龙去脉。这几个古董商曾经对我们鉴别古物真伪帮了不少忙，我便请他们到我的办公室休息，同时详细询问那两件珍品的情况。

那几个身着长袍的老古董商，客客气气地坐在办公室的沙发上，其中一个对我说："前伪市长钱某是从我手里买去的那对鸡血冻图章，那图章有五六寸高，两寸见方，碧绿碧绿的图章上几乎布满了大块像鸡血一样鲜红鲜红的印迹。那图章可是名贵呀！可是他只花了……"

他的话还没说完，突然嘴张得大大的，眼睛直勾勾地盯住了办公桌旁的那只烧纸炉。其他古董商也随着他的目光看去，不约而同地呆若木鸡，一个个都像着了魔似的向办公桌边的烧纸炉扑去，嘴里发出不同的惊呼声："我的妈哟！""老天爷呀！”“这可真是罪过呀！”

我被他们这种举动弄得莫名其妙，就说：“先生们，你们这是怎么啦？”

“毛公鼎呀！这就是西汉的青铜器呀！”一个古董商急切地指着那个龚仙舫用过的烧纸炉说。

“毛公鼎？这不明明是烧纸炉吗？”

“哎哟！我的处长大人，你看看，这上面还铸有铭文呢！在这铭文的上面拓一张就是多少钱，你们把它当烧纸炉，真是！”他心疼得直摇头。想不到，这件无价之宝竟这样奇迹般地出现了。

这以后不久，上海办事处的特务根据古董商提供的线索，在钱某的保险箱洋灰夹层里，找到了那对鸡血冻图章。遗憾的是，这两件国宝解放前夕都被运往台湾去了。

这次上海的清查工作，实际上没有触及任何一个特务的个人利益。上海有的特务竟得了20来幢房产，但清查工作照样圆满结束。后来，许多发了横财的特务，趁军统改组之机，自动要求脱离军统，带着财产到国外经商去了。

清查工作的另一个重点地方就是北平。驻北平的军统华北办事处处长马汉三跟我不太熟，他不敢像上海那些老熟人一样给我送东西，公开要我“高抬贵手”，但是，他与郑介民的关系极好，把贪污来的东西送了不少给郑太太，这样他就有恃无恐。不过他也知道，我们也是得罪不得的，于是把我们俩安排住在北京饭店最好的房间内，把北平市各个大酒店、大饭庄的名厨师都找来，每人做一个拿手菜来替我们接风洗尘。廖华平照例不参加这种宴会，他总是自己在饭店吃客饭，有时想吃点好的饭菜还要问我：“我吃这么好的饭菜，能不能报销啊？”“没问题，你想吃什么就吃什么，我保证你能报销！”我知道，不管我们住房、吃饭花多少钱，当地的办事处都会给我们代付，而且临走时还会把已付过钱的账单交给我，我拿回去照样又能报销一次。每到一个地方都是这样，已经成了惯例。

马汉三贪污的东西是最多的，他怕我们找麻烦，就给我和廖华平每人送了一件女式貂皮大衣。他说：“这是贱内送给你们夫人的一点小意思。”

“既然送给我夫人，那我就不好不收喽！”实际上，我是来者不拒。

“我可不要，你拿回去吧！”廖华平却一点也不肯领情。

马汉三只好把另一件皮大衣带回去，临走时，顺手从衣兜里掏出一个小布口袋，往我怀里一扔说：“哦，这些玩意儿就带回去给你的孩子们玩儿吧！”

我接过来一摸，里面净是些圆圆的东西，我知道肯定是些珍珠。但当着廖华平的面，我还装得毫不在意的样子说：“行了，那就多谢你夫人啦！”回到卧室，我打开口袋一看，果然是一颗颗大小不一的珍珠，有100多颗。

我想，自己当着廖华平的面收了这么多礼，而廖华平却一点都没得到，以后他万一打个小报告也不好办，还是得想办法给他点甜头。于是我悄悄地告诉马汉三说：“你要想送东西给廖华平主任，千万不能明着送。明着送，他是不会要的。”马汉三也很聪明，我只这么轻轻地点一下，他马上就领会了我的意思。

有一天，我陪廖华平去琉璃厂闲逛。廖华平对古董、字画和经书很感兴趣，无奈琉璃厂的东西都贵得出奇，他总是让别人拿来看看，一打听价钱就不买了。可是我们刚回饭店不久，马汉三就派人把廖华平在琉璃厂看过而没买的东西送来了。来人说：“你们上午问的，是卖给外国人的价钱。后来，我们向店家讲清楚是我们的主任要买，他们就只好收了成本费。”

“这怎么行？这不是占人家的便宜吗？”

“这算不得占便宜，按成本卖给你，店家也不赔本儿啊！既然他们送来了，你就买下吧！”

“那好，我给钱。”廖华平按来人说的钱数给了钱。其实他和我一样，都清楚这些东西是马汉三按原价买下来送给他的，但他觉得自己付了钱，没有公开受贿，在清查工作中同样可以“铁面无私”，所以心安理得。

这里的清查工作开始以后，我们发现马汉三的问题实在是不小。过去戴笠在世时，他报的数字是一仓库，清查时却只有半仓库。廖华平不依不饶地追问：“这到底是怎么回事？”

“有些东西我们处理了，用来做华北办事处的经费。郑先生知道这件事，他点了头的。”

“那好，我们去问郑先生。”固执而认真的廖华平硬是要亲自去问郑介民。

当时，郑介民回重庆安排好工作后，又返回北平继续参加军调部的工作，住在什锦花园胡同，我们从北京饭店乘车去，用不了多大工夫就能核对清楚。可我想到，马汉三既然敢抬出郑介民来，那就是说，郑介民一定从中得到了不少好处。而郑介民的秉性我是知道的，他很爱财，自己却从来不肯亲自收礼，总是让太太出面去敛财，所以有些具体事情他也不一定知道。我担心郑介民一时答不上来，会引起廖华平的怀疑，要是把事情闹大了，不但得罪了马汉三，也会让郑介民难堪。我想先打个电话，让郑介民有个思想准备，但又怕他怀疑我了解他与马汉三的秘密，觉得这样做也不妥当。没办法，我只好硬着头皮跟廖华平一道去见郑介民。

我们赶到郑介民住处时，他正好在家，见了我们像平时一样，笑容可掬地让座让茶。我就抢先一步对他说："我们是为马汉三处理接收财产做经费的事情来向你请示的，他说你知道这件事。这里面没有什么问题吧？"

郑介民当然也不是傻子，听我这么一说，就连忙答道："我知道，我知道，是我同意的。"其实，我后来了解到，郑介民当时并不知道这件事，只是马汉三给他家送的礼太多了，他不得不替他打圆场。

郑介民承认了这件事，廖华平也就不敢再追究了。只是仓库里现存的东西中，仍有一些对不上茬口，比如有一只白金的钻石手镯，据珠宝商鉴定说，那是一只假的。他说："这种手镯如果是真的，得值几十万美金！只可惜这些钻石都是假的，值不了几个钱。"

这手镯表面上看起来可真漂亮，雕着龙凤花纹，镶着一圈闪闪发光的钻石。一只手镯上嵌有 20 多粒两克拉左右的钻石，如果是真的，那当然是名贵的。这手镯到底原来就是这样的，还是被人调换了呢？廖华平执意要查清楚。

我们根据北平没收日伪财产的清单，得知这手镯是从名蜚一时的日伪女特务川岛芳子家搜来的。

川岛芳子原名金璧辉，是清末肃亲王的第 14 个女儿。小时候，她父亲将她送给一个叫川岛浪速的日本人做了干女儿，改名为川岛芳子，长大后回国。抗战期间，她总爱女扮男装，出入各种场合，进行间谍活动，日本人投降后，她因汉奸

日本女间谍川岛芳子

罪被捕入狱。

出于好奇，我亲自拿着那只假钻石手镯，和廖华平一道，到北平草岚子监狱去找她核实。

这座监狱是军统接收来专门囚禁政治犯和汉奸用的。监狱的负责人毛惕园，在军统任过司法科科长，和我一向很熟识，一听我们要去，马上叫人把一间会客室收拾得很漂亮，还跑到门口去迎接我们，以为我和督察主任廖华平是去检查他们那里工作的。因为当时军统囚禁汉奸的地方，也是一个可以发大财的好地方，有不少大汉奸的家属想去见见自己的亲人，见面说话的时间是用黄金来计算的。据说一分钟往往多达几两，真是“一寸光阴一寸金”。当过司法科科长的毛惕园，负责管理过不少监狱，抗战胜利后他居然自愿降级来北平担任一所监狱的主任，用不着问，就知道他是怎样打算的了。所以他把我和廖华平从汽车上迎接到会客室以后，除了“请上座，泡好茶”等等一番恭维之外，还一个劲儿地表示欢迎我们前来视察并指导他的工作，这真有点“此地无银三百两”。其实我早就知道他们搞的那一套，许多看守人员早已是“人财两得”，不但要钱，还把去探监的汉奸的姨太太、女儿也一同强占，这在当时并不是什么秘密了。

我一看到毛惕园那副紧张样子，便直呼其别名：“第元同志，请放心，我们今天不是来‘抓鱼鹭鸶’的（这是一句江湖上的隐语，渔人养鱼鹭鸶放出去抓鱼，等抓到鱼后，便将鹭鸶抓起来，让它把含在嘴里的鱼吐出来。意思是我们不是去检查他们的贪污问题，要他们退出赃款的），是想找一个犯人谈谈话。”

他一听，立刻恢复了正常神态，连忙问：“找谁?”我告诉他要找川岛芳子，并向他打听一下川岛芳子在监狱里的表现是否老实。他便一五一十地谈起川岛芳子在监狱中如何镇定，如何识相。说她有时与看守人员有说有笑，有时却背着人轻声哭一阵子，但找她出来谈话时，她又若无其事。他一直认为她交代得很老实，不愿也不敢隐瞒问题，并表示军统早就派有人在她身边工作，她虽有所发觉但并没有加害他们，相信政府不会不宽恕她。谈了一会儿，毛惕园便叫人去带川岛芳子。

我曾在档案里看到过她的照片，我想现在她也不知是什么样子了。不一会儿，狱卒便领来一个中等身材40岁左右的女犯人。她身穿囚服，面色憔悴，目光呆痴，一进门就直勾勾地盯着我们，毫无表情。如果不是监狱长说她就是川岛芳子，我真不敢相信，这就是人们传说中那个神秘的风流传奇人物。

我客气地让她坐下，她没有坐，却声音沙哑地问："请问，叫我有什么事？"我把那只手镯拿出来对她说："我们是想让你看看，这只手镯是不是你的。"

她接过手镯看了看，露出了一副狡猾的神情问："是我的怎么样，不是我的又怎么样？"

"我想这只手镯不会是你的东西，你以前显赫一时，怎么会有这种假东西呢？我认为一定是有人用这假的把真的换走了，所以来让让证实一下。"

"真的也好，假的也好，反正它已经不是我的东西了，我没有必要来证实这个问题。"她把两臂往胸前一抱，嘴角露出一丝冷笑。

好厉害的一张嘴！我耐着性子给她解释，希望她能帮忙。她却无动于衷，反而嬉皮笑脸地对我说："将军，我目前不是你们清查委员会的，我是个犯人，我没有这义务。你们拿到的是什么就是什么吧！"

我一看她的态度这么顽固，便想从侧面入手，只要她承认一句话，即使不承认这是她的，也希望她能说出这是假的，那我也可以根据这句话去追查了。想到这里，我便转变话题，从生活方面去问她："身体怎样？"

她一听，立刻表现出一副难过的样子，但却先瞟了毛惕园一眼才说："他们待我都不错，生活还可以过得去。"

我这时一边和她闲聊，一边把那只假手镯拿在手上玩弄，并且故意不留心似的掉在地上。她看到了却一点表情都没有，怎么也不愿把话再扯到手镯上。

我又问她："晚上睡得怎样？"

真想不到，这句话一说出来，她的眼眶立刻红了，像是要哭。但很快，这只久经世故的老狐狸又赶紧收敛住了，只把头一摇："这里晚上有鬼！"

一听这话，我马上明白了她这是在骂看守人员，一定是有些看守人员守夜时去找她寻开心。可是坐在一旁久不发言的廖华平，一听此话竟精神抖擞，连忙问：“谁看见了鬼？是什么样的？”

她看到廖那么当真的样子，也半开玩笑地说：“这里的鬼可多啦！我倒不害怕，隔壁房间里的几个女学生却害怕得要命！”

我一听，立刻向毛惕园瞪了一眼。因他坐在我身旁，我便轻声地说了一声：“太不成话！”这也是一语双关，是告诫毛惕园，叫他好好约束一下部下。

廖华平却一个劲儿地追问她：“看到的鬼是什么样子？”他相信，既有神便有鬼。

我这个无鬼无神论的人，越听越感到不是味儿，我明白她在找机会骂我们，再发展下去会骂得更多。我不愿吃这哑巴亏，连忙插话道：“我干这么多年的行动工作，见过那么多死人，可从来没有看到过什么鬼，只有搞鬼的人才心中有鬼！”她一听我这话，也明白了我懂得她的话中有鬼，便低下了头。

廖华平还一本正经地问长问短，并说：“这座监狱一定死过不少的人，当然这里面肯定有些冤魂不散。”我便想借这句话反击川岛芳子几句，我说：“这座监狱是沦陷后才建造的，这里面过去关过的人，是被日本人和汉奸杀害了的爱国志士，他们的忠魂不会去找那几个女学生，而是冤有头债有主，要找就会去找过去杀他们害他们的那些禽兽！”

一场舌战快结束时，我还不忘要她证实那只手镯，她却再不作声。此事也就这样不了了之了。

通过上海、北平等地的清查工作，我更加清楚了外勤特务贪污的情况，心想，大家都这样捞财，我难道还怕钱咬手？只要不让廖华平看出破绽就行，于是想出了一个整他的办法。

我知道他身体不好，坐多了飞机会头晕，我就借口任务紧、时间少，早上乘飞机飞到一个地方，下午又再飞到另一个地方。两三天，他就累得走不动了。我就派人用一副藤椅把他抬上飞机，到另一个地方又抬下来，他不能亲自去检查，我就自己去。因为每个地方都有我过去的学生，所以有时财产与清单不符，我也就睁一眼、闭一眼，把清单交给当地办事处，由他们去更改数字，然后我再拿给廖华平，对他说："没问题，都对上了。"他也只好糊里糊涂地签了字。当然，这中间我也得到了不少好处。

在这次清查工作中，我们乘专机跑了十来个省市，把廖华平拖得精疲力竭、晕头转向。我趁机收了不少礼，廖华平却一无所知。因为我都是以托当地办事处买土特产为名，让他们直接把东西送到我的住处，并当着廖华平的面付钱。这次带回家的几十条金子，大都是从他们所送的土特产中取出来的。

想起自己干的这些事，我不禁得意地笑了。这时司机换下我，由他来开车。我斜靠在车座上继续回味着、遐想着，不觉昏昏然沉入了梦乡……

第十九章　返乡省亲

一阵悠扬的箫声把我从睡梦中唤醒。我揉了揉惺忪的眼睛向车窗外张望，只见汽车已进入一个小城镇，两边临街铺面里，大都在出售箫笛等吹奏乐器，不少人在选购，还不时地发出一阵阵试吹之声。而我听到的那悦耳的箫声，是从街边茶楼之上飘过来的，其婉转缠绵，更唤起人的思乡之情。原来已到了玉屏县城，这是盛产箫笛之地。副官问我是否要下车休息一下，我毫不犹豫地说："不能休息了，我们得尽快赶回去。"

我接过方向盘，以最快的速度在公路上奔驰着，蜀黔的山水都被远远地抛在了后面。我们跨芷江，过洞口，出桃花坪，越邵阳，进衡阳。想起玉屏那悠扬的箫声，想起芷江那苍茫的江水，再看到眼前这连绵起伏、大雁盘旋的回雁峰，我不由得兴致盎然，诗兴大发，口占二首：

岁暮思家昼夜行，怕闻箫笛耳边鸣。
归心似箭犹嫌慢，自驾轻车过玉屏。

芷江才过又安江，洞口桃花十里香。
今日闺中知也未，征人随雁过衡阳。

大年三十的上午，我正好赶到长沙。这时长沙仍是一片废墟，随处可见大火后留下的断壁残垣。无论站在哪个角落，都能一眼望见湘江对岸的岳麓山，其景象十分凄凉。

多年不在家乡过除夕了，这次远道赶回，妻子和母亲自然都喜出望外。妻子高兴得像个小姑娘，搂着我的脖子，看了又看，说："你累坏了吧？"

看到妻子那甜甜的笑脸和关切的神情，我的疲劳顿时飞到了九霄云外。我不由得亲了亲她，说："只要能尽快地见到你们，累算什么？"

这时，奶妈已把我的小女儿抱了过来。她是我在外地接收日伪财产时出世的。当时，妻子拍来的电报只有六个字："又生一女，平安。"妻子一直盼望生个男孩，这次怀孕时，她的感觉与其他四个女儿都不同，便以为一定是个男孩子。可惜，又是一个女儿。我虽然也有些遗憾，但不愿增加妻子的思想负担，忙接过孩子，亲了亲她那稚嫩的小脸。孩子已经快半岁了，还是第一次见到我，却一点也不认生，用小手指头玩着我的领章。我一逗她，她就咯咯直笑。孩子的可爱天真，把我心底的那一点点遗憾也冲刷掉了。妻子在一旁看到我们父女玩得那么高兴，也露出了宽慰的笑容。

除夕之夜，我陪着母亲和妻子守岁。妻子特意换了一身红色的平绒旗袍，外罩一件雪白的开身毛背心，这身装束使她显得更加娇媚俊俏。她为了给我接风洗尘，特意备了酒菜，劝母亲和大家一起为我数千里赶回团聚而干杯。我一向不饮酒，母亲又不愿使儿媳扫兴，就倒了杯甜米酒让我陪着一起喝。妻子的酒量比我大得多，她斟了满满一杯葡萄酒与我们一同举杯，一饮而尽。我和母亲不能再饮，妻子却酒兴犹浓，连着饮了几小杯，她那本来就白里透红的面庞，此时更是红润可爱。她每饮一杯，都调皮地冲我和母亲举一举杯，仿佛我们也在与她对饮。她的举动逗得母亲十分开心，母亲疼爱地笑着对我说："你看，她哪里像是五个孩子的妈妈！"

我赞同地点点头，忘情地望着妻子。她是那么年轻美貌，那么单纯活泼，真像一个豆蔻年华的少女，难怪军统局局本部的同事们都羡慕我有一个美貌可爱的好妻子。看着妻子那身使她显得更加动人的红旗袍，我不禁想起了一件可笑的往事。

那是戴笠在世的时候，每逢"四一"军统纪念日或是圣诞节，他总要举行盛大的晚会，邀请中美所的美国人和局本部的大特务及其家属去参加，而且几乎每

次都是由我做总值日官。有一次，“四一”纪念日的晚会上，客人们正陆陆续续、三三两两地走进宴会厅，戴笠早就坐在首席上，注视着进来的客人。这时，我妻子穿着一身浅蓝色的旗袍，和其他几个浓妆艳抹的太太们一起走了进来。戴笠看见她们，就神秘地问我：“那个穿浅蓝衣服的漂亮女人是谁？”

我一看，他注意到的正是我的妻子，心里不由一惊，有些不快地答道：“谁？我太太。”戴笠虽然没有再说什么，但我却有了心事。我总担心戴笠会夺我所爱，就尽量地不让妻子去参加各种宴会。可是这年圣诞节的宴会上，戴笠准备了许多圣诞礼物要送给部下的家眷，并由他亲自赠送。因为礼物上都标好了客人的名字，我不好不让妻子前往，但心里却希望她能穿得朴素点，不要再引起戴笠的注意。妻子却偏偏穿上了这身我刚托人从外地给她买来的红平绒旗袍。她一进门，就被我看见了。我也顾不得自己这个总值日官的职责了，连忙迎过去，拉着她就走，硬让她回去换身普通的衣裳。她虽然随我坐车回了家，却很生我的气，再也不肯去参加晚宴了。其实，她哪里知道我的苦衷。

现在想起这事，我也觉得自己未免太可笑。

“哎，我们为什么这样干坐着？叔逸，你来作首诗吧，我看看你的诗文有没有长进。”母亲显然非常高兴。

远道归来，在这除夕之夜与娇妻慈母欢聚一堂，我心中自有许多感触，不禁踱步到窗前，望着窗外的夜空思索起来。窗外一片漆黑，只有几颗稀稀拉拉的星星在远处的夜空中闪着寒光，这不免使我感到有些遗憾，几句诗便由此涌上心头：

长剑高擎欲破天，飞身直到广寒边。

割来星斗拼为月，挂向晴空夜夜圆。

我自以为这四句诗写得不错，忙走近桌边，挥毫而就，想讨得母亲的夸奖和欢心。谁知，母亲一看便连连摇头，说：“不行，不行！这首诗太不切实，太狂妄了！”我这才想起，母亲一向欣赏的是陶渊明、杜甫等人那种古朴、浑厚的诗风。

母亲仿佛还想说什么，正在这时，几个老尼姑嘴里道着“恭喜”走了进来，其中一位是我母亲的亲姐姐，我们该叫她姨妈的。听母亲说，姨妈年轻时，曾与一位家境贫寒的年轻人感情笃好，但母亲娘家当时是有钱有名望的书香人家，外祖父认为与这样人家结亲有辱门楣，便执意不允。那年轻人负气出走，一直下落不明。姨妈伤心至极，19 岁便遁入空门，削发为尼。不过我们一直不能喊她姨妈，而叫莲舅，因家乡习俗是女人一出家就变成了“男人”。

母亲指着另一位给我介绍说：“这是三老和尚。”我不由得大吃一惊，尼姑怎么能与和尚在一起？我虽然双手合十，嘴说“阿弥陀佛”，但眼睛却不住地观察这个“三老和尚”。只见他那光头秃顶上有九个不长头发的小坑儿，其面目、举止、声音几乎与男子无异。

惊诧之际，三老和尚倒先开了口：“这次多亏将军，我们这小庵方免被军人占用。”

“自家人何必客气！师父们请坐，我们一起过除夕吧！”母亲热情地邀请他们。

原来，长沙大火之时，我家老屋也化为灰烬。母亲和妻子回长沙后，就住在莲舅的尼姑庵里。可后来，我母亲从重庆回长沙之前，莲舅曾去信说：“……长沙大火时，我尼姑庵因远离城区，方幸免火焚。想不到，抗战胜利了，却被什么别动队第六纵队的何际元部下占去了一大半。我等十几个尼姑都被迫挤在两间房内。这可真是‘盼中央，想中央，中央军来了更遭殃’。”

我得到这消息后，当即让秘书打电报给何际元，说这尼姑庵是我家的财产。这电报还真灵，第三天何际元就拍来急电说，部队已经全部撤出，并再三向我道歉。所以这次我回来，三老和尚是特意来向我致谢的。

他们陪母亲闲谈一阵，吃了点素糕点。无意中，莲舅看到了我刚才写的诗。她拿起来，边念边沉思。三老和尚边听边称赞不绝：“好诗，有气魄，不愧是大将之才、书香之后！”

母亲连连说：“你过奖了，小孩子家不知天高地厚！”

莲舅没有说话，只是提起笔在另一张宣纸上作起画来。我屏着气站在她身后，见她几笔画出两片荷叶和一朵亭亭玉立的荷花，然后题字两行：“出淤泥而

不染，濯清涟而不妖”，“赠叔逸外甥”。

画虽不十分高明，却也意境深远，神似逼真。我不禁拍手叫道：“想不到莲舅还能画这样的一手好画！”

她微微一笑，说：“画并不好，只是我的一个心愿，你这身在官场之人，当像此荷花一般方好！”

“难得你莲舅一片心啊！你莲舅在家时就爱画国画，如今技艺越来越娴熟了！”母亲早将画拿在手中，欣赏玩味着。

“谢谢莲舅。我一定不忘你老人家的教诲！”我嘴里虽这样说，心里却不以为然。这时，我突然想起自己这次带回的三幅名画，忙对他们说：“你们等等，我这次得到了三张好画。”

我当即从皮箱里取出了三幅齐白石的新作，一幅为《百鸡图》，一幅为《百虾图》，另一幅为《百荔图》。说起这三幅画的来历，还真有点意思。

我在北平清查日伪财产时，马汉三送给我一对刻图章用的田黄石，并要带我去齐白石家，请他替我和妻子各刻一枚图章。白石老人当时已是国内数一数二的国画大师，也是湘潭人。我记得在我们潭老家的旧式大衣柜上，还有他中年时期的四幅画。一幅画的是两条鱼，题为《吉庆有余》；一幅画的是朵牡丹，题为《花开富贵》，另外两幅已记不得名字了。曾听母亲说过，这四幅画是一个木匠在帮我家做那个大衣柜时画的。我家那个旧式大衣框和宁波式床头上的木雕花，也都是他亲手雕的。当时我年幼，不知齐白石为何人，后来白石老人闻名全国，我才想起老家大衣柜门玻璃后面那四幅画的作者，所以印象特别深刻。

马汉三当时在北平也是个有名的人物。他先让人通知白石老人，说他要带个客人去看他，请他刻图章。

齐白石老人是一位面目清癯银发长髯的慈祥长者。他穿着一身灰色长袍，一双布底鞋，态度和蔼可亲。我们来到他家，他很客气地接待我们，对我拿去的那对田黄石赞不绝口。听说我也是湘潭人，他高兴地边刻图章边跟我聊天。当我告诉他，我家曾有他过去的四幅画时，他连忙停下手里的活儿问：“现在那四幅画还在不在？”

“我要问问才知道。”

齐白石（1864—1957），中国画艺术大师

“你快问！如果还有的话，你拿来，我跟你换。你说得对，我年轻的时候是在沈家大屋干过活。”老人兴趣极浓，催着我尽快把那几张早年的画拿来。

我见他如此急切地想得到那几张画，就开玩笑地说：“那我拿来一张，你得给我十张。”

“行！只要你能拿来。”老人笑得嘴也合不拢，仿佛他已经得到了那些画。

我知道，白石老人的画非常难得。所以一回到当时住的北京饭店，我就往湘潭的警察局打电话，让他们派人到沈家大屋，去看看那四张画。湘潭警察局很快就回了电话，说四幅画还在，只是有一幅已撕坏，只取下三幅。我让他们尽快托人带到北平。

拿到那三幅画，白石老人高兴得简直像个孩子。他捋着长须，反复看着，嘴里不住地说：“不错，是我画的！是我画的！”

“那你该让我挑30张画了吧？”我也高兴得手直痒痒，恨不能立即得到白石老人的30张墨宝。

“少将军，不要着急。你拿我30张普通的画太没意思。我给你好好地画三幅‘三百图’，准比那30张画要好得多！”老人拍着我的肩膀说。我一想，也好，听人说，白石老人画虾，多一只是一只的价，也就欣然同意了。

后来，他果然让马汉三送来了三幅“三百图”。遗憾的是名为《百鸡图》《百虾图》《百荔图》，可鸡也没有100只，虾也没有100只，荔枝就更无法说了，只有一盘，盘外散落着几颗，谁也数不清这一盘到底有多少。

我把这三幅画往外一拿，母亲和莲舅如获至宝，争相传看，赞不绝口：“不愧国画大师！真是神态各异，活灵活现！”

“这虾就像要蹦下来，这小鸡就像叽叽喳喳在觅食，真是难得的墨宝啊！”

“只可惜都不到100只！”我还忘不了那一只一个价的话。

“你呀，真是外行！这国画讲究意会、意象。这百虾、百鸡不能只在画内求，而主要应在画外找。这黑白、阴阳之间，何止百只鸡虾？”莲舅一番对国画的见解，说得我面红耳赤。母亲在一旁连连摇头，似乎也在为我的无知而脸红。

“天下事那么多，岂能事事皆知？何况少将军身负重任，忙得家小都顾不过来，哪有闲情搞这些风雅之事！”三老和尚见我那副尴尬样，忙出来圆场。

“常言说：‘一事不知，儒者之耻。’他身为将军尚这般无知，就更不应该了。”母亲并不偏袒我。

妻子在一旁却有点为我着急。她听母亲这样一说，忙笑着用开玩笑的口吻说道：“妈妈，你是想让叔逸变成一本《大百科全书》呀！”一句话，说得满屋的人哄堂大笑，那有点紧张的空气也一扫而光了。

莲舅等笑着起身告辞。母亲送到门口，一再说：“三老和尚，你慢走，有空就跟莲弟过来坐坐！”

他们一走，我再也忍不住心中的好奇，转过身轻声地问母亲：“是不是年长的和尚也可以和尼姑住在一个庙里？”

母亲一听，又是笑又是气。她用手指戳着我的额头说：“真作孽！亏你还是个读过书的人，这点常识都没有，不怕人笑话你？尼姑也叫二僧，老尼姑也可尊称为和尚！”

听了母亲的话，回想起刚才莲舅对国画的一番见解，我深深感到自己确实太没有常识了。

第二天，正是大年初一，许多在长沙的亲朋好友都来给我母亲拜年。第六纵队指挥官何际元，也赶来向我赔不是，说他过去确实不知此庵是我家财产，所以占用了，再三请我原谅。

他走后，母亲冲着他的背影不满地说：“他这是冲着你才这么客气，换了旁人，他就能把房子退出来？你们这些人在外面做了官，就连根本都忘啦！”

老人家从何际元占房，又想到了当年长沙大火烧毁的房屋。她指了指门外那一片荒芜的长沙城，说：

“你看看，长沙城被你们这些糊涂官糟蹋成什么样子？日本人还没怎样，你们倒先把长沙城付之一炬，现在好多人回到家都无安身之地。你这次回来，是不是也能给家乡干点好事？”

母亲所说确属实情。1938 年，湖南省的最高负责人在电话中听漏一个字，把日本人已到较远的“新墙河”，听成到了长沙附近的“新河”，于是不顾百姓的生命财产，放了一把大火，这就是有名的“长沙大火”。如今，回乡的人与日俱增，但达官贵人们都在忙着抢收日伪财产，哪有工夫去考虑百姓的住房问题？

我正不知如何回答母亲时，前来拜年的一位姓谭的亲戚讨好似的对母亲说：“老夫人，要三哥给家乡干点好事还不容易？眼下长沙正需要房子，三哥要是肯出面买块地方，找人来烧红砖，解决目前盖房之急需，岂不是为家乡干了件大好事吗？”

我一路上就考虑着买地盖房子捞钱，根本没想到什么烧红砖。这亲戚的一番话倒使我茅塞顿开，想到烧红砖确实是个好买卖，长沙遍地都是红土，而且烧砖也很简单，在地上挖个坑，把砖坯围起来就可以烧了，本小利大，既为家乡干了“好事”，又为自己捞些钱财，岂不是一举两得？

我忙笑着对母亲说：“他说得对。现在如果能解决砖的问题，那就能给家乡父老解决个大问题了！”

母亲听我这么一说，乐得嘴也合不拢了，疼爱地望着我说：“我想这件事你是能办到的。不过，要办就得抓紧办喽！”

“您老放心，我走之前一定把事情安排好！”我连连点头应承。其实，终日吃斋念佛的母亲，哪里知道我们这些人肚子里的花花点子呢？

第二天，我便去看望长沙警察局局长李肖白，并带上姓谭的亲戚一起去商量这桩买卖。李肖白听我一说，便一拍大腿笑道：“你老兄想得可真周到，难怪人们都说你是总部的理家老手！目前做红砖生意是最挣钱的了，只要掏点人工费就行了。”

“那地盘呢？买地不也得花钱？”姓谭的亲戚是长沙开明汽车公司的董事长，

精通生财之道，但对李肖白的话大惑不解。

李肖白得意地笑了笑，说："我们想烧红砖还要拿钱买地盘码？长沙义山这么多，只要我们看中了，说声'这座义山征用！'谁敢说个'不'字？"

"对！烧完砖，还可以把地腾出来，卖给人家盖房子，或者咱们雇人盖上房子，连房子一起出卖！"我喜出望外地补充道。

"好，就这么定了。具体事交给我们去办，你就做我们的老板。"

所谓"义山"，就是穷苦百姓埋葬死人的坟山，这种山大都是没有主的公产。有李肖白负责"圈地"，自然是不费吹灰之力，这桩生意也就算是成功一半了。

李肖白很快就选中了一座坟山，由姓谭的负责经营、销售。他们让我坐地分红，但我觉得既然是三人合伙，自己总得多少干点什么吧。可是该干的事他俩都干了，我什么也插不上手。

这天，我随同妻子从乡下老家回来，看见姓谭的愁眉苦脸地坐在堂屋里等我。他见我一进门，就迎上来说："事情麻烦了，雇工都不肯去挖土啦！"

原来，圈地后的第一道工序就是把坟山上所有的死人棺木都刨出来烧掉。可是挖了几天后，突然挖出了一个面目如生的女尸，那女尸的手脚指甲足有半尺长。雇工们吓得谁也不再去挖了。他们说，这是个僵尸，半夜会出来吃人。姓谭的和李肖白都不知如何是好，所以来找我想办法。

看到姓谭的那副一筹莫展的样子，我不禁觉得好笑。这还算个问题？我就开着车，亲自去说服那些雇工。我告诉他们说："这女尸面目如生，是因棺材和土层密封得好，所以肉没腐烂；指甲长，那是因为人死后骨质细胞继续生长的缘故。我劝他们把女尸烧了，接着干，可他们说什么也不肯。我想，这桩生意怎么能为这点小事就泡汤呢？于是我对他们说："你们如果不相信，那这样好了，今晚我守在棺材旁边，如果僵尸真的出来吃火，那第一个就会把我吃掉。如果这夜里没有事，你们明天把它烧掉，接着干，怎么样？"

几十个雇工你看看我，我看看你，想了一阵，便七嘴八舌地说："行啊！只要你敢在棺材边坐一夜，我们明天就接着干！"

"对呀，这一夜要是没事，以后再遇见这种情况，我们也不怕了。"

这天夜里，我让卫士和副官一人带一把冲锋枪，陪我坐着小汽车来到那座坟山。黑夜的坟山确实可怕，寒风瑟瑟，鬼火飘飘，远处还不时传来一两声猫头鹰或野山猫的怪叫声。我虽然胆子大，但守着这样一口躺着“僵尸”的棺材，心里也异常紧张。我让卫士和副官坐在我的两边，把小汽车门关得紧紧的，他俩吓得直往我身上靠。我为了发财，也为了逞强，不让躲在远处临时茅草房里盯着我的几十个雇工看笑话，便强作镇静地鼓励他们说：“怕什么？咱们坐在汽车里，即使是老虎来了也拿咱们没办法，何况一个死人？再说你俩手里的冲锋枪是干什么的？只要棺材盖一动，你们就打嘛！”

前半夜没发生什么事，我坐在汽车里睡着了。突然，棺材盖咚的一声，猛地把我惊醒。我本能地打开车灯。卫士、副官也紧张地端起了冲锋枪。我们仔细一看，都不由得嘘了口气，原来是一只野山猫坐在了棺材盖上。这时，我才觉得身上的内衣被冷汗浸透了。

第二天，雇工们见我安然无恙，便同意把那个女尸烧了，接着干下去。后来，他们在一口棺材的四角发现了四个酒罐子，可是里面的酒全部挥发了，罐底只剩了一层雪白的晶体粉末。他们把这四个酒罐子送给了我，说是这种埋在地下的酒是最名贵的，只要取一小点晶体，就可以冲出一杯醇香的浓酒。我高兴地收下了，但在长沙我不敢拿出来请客，怕母亲问起这酒的来历而发现我们挖坟山烧砖的事。我知道，母亲若得知我们随便刨了别人的坟墓，肯定会大发雷霆。老人家终身信佛，乐善好施，最反对我仗势欺压穷人。

记得那还是抗战时期住在重庆的时候。当时，重庆达官贵人云集，物资供应十分紧张，一个朋友从香港带来一件很漂亮的浅绿色呢子小外套，送给我最疼爱的二女儿。小姑娘都爱漂亮，她穿上这件外套就不肯脱，甚至连上学也不肯让小汽车接送了，而要自己走来走去，好让人们看见她的漂亮外套。

这天，孩子正穿着外套高高兴兴、一跳一蹦地从学校往家走，半路上遇见一个赶车的，那人见四周没人，就下车把孩子的外套扒走了，孩子一路哭着跑回家。当时，我正在家里休息，副官上楼来告诉了我这件事，我不由得火冒三丈。好大的胆子，竟敢欺负到我家孩子头上！我马上跑下楼，边穿制服边喊卫士：

“把车开出来，把枪也带上！”

我想开着汽车去追那个赶车人，卫士也背上了枪。司机正要去开车，忽然听见母亲的声音：“站住！看你们谁敢去追！”

原来母亲早已拄着拐杖站在了她的房门口，一手还牵着我那哭哭啼啼的女儿。

“妈妈，我们又不打他，只是去把衣服要回来。”我看出母亲已了解了内情。

“现在说得好听！你们要是追上了他，不把人家打伤，也会把人家的牲畜打死，那叫人家以后怎么过日子？要不是穷，谁会去扒小孩的外套？算了，谁也不许去追！”

听母亲这么一说，我才没有去追。

而如今我为了发财，与他人合伙刨坟山，若真让母亲知道，那还了得？所以我直到把那四个酒罐带到南京，才拿出来大宴宾客，大谈自己烧砖发财的“生意经”。而善良的母亲，还以为我这次回家乡真的为父老乡亲做了件好事呢……

第二十章　西安之行

我从湖南回重庆不久，就把家也迁到南京，这已是 1947 年的初夏了。

这时，保密局内部的矛盾愈演愈烈。我与行动处处长叶翔之都认为，如果不挤走郑介民，把毛人凤抬出来，那么就很难打破多年来只重视军校学历的局面。毛人凤跟我和叶翔之一样，都没有军校学历，如果他能当上保密局局长，那我们将来也有希望获得这个高位。否则，我们再在这里干十几年，甚至二十年，也只能是个处长或站长。我和叶翔之曾经密谋如何拆郑介民的台，把他挤走，可尚未商量出个头绪，他就因公外出了。我在毛人凤的授意下，搜集了许多对郑介民不利的材料，并导演了一场促使郑介民垮台的“祝寿戏”。我本想看看这场戏的结果，可是陕西地区两个保密局的小头头因财物分配不均闹得不可开交，我不得不去处理。

说起来事情也很简单。保密局陕西省站站长侯定邦，得知某商人正在往陕北葭县运送一批面粉，认为这是“资敌物资”（因当时中共中央已由延安撤往葭县一带），就让人通知西安绥靖公署第二处处长金树云，派特务前往扣留。金树云的人扣留了 1 万袋面粉后，侯定邦报请保密局，请求将其变卖，然后提取一半做该站有关人员的奖金，其余上缴保密局。而金树云则认为，此面粉是由他派人没收的，应由他们二处处理，他也向保密局打了报告。1 万袋面粉在保密局看来实在是小事一桩，本应由当地特务单位协商处理，可是由于双方彼此不服气，矛盾越闹越大。

绥靖公署二处是军统掌握的公开的特务机关，按照军统规定，这些公开的特务机关，应受秘密的陕西省站领导。而金树云自恃资格比省站站长侯定邦老，一向看不起侯，有事总是直接向保密局请示，所以事情闹得越来越不可开交。当时在陕西的公开的特务头子，还有陇海铁路警务处处长程一鸣、西京警察局局长肖劭文、西安警备司令部稽查处处长方元勋等十来个人都出面调停，还是不能解决，我才决定亲自去一趟。当然，我也没把那万把袋面粉放在眼里，主要是怕特务内部闹摩擦对工作不利，加上我听说胡宗南已把延安打下来了，很想去那里看看。

事也凑巧，我刚下飞机，随侯定邦来到西京招待所大门口，迎面就遇见了叶翔之。他一见我，高兴地抓住我的手说："你来得太巧了！我正要去东北，可是这里抓到20多个地下电台的共党分子，得尽快押往南京。派来的专机还要等几天，我又担心消息传出去东北的共产党地下电台会很快转移。你就帮我处理一下西安遗留下来的事，然后帮我把那20多个人押回去吧！"

"哟！你让我参与这么大的案件，不怕我分你的功劳？"我跟他开惯了玩笑，此时也用略带讽刺的口吻说。

"哪里话？这个案子，你实际上早就参与了，我带来的这批行动员还不都是你的学生？看在老朋友分上，你就拉兄弟一把吧！"他笑着，又是作揖，又是打躬。

"不行！我刚来，你就想打发我回去？我还有好多事要办呢！"我还是不肯答应。本来，逮捕共产党是特务们的共同目标，不过，"铁路警察，各管一段"，我是总务处处长，他是行动处处长，押送犯人是他的事。何况一下押送20多个政治犯，不但责任大，而且风险也大。抗战胜利后，大家都在想方设法升官发财，谁愿担这些风险呢？

"嗐！我又不是让你这两天就走。你知道，东北战事紧张，大批运输机都赶着往前线送军火去了。我估计押犯人的专机至少得一个星期才能来，到那时候你的事也办完了，不正好同机回南京？我实在是等不了那么长的时间了，可交给别人我又不放心，你就帮帮忙吧！"他有点着急了，近乎恳求似的对我说。

谈话之间，周围已经有人注意我们了，于是我悄声对他说："这事咱们进去说，好不好？这么大的案件，你还在外边吵吵，不怕隔墙有耳？"

“对，对！我一着急就忘了。我还要去审讯几个犯人，晚上再谈吧！”说着他就匆匆地上车走了。

原来，在这个时期，国民党军队到处打败仗，人民解放军已由防守转入了全国规模的进攻，但保密局在后方的特务机关，却做出了从来没有过的“伟大成绩”。军统特务在十多年间一直没有能破坏中共地下电台，可这次在短短的一两个月内，就连续破坏了好几处，不仅破坏了北平的，还在西安、兰州、沈阳等地破坏了电台和中共地下党组织，从而大大受到蒋介石的表扬。怎么一下子破获了这么多电台呢？这件事却和一个特务跟他老婆吵架有关，你说可不可笑！

原来，在国民党统治区的大中城市中，军统一直在一些军事机关内附设有电讯监察检查科。这些科除了派出大量外勤特务到处去检查居民的收音机，剪断其短波线路，防止偷听延安和抗战时的敌伪广播外，对小型无线电台使用的大电池及其他器材也都加以控制，不准随便买卖，以防有人私设小型无线电收发报机。同时，这些科还设有许多侦测电台，专门侦测管辖区内有没有未经批准的电台在私自收发电报。当时，各大中城市中，各机关所有的无线电台，都得向这些电监科去申请登记，要把自己电台的位置、波长、呼号、电机型号、与什么地方单位通信以及每天通信的时间等等，都逐项填写清楚，否则不准设立。电监科的侦测台，每天都监听这些已登记电台的通信情况，如果侦听到一个没有登记过的电台在与别处电台联系，马上就全力侦测，掌握它的规律，判断出它的方向，再从三个或四个方面做定点侦测，慢慢缩小范围，认准后即行搜捕。尽管如此，但以前都没有测到过共产党的地下电台，而这次竟连续破坏了几处，这是怎么开始的呢？

抗战胜利后，保密局在北平行营设立了一个电监科，由电讯处派赵容德出任这个科的科长。赵容德曾经做过军统电讯处侦测总台的台长，所以对这样一个科长并不感兴趣，工作马马虎虎。他手下侦测台的几个报务人员也都和他一样，觉得抗战胜利了，那么多人都发了接收财，因而对侦测工作很不安心，认为这种工作没有出息，所以上班只是敷衍一下，特别是值夜班，更是无精打采，表面上看去是戴着耳机在侦听，实际上是在收听流行歌曲，或听京戏、评戏。

有一天，有个侦测员因为和老婆吵了架，不想睡觉，便去上夜班。他戴上耳机，听了一会儿，发觉有一个没有登记过的电台在收发电报，便立刻打起精神，认真地侦听了一个半小时，直到这个电台停止收发报才摘下耳机。第二天，他又去侦听，果然这个电台又在呼叫，与对方联系上之后，又通报了一个半小时。一连三晚，他都听到了这个秘密电台在工作。其实，这个秘密电台早就在那里收发报了，只不过没有人认真去侦听罢了，这次是偶然间被他发现的。

他把这个情况如实地向赵容德报告了。赵大为惊喜，他当过侦测总台长，知道好不容易才能找到一个这样的秘密电台，立刻亲自上机侦听，果然发现了这个电台。他决定从北平城四个方面进行侦测，一步一步缩小到了北平京兆东街附近。他们将侦测机放在几辆吉普车上，在这条街的附近来回转了几次，确定了一个范围之后，才改由北平市警察局刑警大队长李连福，派出几个能上房行走的队员去进一步侦察。

这些人过去都是能蹿房越脊的小偷，他们便潜伏在这条街上侦听，发现这个电台大都是夜间才进行工作，又经过几天侦察，确定了电台设在京兆东街24号。1947年9月4日晚上，当这个电台又在工作时，特务们从前后门和房顶上翻越而入，把正在发报的两个共产党报务员抓获了。

这两个共产党的报务员，一个叫李政宣，一个叫孟良玉，当时，他们连耳机都没来得及摘下。赵容德摘下李政宣的耳机自己戴上，继续与西安那一部秘密电台通报。这些天来，他们已掌握了这部电台收发报的密码，所以对方也没有察觉。赵容德在与其联系时，故意说他的电台已被人注意，可能要搬家，问西安方面情况怎样。对方回答没有问题，掩护得很好，并把周围情况说了一些，无意中说出了他们的电台是秘密设在西安盐店街的一个茶馆后面。所以紧接着，西安电台就被破坏了。这次在北平除了抓到李政宣和孟良玉两个报务员以外，还捕去了他们两人的妻子张厚佩、李毓萍。

出乎意料的是，特务在搜查电台时，又发现了不少新的线索，而且牵涉到长期打入国民党军事机关机要部门的谢士炎与丁行，他们当时是国民党保定绥靖公署参谋处的正副处长。保定绥靖公署是在华北与解放军作战的国民党军队的指挥机关，谁也没想到，这样的要害部门却是由共产党分子在负责。他们不但对国民党军队情况了如指掌，而且可以下令调动国民党军队到解放军的包围圈内去缴械，充当运输大队。后来，谢士炎和丁行被捕，被蒋介石下令杀害了。

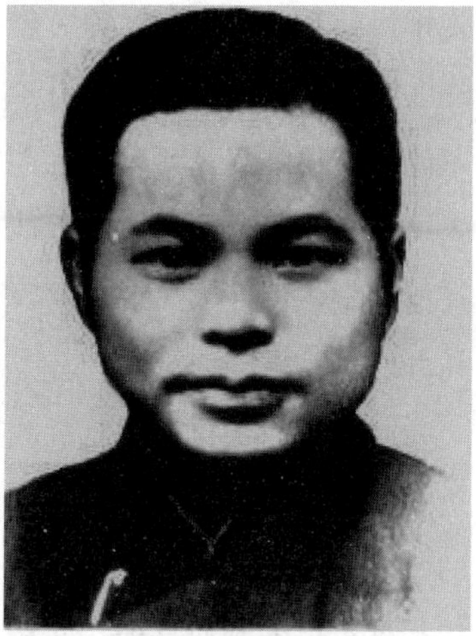
谢士炎（1912—1948）

当时，此案还牵涉到民主人士余心清。他是保定绥靖公署设计委员会的主任委员，一贯支持中共地下党的工作，也因此案被捕送往南京。同时在北平被捕的，还有北平市地政局代局长董剑萍（他的工作代号为三一一）和贝满女中教员田仲英（代号是一二三），另外，还有北京大学学生李恭贻等多人。

这一案件发生后，叶翔之就亲自带人到各地处理。此人原是一个连手枪都不会打的文人，我在军统局任处长时，他才由他的亲戚李崇诗介绍给戴笠，在军统局党政情报处任副科长。戴笠见他很机灵，不久便把他升为科长、副处长。1946年军统局改组成为保密局时，他才由毛人凤推荐当了行动处处长。这是他上任后第一件大案，他怕别人看不起他，更怕别人分了他的功劳，所以一开始便亲自抓，先飞北平主持，后又飞往西安，在西安盐店街奇园茶社内，又破坏了一部中共地下党的电台，捕获了梅永和、赵耀斌等十余人。

叶翔之以为自己在西安取得了卓越的成绩，颇有些沾沾自喜，岂不知当时在西安，仅杨虎城将军曾资助而建立的高级餐厅、酒楼中，就有五个是共产党地下情报人员的据点。这五个餐厅、酒楼，从经理到跑堂无一不是中共地下党员。他们利用国民党官员们在这里宴客、饮酒之机，窃取或探听情报，然后利用私设的电台或国民党内部的电台，把情报发往延安。

这次叶翔之捕获的电台人员中，就有胡宗南部队的报务员。为此事，胡宗南特意请叶翔之吃饭。他听说我也到了西安，就邀请我一同赴宴。

胡宗南与戴笠的关系非常密切，抗战期间，他每到重庆看戴笠，总是我替他

安排住处和用车、请客等。戴笠也曾当着他的面关照过我和毛人凤，要我们对待胡宗南就像对他一样，要什么就得给什么，他要做什么事，就完全得遵命而行，不能打折扣。戴笠死后，毛人凤依然按照戴笠的意思行事。所以我去西安前，毛人凤便和他通过电话，告诉他，我要去，问他有什么事要我在南京办理。胡宗南在电话中告诉毛人凤说，要我去西安之前，去唐纵那里催问一下，他老婆叶霞娣托办之事结果如何了。

此事起因是这样的：抗战期间，胡宗南统率几十万大军不进行抗战，却专门负责包围封锁陕甘宁边区。他的防地在黄河西岸，可是，无论与他只有一河之隔的风陵渡口的日军怎样嚣张，他也从不出击一下，长年隔河对峙，好像有什么默契，日军也不渡河打他，两相无事地直到抗战胜利，他才出潼关，去接受西北地区的日军投降。他一向坐镇西北，自认为可与西北名山终南山媲美。“宗南”与“终南”谐音，他便自比为屏障西北的“活终南山”。而他感到遗憾的是，一直还没有一个县是用他的名字命名的。所以他进犯延安之前，早就暗中想好了，拿下延安，就把延安县改成“宗南县”。他满以为只要他一句话，甚至向别人授意一下，陕西省政府就会照办，因为历届陕西省政府主席都是他保举或他同意的人才能当，和他合不来的人，只要他一句话，就会调走，在他看来，西北就是他胡宗南的天下。可是没想到，这次他想给延安改名，却没有那么顺利。

本来，陕西省主席熊斌一听到胡宗南有意给延安改名，便想借此讨他欢心，准备在西安召开一个盛大的中外记者招待会，由他亲自主持，会后再请记者们去一趟延安，从此延安就不再叫延安县而改称宗南县了。没想到，陕西省政府主管这方面工作的民政厅，却向熊斌提出了一个使他十分不快的意见：一个县名称的更改，各省不能决定，这事只有中央内政部才有权决定。因为更改一个县名，要通报全国各省，别人才能承认，邮电部门也才能接受，各省自己只有权更改县以下的乡镇地名。这样一来，事情就变得很麻烦了。

不过，胡宗南的老婆叶霞娣还是有办法。她是一个由军统培养出来的女特务，曾由戴笠亲自培养并送往美国留学，得了一个博士学位，回国后又去成都大学当了一个短时期的大学教授，待她取得双重资历后，戴笠才把她送给胡宗南为妻。而今，为改“延安”为“宗南”一事，她建议胡宗南托毛人凤、唐纵出面去与内政部交涉。她认为唐、毛一句话，就能马到成功，因为唐纵当过内政部的政务次长，而毛人凤与胡宗南私交甚密，一定肯出力。这样，早在1947年3月19日，胡宗南亲自指挥十几万大军进犯陕甘宁边区，中共中央主动放弃延安后，这一更改县名的活动便在积极进行。

胡宗南和叶霞娣一家

有一天，毛人凤告诉我，他和唐纵要请内政部的两位次长和几个司长吃饭，要我在南京最好的饭馆准备两桌酒席，并要我和叶霞娣也去参加。席上，唐纵向客人们介绍了叶霞娣，可谁也猜不出，唐、毛两人出面请客为什么要邀请这样一位夫人参加。直到吃完第一道热菜烤乳猪后，唐纵才提出请他们帮忙把延安县改名为宗南县的事。当时，在场的人都异口同声地连连说：好办，只要由陕西省政府出面写个报告到行政院，说胡长官在西北坐镇多年，功勋卓著，现又占领了共产党中央所在地延安，为了表彰胡长官的功勋，拟请将延安改为宗南，相信行政院也一定会同意而批示内政部办理，这样就可通报全国正式改名了。

然而说起来容易，做起来却不那么简单，直到我这次来西安，还没有确切消息。我动身前一天，曾去唐纵家，可唐纵出去视察工作未归，我只好去问内政部警政司司长军统老同事汪弼。他替我打听了一下，回答是正在办理中，什么时候能办好还说不准。

这次胡宗南请叶翔之的宴会，在西安下马岭胡家举行，邀请的还有保密局派往陕西的几个大特务。我和叶翔之一到他家客厅，提前到的侯定邦和金树云就迎了上来。这时胡宗南还没有出来，他俩就围着我献殷勤，问我需要什么，让我尽

管吩啦。

我爱打猎，曾听说西安许多人猎兔子不用枪，而是用猎狗去追逐。这种猎狗南京找不到，于是我说：“你们能不能帮我弄条能追野兔子的猎狗？”

“要是你喜欢，我愿意把我养的那条给你，如何？”坐在我对面的侯定邦听我一说，马上凑过来答道。

“我也有一条训练得不错的猎狗，也送给你吧！我们这里好找！”侯定邦的话音刚落，坐在我身边的金树云也唯恐落后。

“好！盛情能却，两条我都收下啦！”一下子得到两条好猎狗，我简直喜出望外。

这时，坐在对面沙发上的叶翔之冲我招招手，我就坐了过去。他附在我耳边悄悄地地说：“这真叫‘鹬蚌相争，渔翁得利’啊！”说完，我俩都哈哈大笑起来。侯定邦和金树云被我俩笑得莫名其妙，不解地望着我们。

“我是说，你们二位送给他猎狗，我也跟着沾光了。正好让沈处长的专机帮我押犯人回南京，要不是带两条猎狗上不了别的飞机，他还不肯帮我这个忙呢！怎么样？”狡猾的叶翔之借着向他们解释的机会又一次提出让我帮忙，说完后又忙把右手伸出来，使劲地握了我的手一下，说：“一言为定！”我一想，他的话也对，如果不是专机，猎狗是万万带不回去的。但我只是笑笑，没有立即答应。

“诸位对不起，让你们久等了！胡长官一会儿就出来，有几个师长正在向他报告延安的情况。”胡宗南的夫人叶霞娣穿着一身银灰色绣花旗袍姗姗地从客厅侧门走了出来，热情地向客人们打着招呼。然后她笑盈盈地走到我面前：“沈处长，一路辛苦了。你来之前见过唐先生吧？”

我知道她是想问将延安县改成宗南县的事，只好告诉她：“唐先生外出视察了，不在家。据内政部的人说，事情正在办理。”

她一听这话，就不高兴地一撇嘴，说：“真气人！这样一件事也拖这么久！”

正说着，矮矮胖胖的胡宗南穿着整齐的将官服走了出来。他连声对我们说：“抱歉得很，让你们久等了！”

“哪里，哪里！长官百忙之中还抽空请我们，实在不敢当！”客人们都客气地站起来。

胡宗南同我们寒暄一阵后，叶霞娣就来请我们到餐厅入座。我看见胡宗南拍了拍叶翔之的肩膀，让他留一下。

不一会儿，他俩走了过来。胡宗南举起酒杯，说："这次电台事件的胜利，是党国的骄傲，也是我们各位的骄傲。叶处长过两天就要走了，我特备薄酒为他饯行，请大家不要客气！"说完与大家碰杯，然后一饮而尽。其他的人也都一仰脖把酒倒进了嘴里。因为我不会喝酒，只好装样子喝了一口。

勤务兵给客人们斟酒时，胡宗南又客气地对我说："沈处长难得到我们西北来，这次来了就好好玩几天，有什么要求，尽管说！"

"长官攻克了共产党的根据地，实在是件大喜事。我早就想去延安看看，不知是否方便？"借此机会，我就提出了去延安的要求。

他听后，习惯性地在脸上抹了一把，笑着说："这个地方是应当去看看，不过你要去最好乘飞机去，坐汽车太辛苦啦！"我只好表示听他安排，反正我是决心去一次的。

饭后回到西京招待所，叶翔之又跑到我的房内，再一次提出他得提前回去，要我帮他处理西安未了的公务，并押送犯人回南京。我看他那么着急，只好表示"可以考虑"。

他连忙向我作个揖："谢谢你啦！"

"我还没有考虑好，你谢什么？"

他笑笑说："你答应考虑，就说明是同意了，否则你会一口拒绝。我与你这么多年在一起，还不知道你吗？"

担任总务处处长多年的经验，使我养成了一种习惯，凡是不能办或不给办的事，别人一开口我就用斩钉截铁的口气一下回绝，以免对方纠缠。因为每天要处理那么多的事，没有工夫与人磨嘴皮子。而可以办的事，我又从不一口答应下来，因为如果图一时高兴答应了，办起来遇上困难又不能不守信用，这就麻烦了。所以我总答应得不痛快，这不过是为了留一点余地。还是叶翔之知道我的脾气，我说可以考虑，意思就是基本上同意了。

范长江（1909—1970），著名记者、新闻家、社会活动家

一个人被知道自己底细的人逼到这种地步，再要花招也不顶用了，我只好点点头，这就算是完全同意了。他再一次来和我握手，这一方面是表示谢意；另一方面也是我们同事间的一种习惯，手拉手握一下，表示一言为定，不再反悔。因为干我们这一行的人，都是圆滑异常的，凡到不得已无法再狡赖时，相互用力把手拉一拉，就不好意思再不认账了。

拉过手之后，他转身要走，我又一把将他拉住："胡长官把你拉出去说什么？"

在我面前他是不敢耍花招的。他轻声说："胡长官说，这次破坏中共西北地区的一些组织，牵涉到了他的几个部下，他怕我们张扬出去，那样不但他面子上过不去，而且要是让老先生（指蒋介石）知道了，也会大发雷霆的。"

听了这话，我不由得笑了，想起过去胡宗南闹过的一个笑话。抗战初期，他发现著名记者范长江很有才华，便写了一个报告给蒋介石，推荐范去美国留学。蒋介石在报告上批了两个字"糊涂"。后来蒋介石见到他时，又骂他一顿，说他太不关心政治斗争了。他去问戴笠，才知道范长江是共产党。

据查，这次在他身边搞机要和宣传工作的几个人，与西北中共地下党人员有关系。他已电话告诉毛人凤，说这案件凡涉及他的部下，都由他亲自处理，一律不用保密局过问，并且一再关照不要上报蒋介石。

我一听便对叶翔之说："如果这样的话，以后要再发现与他部下有关的事，那就通知他去处理。但是保密局的档案应当记录下来。"叶翔之听了连连点头称是。

第二天一早，叶翔之便陪我去保密局设在西安冰窖巷的一个看守所。他把在西安、兰州等地捕到的中共地下党员一一点名交给我，并关照他带去的审讯员及行动组人员，都要听我的指挥。交代完毕，他才于下午乘飞机走了。三天之后，我处理完一些事务也飞到了延安。

第二十一章　初访延安

这是一架由小型运输机临时改成的客机，座位全是没有扶手的帆布椅，总共也不过能坐20来个人。我挤在一群报社记者和摄影师中间，望着窗外那白茫茫、雾蒙蒙的云天，思绪早已飞到了延安——那个曾经可望而不可即的地方。

从西安动身之前我就听人说，胡宗南曾调动了十四五万兵力攻打延安，伤亡惨重，打了好几场激战，好不容易才拿下延安。可延安打下来了，胡宗南也背上了一个大包袱。延安军民撤走之前，坚壁清野工作做得十分彻底，胡宗南十来万军队的所有供给都得从西安运去。他们虽然找不到共军的主力，却常常一个师、一个师地被共军吃掉，为了保证公路运输畅通无阻，不得不调动两个军来维护沿途公路的安全。谁都知道，共产党的兵力与胡宗南相比，自然少得可怜，但他们到底有什么通天之力，能牵制住这么多的军队？当时，我真是百思不得其解。

飞机穿云驾雾一个多小时，降落在延安的河北机场。一下飞机，那座象征着延安的宝塔就呈现在我的眼前，它是那样雄伟、那样挺拔，仿佛是一个威武不屈的巨人。不知为什么，我突然预感到，延安并不真正属于我们，胡宗南目前虽占据了延安，但也不过跟我一样，是个匆匆过客。

“沈教官，你穿身猎装，我还真差点认不出来了!”一个声音打断了我的遐想，回头一看，原来是延安警备司令部稽查处处长崔毓斌。他是临澧训练班毕业的学生，抗战期间，在军统局人事处任股长多年，现在又被胡宗南派到延安当稽查处处长。

胡宗南占领延安后，一批国民党士兵在边区政府前举行升旗典礼，象征“光复延安”。

他一见我就高兴地喊着跑过来，先紧紧地握着我的手，又笑着来了个立正敬礼，然后才指着他身后大步走来的一位警备司令部的副司令向我介绍。

“欢迎，欢迎！胡长官在电话里告诉我们，说你要来，我们早就给你安排好了住处。”副司令客气地握着我的手，显得十分殷勤。他大概以为我这个从南京来的客人带有重要使命吧。

他们安排我在一座曾招待过外宾的窑洞里住下后，崔毓斌就热情地邀我去游览。他让人牵来了两匹马，我们顺着一条石板铺成的街道缓缓前行。这是延安城的一条主要街道，路两边各是一排整齐的桥孔般的石砌房屋。看得出，有些房屋曾是商店或饭馆，而如今都住满了头顶青天白日帽徽的国民党兵。

我们骑着马走出城门，顺着清澈、蜿蜒的延河水往前溜达。崔毓斌指着远处那莽莽苍苍、重重叠叠的山峦，近处那纵横交错、高高低低的沙梁沟壑说：“你别看这四周都是一片光秃秃的黄沙岗子，说不定哪座山梁后面就藏着共产党的大批军队。我们天天找共党主力决战，可到现在也不知主力在哪里，我们的部队却天天挨打。他们有时就像从地底下钻出来的，来无影，去无踪。胡长官和毛局长不断来电，要我一定侦察出共军主力现在撤到什么地方了，唉，谈何容易！我现在在这里比坐牢还要难受……”

“你们也学学共产党，走走群众路线嘛！”话是这么说，我也感到他实在是不容易。

“别提了，那些老百姓更是滴水不漏。问他们什么，他们都只有三个字：‘不知道。’而且大部分年轻力壮的都跟共产党跑了，剩下些老弱病残，连门都不出，能问出些什么？有时候，我真想把他们都毙了！”他越说越气，我只好安慰他一番，勉励他多想办法。但我也深深地感到，延安确实不是一个容易征服的地方。不过，我此行纯属游玩，实不必为此而烦恼，于是我建议上山去，鸟瞰一下延安城的全貌。

我们爬上宝塔山，延安城的景物尽收眼底。这是一座别具特色的古城，一半蜿蜒在山上，一半坐落在平川。城边，那花岗岩筑成的城墙，从东边的平川一直爬上西边的山峦，如巨蟒，似蛟龙，又像是一道坚不可摧的长城。城墙内，是一片星星点点、错落有致的窑洞和灰黑色波纹般的瓦房，还有那独立在城中心的城隍庙和钟鼓楼；城墙外，则是起伏的山峦和清凌凌的延河水。此时，太阳已经落在了西山之巅，它慷慨地把那金色的余晖洒向人间，把城墙内外的房屋、河水、山峦都涂上了一层耀眼的金光，整个延安城就像一帧金碧辉煌的巨幅油画。我虽不懂得绘画艺术，但还是被眼前这画一般的美景陶醉了。

“沈教官，我们该回去了。警备司令部和驻地部队的负责人今晚要请你吃饭。”崔毓斌这一提醒，我才想起那个副司令临走时的邀请。我估计，他们是想借请客之机，探听一下我此行的目的和西安的情况，而我则正想品尝一下延安的地方风味，打听一下延安的地方特产，也就欣然答应了。

然而这席晚宴实在令人失望，桌上摆的几乎全是罐头菜，不用说地方特色，就连一般的新鲜蔬菜都没有。我不禁好奇地问：“延安有什么名贵特产？”

“鬼晓得它有什么特产！反正我们到这里什么也没见到，连粮食和蔬菜都得

从西安运来。”一个心直口快的部队负责人脱口而出。

“依我看，这里只盛产共产党，连几岁的娃娃都被赤化了。”另一个人倒蛮幽默。

“可不，刚来的时候，我们抓了几个老太婆，问她们共军到哪里去了，粮食藏在什么地方，她们死也不肯说。打急了，她们就说：‘你打死我，我也不知道，要我干卖良心的事，我死也不干！’你说气人不气人！”一提起延安的老百姓，在座的个个都显出无可奈何的神情。

“那你们到这里这么久，就没抓住一个共产党负责人或是地下工作者？”我实在不明白，这么多军队居然抓不住一个可提供情况的人。

谁知，我这一问全座哑然，宴席上的气氛顿时显得很尴尬。

沉默片刻，其中一个人才慢腾腾地说：“我们开进延安的时候，中共负责人早就有计划地转移了。现在也只抓了一些嫌疑犯，只知道其中有一个是劳动模范，其他的人至今身份不明。”

我还想问些什么，可崔毓斌一个劲儿地冲我使眼色，我才恍然大悟——我问了他们难以回答的问题。

“沈教官，我们圈在这里很久了，对外面的情况知道很少，你给我们谈谈吧！”崔毓斌怕我再问出什么不合时宜的问题，故意转换了话题。

提起外面的情况，我也不由得有些黯然。半年来，山东战场仅泰安一战和孟良崮一战，就损失国军5万余人；东北战场国军也节节败退，死伤2万多人，丢城10座。而共军却越打越凶，刘、邓大军开辟了鄂豫、皖西解放区，陈毅、粟裕的华东野战主力也挺进到豫皖地区，总之，解放军已由战略防御转入了战略进攻。这些情形我怎么能对他们讲呢？若讲了，岂不是动摇军心？想到这些，我便故作轻松地说：“外面的情况没大变化，不过这次来西安，我倒碰上了一件可笑的事。”为了不使宴席冷场，我故意避重就轻地对他们讲起了我临来延安之前发生的一件意外的事。

叶翔之登机回南京后，我就忙着帮他处理西安未了之事并调解侯定邦与金树云的矛盾，同时也在等候前来延安的飞机。两天后，胡宗南的副官处通知我说，第二天早上有飞机，但只有一个座位。这样，我的副官和卫士只能坐汽车走，我也只好打发他们当天上午先出发。可是，我平时身边跟惯了人，到什么地方都不愿意一个人去。那天下午，我一人待在西京招待所感到有点寂寞，很想找个熟人来聊聊，正好西京警察局局长肖劭文的妻子张宝全和警察局济良所所长彭家翠一同来看我，她俩都是戴笠办的浙江警官学校特训班毕业的女特务。张宝全学指纹学，我在重庆任侦缉大队长时，她是重庆警察局指纹室副主任，而彭家翠与我则是军统临训班的同事，当时我任教官，她任女生中队指导员，常在一起说说笑笑，如今见面都非常高兴。

她们告诉我说，西安买玉器方便，而且货真价实。因为西安这个古都保存着许多民间的或从古墓中盗出的玉器。她们要我去给妻子买一些，而且已约好几个玉器商人在肖劭文家等我。

她们陪我挑完玉器，张宝全接到民政厅厅长太太让她去打牌的电话，她不想去。可我知道民政厅厅长是她丈夫的顶头上司，劝她还是去应付一下好。

“沈处长爱吃西餐，我陪他去吃，你还是去打牌吧！”彭家翠也在一边劝她。

分手后，彭家翠让司机把我们送到一家叫寿而康的西餐馆，然后就让汽车回去了。她说吃过西餐，散散步就可回西京招待所，用不着汽车等我们。可是刚走进餐馆，我就看到有两个妖里妖气的满脸涂着脂粉的老太婆，用一种仇恨的目光狠狠地瞪着在我前面引路的彭家翠。

我当时并没介意，以为她们是看不惯她那身装束。因为她穿着警官便服，既没戴警察帽和领肩章，也没束皮带，显得很特别。吃饭时，我望着她那身装束和她那男人般毫不在乎的举止说：“刚才有两个老太婆在盯着看你呢！”

她一听，顿时紧皱双眉，两眼四下环顾着，显得有点紧张。

“怎么啦？”我对她的变化颇为不解。

她凑到我耳边，神秘地轻声说：“可能要惹麻烦！我去给肖劭文打个电话，让他关照附近派出所，来几个警察巡逻，免得出事。”

一听这话，我不禁哈哈大笑起来：“你以为我那么不中用？今天没带卫士出来，就会害怕得让警察来保护我？我身上这两支枪是干什么的？”

她连连摇头说：“你说错了，那些人是冲我来的！”

接着她告诉我说，她当济良所所长后，得罪了不少妓院的鸨母。这些鸨母一向认钱不认人，她们花很少的钱买来少女，慢慢训练她们一套应酬男人的手段，把她们当摇钱树。有些妓女遇上好心、中意却又无巨款为其赎身的男人时，便设法逃到警察局济良所去请求救济。济良所收容她们，代为择婿，这是当时妓女从良的方式之一。当然，其过程并不那么简单，首先要有关男人花些钱，济良所才许妓女与那男人见面，然后帮妓女调查清楚这男人的情况。这种男人一般都不是无家室的穷人，因为穷人既没条件去逛妓院，又无法结识妓女。他们大部分都有点家底，要领这些妓女回去当姨太太。这些男人花一点钱就可以把妓女接回去，济良所也可从中得到些钱，而鸨母则人财两空，所以她们恨透了济良所的人。有一次，彭家翠穿着全身警官服出外看朋友，竟被几个鸨母抓住痛打一顿，幸亏遇上几个巡逻警察，才把她救出来。

听她这么一说，我忙安慰道："有我在，还怕什么！"我自恃拳术不错，又有两把手枪，还对付不了几个老太婆？可她还是不放心，悄悄地托餐馆一个熟人给肖劭文打了个电话。

饭后，我俩边聊边往西京招待所走。没走几步，突然从一个巷口蹿出了几个四五十岁的女人，她们不由分说，拖住彭家翠就打。开始，我见彭家翠那高大的身材和娴熟的拳术把那几个女人打得前仰后合，也就没有动手，觉得不到不得已时不能去与这些女人厮打，否则太失身份。可是巷子里跑来的女人越来越多，彭家翠招架不住了。我大喝一声："住手！"可她们看都不看我一眼。大概因为我当时穿着猎装，她们根本看不出我的身份，所以理也不理。我很恼火，上前扭住两个女人的胳膊，把她们往两边一推，可这两个刚摔倒，马上又拥上来几个。我正想拔出手枪来吓唬她们，几个警察赶到，才把彭家翠抢了出来。这时她已被打得鼻青脸肿，可还满不在乎地把头发往后一甩，说："我这是做好事挨的打，没什么见不得人！"见到她那副神态，我实在有些啼笑皆非。

讲完这件事，在座的哈哈大笑起来。不知谁戏谑道："这就叫'孙二娘大斗众鸨婆'。"一句话又引起哄堂大笑，刚才宴席上的尴尬气氛顿时显得轻松多了。这时，我告诉他们说，我此行只是游览参观，并无什么任务，他们这才放了心。

第二天，我的副官和卫士满身尘土地跑来见我。他们拍打着身上的土，连连说："早知这样，真不该来！"

我问为什么，他们就埋三怨四地说："这条路颠簸得要命，坐在运给养的车上，就跟摇煤球一样，骨头都颠散了。这还不算，沿途的官兵都说，这条公路常常遭共军伏击，说不定什么时候就送了命，回去可再也不能坐汽车了！"

"听胡长官说，他们作战都找不到共军，怎么共军倒自己找上门来？"我不免有些好奇地问。

副官和卫士不屑地把嘴一撇，说："那谁知道！反正那些护路的官兵都说，共军有时像从天上掉下来的，袭击一下就找不着了，好像他们有遁地的本领和隐身法。"

"哦！我倒想尝尝这个滋味儿，看看共军到底有什么法术。"他们的埋怨倒激起了我的兴趣。

一会儿，崔毓斌来陪我去枣园参观。那是毛主席曾居住过的地方，我当时很

毛泽东在延安枣园的故居

想看看那个十几年来一直使国民党头痛的人物的居住地。当然，豪华的住宅、别墅我见得多了，戴笠、蒋介石仅私人的别墅、公馆就有十多处。而共产党领袖的住宅又会有什么特别的地方呢？

到了枣园一看，我不禁大失所望。毛泽东住的窑洞与别处老百姓住的窑洞并无两样，一孔半圆的拱形窑洞，墙上有一扇用白纸糊的木格窗户，室内除一张办公桌和几把椅子外，还有一个木板钉成的小方桌，上面整齐地摆着一些书。不同之处，就是这孔窑洞里外都打扫得干干净净、整整齐齐。我不禁说道："何必花费人力来整理这些地方？"

"哪里是我们整理的？一来就是这个样子！"

听了崔毓斌的话，我顿时觉得毛泽东放弃延安完全是有计划、有目的的。你看他们把一切事情都做得那么完善，那么有条不紊，丝毫也看不出任何大兵压境而仓皇逃跑的痕迹。直到此时，我才不得不由衷地感到，毛泽东和他领导的共产党确实可畏而又可敬；不得不承认，他们表面上弱小，实际上却坚不可摧，就像宝塔山的宝塔一样，根基深深地扎在广袤的土地上，所以才能顶天立地，经受住任何狂风骤雨的袭击。如今我们虽然占领了延安，但这只是一时的胜利，胡宗南想改延安县为宗南县，永为"西北王"的梦想，恐怕是难以实现的。

在延安参观浏览的两天中，尽管国民党兵随处可见，但我并未感到胜利者的喜悦，反而觉得仿佛置身于一座随时都可能喷射岩浆的火山口上，有一种恐怖感、压迫感。

我不想再在延安停留了，执意要走，可是飞机要再等三五天才可能来，我就坚持要坐汽车回西安。胡宗南的副官打电话来劝我不要乘汽车，以免路上出危险，但我坚决要走。崔毓斌等只好给我准备汽车，一再叮嘱我，不能随便停车或下车拍照、参观，并特意派了两辆装有全副武装士兵的卡车，前护后卫。

一上路，我的卫士就警惕异常，他手不离机枪，眼不敢稍闭，一直正襟危坐地注视着公路两边，仿佛那一道道的黄土山梁和沟壑后面都埋伏了共产党的军队。有这么多人为我"保驾"，我倒有点不在乎起来，甚至还真想遇上一场意外。

临行前，送我上车的几个警备司令部的头头，都一再关照那个护送我的连长，遇到情况要立即发射信号弹求援，前面已派人打前站，沿途都有布置。崔毓斌又告诉我说，已派人到洛川为我准备过夜的地方，路上不用赶得太急。

说是不急，可汽车行驶的速度还是相当快的，每当遇见从西安开过来的运物资卡车，那连长总是打旗叫他们停下，让我们先过。这一天大家都很紧张，总是尽快往前赶，所以车到洛川时，天色尚早。

在洛川，当地军政机关又设宴招待我，我看到这里的蔬菜比延安丰富得多。我问为什么要在洛川过夜，他们告诉我说，洛川已是国统区，比较安全，而洛川以北全是共产党的天下，连老百姓都与共产党一条心，根本不可靠。听了这话我才明白，为什么中午饭是到一个护路部门的师部去吃而不在路上的饭馆吃。看来，共产党之所以有“通天之力”，是因为他有千千万万老百姓的支持呀！否则，共产党的小米加步枪怎能敌得过胡宗南的全副美式装备呢？古训说：“民为贵，君为轻”，“得民心者昌，悖民心者亡”，“民如水，能载舟，亦能覆舟”。共产党在博取民心方面，确实高过国民党一筹啊！

既然到了国统区，我的胆子也大了，路过黄陵县时，我还顺便到古代远祖黄帝陵前鞠了三个躬。护送连长报告说，从黄陵到西安沿途不会有什么麻烦了。他把一直在前面开路的卡车调到后面，好让我的吉普车加速前进，早点赶到西安。于是我的小汽车就开足马力，在公路上飞驰起来，把护送的大卡车远远抛在了后面。

此时正值初秋，而西北黄土高原上已是寒风瑟瑟，颇有凉意了。我穿着一件皮夹克倒不觉得，而我的卫士、副官则骂开了这里的鬼天气。昨天我们都有些紧张，今天一松弛下来，卫士就抱着肩直打瞌睡，而我此时倒有了欣赏一下沿途风景的雅兴，遗憾的是呈现在眼前的却是一片昏黄的世界：黄色的山、黄色的路、黄色的窑洞土屋，让你感到连空气都是黄色的。

汽车吃力地爬上公路的一个高坡，路边地里劳动的几个女人一见汽车就一齐蹲了下来。她们要干什么？是不是要拿石头砸我们的汽车？我惊奇地想着，并推了推正在打盹儿的卫士说：“注意，有人要砸我们！”

话一出口，给我们开车的司机就笑了起来，他说：“长官，她们不会砸我们！她们是没穿衣服，所以见汽车来了就蹲下。”

“这么冷的天，她们怎么能不穿衣服在地里干活？”我大为不解。

司机是常跑这条公路的，对沿途的情况都很熟悉。他告诉我说，西北地区农村生活很贫困，有的人家几口人共盖一床破被，共穿一身衣裳，谁出门谁穿，平时都是光着身子坐在炕上，就是下地干活都舍不得穿那身衣服，连十几岁的女娃也是这样。

听了这些，我当时感到这里的老百姓真是太穷苦了，也难怪他们都愿意跟着共产党跑。

回到西安的第二天，南京派来接被捕人员的飞机就到了。南京方面也催我赶快回去，因为前方运输紧张，飞机太少。我只好用电话向胡宗南告别，第三天就匆匆押着那批人上了飞机。

没想到西安机场的地勤人员看中了我的两只猎犬，就借口与通知单不符而不准带上专机，因为通知单上写的是两只警犬，而我带的却是两只猎犬。我打电话给西北空军司令部一个与我要好的副司令，这些人才答应放行，不过要求我送给他们一只。我理都不理，昂头就走。有人告诉他们我是什么人，他们才没再来纠缠。

飞机到达南京，毛人凤派司法处处长和他的机要秘书等来接我，并分走了一只猎犬。

不料一出机场，我竟得到了一个噩耗：我一手提拔起来的学生邓毅夫，被郑介民借故枪毙了。我知道，这是因为我收集郑介民材料的事被他知道了，他在有意杀鸡给猴看。

我找到毛人凤，责问他为什么不出面制止，他却安慰我说：“我知道这事不光是对你，也是对着我来的。先忍忍，他在保密局也待不长了。”

更让人不能容忍的是，郑介民还因此事派人搜查了我的家。我当时很生气，一赌气就飞到重庆去处理遗留财产问题去了，一去就是几个月。而等我再从重庆返回时，保密局的情况又发生了巨大的变化。

第二十二章　军统内讧

飞机穿过厚厚的云层，在南京明故宫机场徐徐降落。

这次回南京我特别兴奋，遗留在重庆的许多事务基本上都处理完毕了，以后就用不着经常往重庆跑了。更使我兴奋的是，1947 年 12 月 5 日，蒋介石终于免去了郑介民所兼保密局局长一职，由毛人凤接任。当时我认为，这是毛人凤的成功，也是我的成功啊！若不是我导演了那场“祝寿戏”，若不是我暗中搜集了不少有关郑介民贪污、占用公产的材料，他毛人凤想挤掉郑介民，谈何容易！

飞机稳稳地停在机场。我的随身副官已把旅行箱和公文包提在手里，轻声提醒我：“处长，我们下去吧！”我从遐想中惊醒，站起身，整了整衣帽，大步向机舱口走去。

机场上，副处长和其他几个部下早已等候在那里，一一握手后，部下打开我的汽车门请我上车。我对副处长说：“你也上来吧，路上我们好一起谈谈。”

副处长和我并肩坐在汽车后座上。他简单地汇报了总务处的情况，我便询问道：“毛先生上任后，对我们总务处有什么新的指示吗？”

“别的没什么，他只是一再嘱咐我，要好好清查一下总务处所有的账目，免得再出现邓毅夫那种事，让别人抓辫子。”

“哦，他难道也相信邓毅夫真有问题？他也怀疑我们总务处账目不清？”副处长的话如当头一棒，着实让我大吃一惊。

副处长无可奈何地摇摇头，轻轻地叹口气说：“是啊！我也弄不清毛先生是

怎么想的。”

汽车在公路上飞驰着，两边的房屋、树木迅速地向车后闪去。刚才我在飞机上的兴奋、得意已一扫而光，心头蒙上了一层乌云。毛人凤接任保密局局长前的一桩桩往事，又一次像电影镜头似的，清晰地呈现在我的脑海里。

1946 年 3 月，军统局代局长戴笠乘飞机摔死后，蒋介石即任命原在军统局兼任主任秘书的郑介民为代理局长。军统局的帮办唐纵和在局里主持日常工作的代主任秘书毛人凤，都在暗中做争权夺利的打算。

1946 年 5 月，蒋介石采纳了郑介民的建议，把军统局改组为保密局，工作人员由过去的 5 万人压缩到不到 1 万人，郑介民任局长，毛人凤任副局长。唐纵被调到内政部警察总署任署长，基本上退出了保密局内部的权力争端。那时，我倒并不急于想帮毛人凤挤走郑介民。因为军统局改组时，八个处减为七个处，过去的处长撤换了七个，只有我这个总务处处长，郑、唐、毛三方面都没有提出异议，保留了下来。我想，既然郑介民并不反对我，我又何必一定要跟他作对呢?何况，他兼任国民党军调部工作，常驻北平，实际主持工作的是毛人凤，彼此之间完全可以相安无事。

然而，事情并不像我想象的那么简单。毛人凤当了副局长后，一心想独揽大权，他总是趁郑介民在北平的时候，在背后搞小动作。郑介民也早有防备，他任命自己的亲信张继勋为局长办公室主任，另一个同乡王清做办公室专员，并规定各处室公文都要先送到局长办公室。毛人凤因此对郑介民恨之入骨，但表面上不动声色。

那次郑介民的老婆贩运鸦片，被我无意中发现了。我当时并不想告发她，可是她总担心我会把这件事揭出来，表面上对我很客气，背后却说我偏心，分配财产不均。我知道后，心里很恼火。正巧，当时毛人凤要找我了解总务处的经费情况。一天，我在办公大楼的过道上遇见了郑介民的副官，他拿着一大堆发票要我签字报销。我翻着看了看，这堆发票里除他家的日常开支以外，竟连给小孩买玩具、郑太太自己吃珍珠粉的都有。这也要报销?我不满地看了副官一眼，说：“这些发票都是郑太太交给你的吗?”

“是！郑太太说，郑先生不在家，希望沈处长能多多关照。”

毛人凤

关照！我难道关照他们还不够吗？郑介民一当上局长，他太太开口就要了三幢洋房，上海、南京各一幢，连汉口她娘家也要了一幢，而且还把这房子过户到了她自己名下，就连戴笠最好的一辆小汽车也分给了他家。我很不情愿地签了字后，就径直去了毛人凤家。

一进他家门，我就满腹牢骚地说："郑太太可真不像话，连孩子玩具和她吃的珍珠粉也要报公账！"

毛人凤只是笑了笑，亲热地给我让座，他老婆也吩咐人送茶点来，两人像接待老朋友一样。毛人凤聊天似的询问了一些总务处的经费情况，接着就天南海北地闲聊开了，却只字不提郑介民的事。临出门时，他们夫妇客气地把我送到门口，毛人凤亲切地拍着我的肩，半开玩笑地说："你是我们中间最年轻的一个，你的前途比我们都大呀！不过你也要注意哟，你的对头也不少呀！特别是卡在你头上的人，你就更得注意呀！"

"卡在我头上的，那就是你啰！"我不假思索地答道。

"咳！要是我，那我就不会说这话啦！"毛人凤仍然笑容可掬地说。

"你是指郑介民吧？"

"你看你，何必一定要指出是谁呢？你注意就是啦！"他含糊其词地答道。

"我看郑介民这人就讨厌得很，把他掀掉，你们不就起来了吗？"毛人凤的老婆在一旁脱口而出。毛人凤不满地瞪了她一眼，但我早已心领神会了。

主意拿定后，我便开始暗中搜集郑介民的材料，把他占用公家的财产，支持他老婆贩运鸦片，把军统局的枪支转送给他弟弟，以及他包庇北平市民政局局长马汉三贪污接收财产等等不法行为，都一一记了下来，交给毛人凤看。

毛人凤看到我写的这份材料很高兴，点头称赞道："你搞得不错！不过只靠这点材料是搞不倒郑介民的，还是小心从事的好！"

我想了想，说：“我有办法了，郑介民过几天不正是五十大寿吗？我们可以在这上面做点文章！”

毛人凤不置可否地笑笑说：“那你看着办吧！”

“这事交给我了！”我自作聪明地说。

离开毛人凤，我就去找我手下的管理科科长邓毅夫。他是临澧特训班的学生，也是我最喜欢的一个部下。我在重庆市警察局任侦缉大队长时，就把他调到我身边当秘书兼文书股股长，军统改组为保密局后，又把他调到总务处管理科当科长。他在我身边多年，对我很忠实。我叫他暗中告诉滨湖同学会南京分会的会员，大肆宣扬郑介民即将过五十大寿的事，再让他们暗示各机关单位和特务准备厚礼，好为郑局长祝寿。

滨湖同学会是戴笠死后不久成立的。当时军统局改组后，有两万多人没有工作。临训班和黔训班毕业的特务便暗中组织起来，因为他们都曾在洞庭湖畔受训，故称之为“滨湖同学会”。这个组织成立前，发起人张明选、刘本钦、吕世琨等人曾来找过我，请我担任会长。他们说：“戴先生死了，我们这些人也没了靠山，只有团结起来，彼此有个帮助。你是我们的教官，我们一向都很敬佩你，希望你能支持我们！”

这两个训练班的学生是特训班中最早毕业的，其中不少已经担任了军统局中层干部。我认为，这正是个掌握学生、笼络人心的好机会，就毫不犹豫地答应了。后来，其他训练班毕业的特务也仿照他们的样子成立了各种同学会。而我对滨湖同学会特别照顾，不但借拍卖军统局和中美合作所的财产之机在经济上援助他们，而且利用我的关系尽量给他们安排工作，把他们安排到各个单位的人事部门，他们互相之间又给没职业的人介绍工作，所以只要是我布置下去的事情，他们都会毫不犹豫地去办。

郑介民本人办事还是很谨慎的。他知道自己当上保密局局长后，肯定有不少人想巴结他，若知道他 50 岁生日，定会竞相送礼，而这事如果传到蒋介石耳中，肯定会造成不好的影响，所以他声明，五十大寿不准备办了。然而他有一个致命的弱点——惧内。他的老婆是个贪财而又不识大体的女人，只要能进财，就不大顾及丈夫的脸面了。

我深知郑介民家的内情。尽管明知郑介民不主张过生日，我还是趁他不在家时，派人送去不少物品。他太太只要见了钱财就高兴，对我十分亲热地说："沈处长，这次又有劳你啦！不过，我们郑先生不准备大办，他说影响不好！"

"郑先生就是太忠厚了。他辛辛苦苦地为工作奔波，我们理应为他庆贺一下嘛！常言说：'五十不办，六十不发。'这五十大寿不办可不行呀！你需要什么就只管说，我自然会派人送来的。"

她听了我的这番话，高兴得拍着巴掌说："还是你想得周到，这次五十大寿，他不办，我也要办！"我知道，只要有她这句话，事情就算办成了。

不出所料，她果然不顾郑介民的反对，大收寿礼，大事铺张。郑介民拿她没办法，一气之下跑到上海去了。

邓毅夫得知这消息，就急急忙忙跑来对我说："沈老师，我们白忙了半天，郑局长去上海了！"

我一听就高兴地笑了，说："这不正好吗？他不在家，我们就帮他大办一场。你马上派几个人，帮郑太太把她家里好好布置一下，再多鼓动一些单位送礼，越多越贵重越好！"

生日那天，我一早就赶到郑介民家里。郑太太穿着一身紫红色的天鹅绒旗袍，满面春风地迎上来说："沈处长啊，多亏你帮忙，你看你手下的人把这寿堂装饰得多好啊！"

我环顾一下四周，说："哎！哪里是我派他们来的？这都是郑先生平时待他们好，他们自己主动来效劳的。各单位的寿礼都送来了吗？"

"送来了，你看，都在这里。"她说着把我领进寿堂旁的一间小客厅。客厅的桌子上、茶几上、沙发上，都堆满了各种礼品，其中最显眼的是，一个黑红色印有大红"寿"字的脱漆方盘上，放着一颗小饭碗大的金制寿桃。

我虽见过不少名贵礼品，但像这样大的金寿桃却不多见，就忙讨好地说："郑太太，这下你可发财啦！不过，这些礼品应该摆在寿堂上，一会儿客人来了，看见自己送的礼品心里也高兴。再说，也让大家开开眼，以后再来祝寿，兴许会

送些比这还贵重的礼品呢!”

她果真按我的建议，把礼品一件件陈列到寿堂上。我装作欣赏寿礼的样子，悄悄地用美国人送的微型照相机把那些寿礼全拍了下来。

中午，祝寿的客人都到了，郑太太大摆宴席。祝贺声、劝酒声、谈笑声响成一片，郑太太真像个寿星婆似的，举着盛有半杯红葡萄酒的高脚酒杯，从一张餐桌走到另一张餐桌，给客人们劝酒、道谢，得意非凡。

这时，我悄悄地离开席位，走到门外，对一个正在郑家帮忙的部下悄声说："你去鸡鹅巷，悄悄地告诉那些遗属，就说郑局长五十大寿，让她们都来祝寿，吃酒席。”打发走部下，我回到席上，装作兴致勃勃的样子，和人们一起说说笑笑。

突然，我看见一个副官急匆匆地走到郑太太身边，悄悄地说了几句，她顿时脸色大变，求援似的看了看所有的客人。当她的目光与我的目光相遇时，就像见到了救星，连连向我招手。我站起身，快步走到她跟前。她把我拉到门外，急促地说：“沈处长啊，快想个办法吧，鸡鹅巷的那些遗属都要来我家吃饭啦!”

“真有这事?”我假装惊异地反问道。

“是真的，刚才我亲眼看见的。有100多人，正拖儿带女地直奔过来，还边骂边嚷。”副官在一旁说道。

我看了一眼急得手足无措的郑太太，也假装着急地说：“这事可不好办！不过，你不要着急，我去拦住她们。”

当我走出郑家时，遗属们已到郑家门外了。我趁机又拍了几张照片，便劝阻说：“郑局长家太小，坐不下这么多人。你们先回去吧，今晚我让招待所给你们加菜!”

她们当中有许多人还是坚持要进郑家去，我一再拍胸担保，当晚要好好招待她们，并代她们向郑介民请求，解决她们提出的许多困难。她们这才边骂边返回去。

我又转身进门，把这一情况告诉了郑介民老婆。她一听说这些人被我劝回去了，才高高兴兴地斟满一杯酒走到我面前，不住地说：“这事亏你帮了大忙，不然真不知会闹成什么样子呢！一定要请你饮这一杯!”我十分得意地把这杯法国葡萄酒一饮而尽。

鸡鹅巷的那些遗属，都是历年来死亡的特务家属。戴笠活着的时候，每月按时发给她们生活费。戴笠一死，军统局经费发生困难，郑介民等人决定做一次性处理，总地发一笔抚恤金后，就再也不管了。可是许多遗属把抚恤金花完之后，又找上门来，毛人凤没办法，只好让我把她们安排在鸡鹅巷招待所里。她们本来生活没有着落，又听说郑介民五十大寿，大宴宾客，自然吵闹着要找郑介民解决生活问题。当天，这些遗属虽然被我劝回去了，但她们仍然吵闹不休。毛人凤借机向蒋介石奏了一本，蒋介石气得把郑介民叫去大骂了一顿。

俞济时（1904—1990），中国国民革命军陆军中将，蒋介石的侍卫长

毛人凤知道郑介民决不会善罢甘休，就决定来个一不做二不休。他把我找去，询问有关郑介民材料的收集情况。我便把过去收集的材料以及五十大寿时所拍的照片，全部拿给他。他看了之后，不住地点头。我说："你把这些材料拿给委员长，一定能告倒他。"

毛人凤沉思了片刻后说："不行！我拿去不太好，老先生会怀疑我在争局长的位置。我看你拿去办吧！你先去军务局找俞局长研究一下，如果他答应的话，由他转交更好些。"

"好！我马上回去打个报告，请俞局长一起转交给委员长。"

俞局长就是蒋介石身边的军务局局长俞济时，他平时与毛人凤关系较亲密，对郑介民却不太感兴趣。因为郑介民一向谨慎，从不肯给蒋介石身边的人送礼。毛人凤则不同，他时常学着戴笠过去的做法，不时地给蒋介石身边的人送些财物，以笼络他们，所以俞济时与毛人凤很要好。

我把材料汇总，亲自写了个报告，连同照片一起交给俞济时。他毫不推托地说："先放下吧，今天老先生不高兴，你先不要去见他。他高兴的时候，我拿给他看，他就会冷静分析了。否则，在他火头上拿给他，他当时就会把郑介民叫来大骂一顿，那不是一下就把你暴露出去了吗？"我认为他说得有理，就把材料留下，欣然离去。

几天后，俞济时来电话说："先生（蒋介石身边的工作人员对他的习惯称呼）已经看到送去的材料了。"我觉得目的达到了，就放心大胆地去西安了。谁知在我出差期间，事情发生了意想不到的变化。

从西安回到南京那天，我一下飞机就看见前来接我的部下一个个都哭丧着脸。我感到很诧异，开玩笑地说："怎么，不欢迎我回来？"

突然，一个部下眼泪汪汪地说："邓科长让郑介民给枪毙了！"

"哪个邓科长？"我一时竟没有反应过来。

"管理科的邓科长，邓毅夫呀！"

部下的话宛如当头泼来的一盆凉水。我禁不住打了个寒战，一把抓住那个部下的双肩拼命摇晃着，问："为什么？到底为什么？"仿佛邓毅夫是被他枪毙了似的。那部下被我捏得几乎喊出声来，我才意识到自己的鲁莽和失态。我连忙松开手，努力让自己镇静下来，然后对他们说："你们为什么不早打电话给我？我好赶回来！"那部下一个劲儿地摇头："副处长说，先不要把这事告诉你，等你回来再说。"我默默地钻进汽车，想和他们到车上再慢慢谈。

其实，部下所了解的情况并不多，他们只知道郑介民派人来查总务处的账目，结果发现邓毅夫贪污了一箱账外的门锁，总共不过几两黄金的价值。郑介民却借此大做文章，说邓毅夫"监守自盗"，罪加一等，请求蒋介石枪毙他，来个杀一儆百。因为当时国民党内部贪污现象很严重，为了刹刹这股歪风，蒋介石毫不犹豫地批准了郑介民的请求，两天前，就把邓毅夫枪毙了。

听了部下的汇报，我简直肺都要气炸了，让司机直接把车开到毛人凤家。毛人凤一见我就恨恨地说："郑介民的手真狠，你刚走不几天，他就得知是你导演了那场祝寿的戏，他派专人查你的账，想拿你开刀。结果，你的账上没发现问题，却发现邓毅夫贪污了一箱锁。他硬是要杀他。你知道，他这是完全对着我们来的呀！"看得出，他也非常生气。

我懊恼地坐在他家的沙发上，双手紧紧地捏在一起，愤愤地说："看来，我不能在这里干了，你把我调出去吧！"

毛人凤沉默了半晌，慢慢地走到我身后，双手扶着我的肩膀安慰说："你先别着急，听俞济时说，你的那份材料送上去以后，委员长正在考虑郑介民的调动问题，你先看看再说吧！”

我一下站起来，盯着毛人凤问：“这是真的？”

“这还能假吗？俞局长亲口告诉我的。”看到我风尘仆仆的样子，他又说，“你大概还没回家吧？郑介民借口说邓毅夫可能把东西存放在你家里，还派人去你家翻了一下。结果，他们什么也没找着。”

“什么？他敢趁我不在的时候去搜查我的家，真是岂有此理！”我又一次气得火冒三丈，发狠地说，“要是郑介民继续当局长，我就说什么也不干了！”

“放心吧，他在保密局干不长啦！”

毛人凤的话没说错。不久郑介民调走，毛人凤当上了保密局局长。当时，我正在重庆处理军统和中美所留下的最后一批财产，听到这个消息时，我心里真有说不出的高兴。可是万万没有想到，毛人凤当了局长以后，怎么也怀疑起我们总务处来了呢？

汽车的喇叭声把我从往事的回忆中拉了回来。我往车窗外一看，原来已经驶进了保密局的家属大院，妻子早已领着几个孩子在家门口等着我了。下了车，孩子们像小鸟儿似的扑过来，抱着我的腿喊爸爸。若是平时，我会把她们一个个抱起来，在小脸蛋上狠狠地亲几口，可是这时，我只摸了摸她们的小脑袋，说：“你们快玩儿去吧！”

妻子早就发现我神色不对，忙让奶妈把孩子们领走，小心翼翼地跟我走进卧室，关切地问：“你怎么啦？是不是在外面碰到不顺心的事啦？”

“没什么，只是有些累。”我自己也没搞明白的事情，往往是不愿告诉妻子的。

“那好，我给你去放些热水，你好好洗个澡，休息休息。今晚有两张戏票，我陪你去散散心。”

往常出差回来，我总是尽快地去向毛人凤汇报外面的情况。这回我却不打算马上就去，心想，我再勤勤恳恳地干工作，也没人说个好，先休息几天再说吧。

这天晚上，妻子陪我去看的是越剧《西施》。剧场里乱哄哄的，但我们的座

位是特定的，所以不受什么干扰。妻子看得津津有味，我也渐渐被那曲折生动的剧情和缠绵悦耳的乐曲吸引住了。剧情发展到最后，越王勾践在范蠡大夫和文种大夫的帮助下，终于打败吴王夫差，灭掉吴国，报仇雪耻了。而在他大摆宴席，奖赏功臣之际，范蠡大夫却带着西施逃走了。临走前，范蠡大夫留下一封信给文种大夫，戏文这样唱道："飞鸟尽，良弓藏；狡兔死，走狗烹。大王可共患难，却难共安乐，你也尽快走吧！"

这段戏文像声闷雷，惊得我出了一身冷汗。我顿时坐立不安，下面的戏一句也听不见了。

回家后，我躺在床上怎么也睡不着，耳边总是响着戏中的那段话。现在毛人凤已经当上了局长，不仅挤走了郑介民，而且把他的亲信潘其武调到局长办公室当了主任，还把郑介民、唐纵过去安排在保密局的人也通通地调走了，对毛人凤来说，真可谓是"大功告成"。而他会不会也像那些帝王一样，来个"狡兔死，走狗烹"呢？我苦苦地思索着，往事又一次呈现在我的脑海里。

记得我当初把郑介民的材料交出去不久，毛人凤就把我找去说："我找你来，是想跟你商量一下组织'统一同学会'的事。最近不少人反映，说你偏向滨湖同学会，兰州和息烽同学会的人对你可有意见啦！依我看，别搞什么这个同学会、那个同学会的，索性组织个'统一同学会'，免得他们彼此之间闹矛盾。你的意见呢？"

当时，我虽不乐意解散滨湖同学会，但并没真正明白毛人凤这样做的目的，还以为他是为了更好地团结部下才这样决定的。现在看来，他是早就在防备我，早就在开始瓦解我的势力了。我越想越睡不着，越想越觉得毛人凤已经在开始收拾我了。现在他一再让副处长清查总务处的账目，不就是一个信号吗？看来，我必须尽快离开毛人凤，否则，邓毅夫的下场，就是我的下场！

可是我又想到，这些年来，我呕心沥血，机关算尽，才取得今天的地位，难道就这样轻而易举地败下阵来？何况迄今为止，我并没有什么把柄抓在毛人凤手里，我还没做什么对不起毛人凤的事情，他难道就窥察到了我的野心，真要来个先发制人？不！我还得试探一下，摸清毛人凤的意图，必要时，我还要跟他较量一番，不能就此认输！

第二十三章　兔死狗烹

毛人凤让人清查总务处账目之事和“狡兔死，走狗烹”的历史教训，反复在我脑海里翻腾，搅得我一夜未眠，直到西窗发白，方昏昏入梦，一觉醒来已是午饭时分了。

妻子体贴地端来一杯咖啡，笑吟吟地望着我说：“早上我见你睡得那么香，就没叫醒你。你昨天从重庆赶回来，准是很累了吧，孩子们还等着你带她们出去玩呢！”

我勉强笑笑说：“今天不行，我得去向毛人凤汇报工作。”

午饭后，我立即给毛人凤打了个电话，问他有没有时间。电话是他的副官接的，听出是我的声音，忙说道：“你等等，我去问一下毛局长。”

不一会儿，副官回话说：“局长有事，他让我问问你有什么要紧事。”

我一听，心里就很不高兴，过去毛人凤无论在干什么，只要是我的电话，他总是亲自来接，这次竟让副官问我“有什么要紧事”，这可真是官大了架子也大了。

我强压着怒气问：“局长有什么要紧事呀？”

“他正在打牌。如果沈处长有要紧事，我再去回他。”副官小声地说。

“不用了！”我生气地把电话一摔。妻子正逗着我那唯一的不满百日的儿子玩，见我发这么大的脾气，就不解地问：“什么事，动这么大肝火？”

我把毛人凤因打牌而不来接电话的事告诉她，她也有些疑惑地说：“毛人凤一向办事都很随和，从来不这样啊！”

是啊！他岂止是一向随和？就是在一个多月前，他最得意的时候，在人前还是显得很谦卑随和的呢！那时，蒋介石刚下达免去郑介民保密局局长，由他接任局长职务的命令，他就让副官打长途电话到重庆，让我回来参加郑介民的欢送会。会上，郑介民倒是强作镇定地做了一番临别讲话，表面上说自己能力有限，实际上却把自己任局长以来所干的成绩大肆宣扬了一番。而毛人凤的上任讲话却十分谦卑、简单，他说：“今天有长官在场，我不多讲了。只希望大家牢记郑先生的教导，好好工作，不要辜负了郑先生的期望……”

散会后，他领着我们几个处长簇拥着郑介民上汽车，并抢先走到汽车旁，亲自把车门打开，毕恭毕敬地请郑介民上车，还弯腰向郑介民行了个礼。这是因为他当时没有穿军服，而是学着戴笠过去的样子，只穿一身藏青色的中山装。

郑介民的汽车刚开出保密局的大门，他就亲切地拉了一下我的手，冲着院中的一株雪松努了努嘴。我知道他有话对我说，就缓缓地往树下走去。等开会的人都走了，他才来到我面前，轻声说：“今晚送一桌菜到我家，你也来吃晚饭。”

按惯例，这是要在晚饭上商量重要大事。我便吩咐庶务科膳食股股长准备一桌精致的饭菜，想让毛人凤高兴。

晚上，我第一个到他家。他夫妇俩见我来了，高兴地迎过来，毛人凤甚至像见到多年未见的老朋友一样，握着我的手连连说：“你辛苦啦！快坐下休息休息……”

我不知他是指我帮他挤走了郑介民“辛苦”了，还是给他准备了一顿丰盛、精致的美味佳肴“辛苦”了。总之，看到他夫妻俩的热情、亲热劲儿，我简直有点受宠若惊了。我说，我去厨房看看饭菜准备的情况。他太太忙陪着我去，并对我让人送去的饭菜赞不绝口。她那股殷勤劲儿让人觉得，仿佛我是她丈夫的上司，而不是她丈夫的下属。

我刚在客厅坐下，与毛人凤私交最深的潘其武就来了。他原是中美合作所的主任秘书，军统中有名的白面书生，美男子。他面孔白皙英俊，身材挺拔、修长，而且写一手漂亮的文章，一手秀丽的字体。只是不知道什么原因，他 40 出头了还不结婚。戴笠在世时，就视他为多才善谋的好帮手。戴笠死后，毛人凤早就想拉他到保密局任主任秘书，只是郑介民在位时要安排自己的亲信，不肯用他，毛人凤就以中美所的警犬、刑事实验室的器材为交换条件，把他推荐到唐纵的警察总署去担任刑警处处长。可是，潘其武对这个职位并不满意，因按他的资历和才能，应去警察总署当个主任秘书。可是唐纵又不同意，只好将就着当了刑警处处长。

不一会儿，叶翔之和其他几个毛人凤视为亲信的处长都来了。吃饭时，毛人凤急不可待地提出，免去郑介民安排在保密局的局长室主任张继勋和局长办公室专员王清等三人的职务，诚恳地邀请潘其武担任局长室主任，并要去掉两个专员，增设一个局长办公室副主任，以协助主任工作。他说到增设副主任时，故意用目光扫了一下我和我身边的叶翔之。因为我俩都为他挤走郑介民出了力。无疑，他是想给我们加上一个名义，来做我们效劳的报酬。

我知道，局长办公室主任也好，副主任也好，在编制、级别上并不比各处处长高，但实际职权却高于各处室。因为各处给局长的报告、请示等，都得经过他们之手。

谁知，毛人凤的话刚一说完，在座的机要秘书毛钟新就接过话头说："目前还是先不要设副主任为好。郑介民刚走，就免去张继勋和王清等人的职务，全换上我们的人，这太明显了，会引起别人说闲话。"

毛钟新原是戴笠的随从秘书，毛人凤的族侄。戴笠南京失事之时，他因染上性病，正住院治疗，故幸免一死。他早就想靠着毛人凤混个局长办公室专员、副主任之类的职务，此时见毛人凤的目光扫向我和叶翔之，故极力反对。不过，他的话也有一定的道理。毛人凤沉思片刻说："那好，现在专员不要，副主任也暂时不设，以后再说吧！"

说这话时，毛人凤又看了看我和叶翔之，仿佛在安慰我们。其实，我和叶翔之都明白，即使封了我们一个副主任，也不过是个虚名。我这个总务处处长和他那个行动处处长都有自己忙不完的事，哪有时间再去协助主任工作？不过，毛人凤升了官，不忘我们为他出过力，我们也就满意了，并不在乎当不当副主任。可是，毛人凤临送我们出门时又拍了拍我的肩，说："以后吧！"仿佛这次没能给我

们什么报酬，还颇有歉意。

而如今，相隔才一个多月，他毛人凤就真的翻脸不认人，要拿我这个有功于他的人开刀了吗？想到这里，我的脑子更乱了。我觉得他再狠毒也不能这么快就下手啊！他是不是早已窥察到了我帮他挤走郑介民的真正企图？他是不是已经感觉到了我对他局长职位的威胁？我心烦意乱地在屋里踱来踱去，不由自主地掏出了一个新烟斗，用极不熟练的动作装上烟丝，抽了起来。

我从来不抽烟，别人送我的一个极精致漂亮的外国烟斗，一直作为艺术品放在柜橱里。这时，我第一次开始抽烟了。妻子知道我心烦，悄悄地领着孩子退了出去。我一人靠在沙发上，吞云吐雾，可仅抽了几口就觉得头晕脑涨。我索性扔下烟斗，用头枕着双手，靠在沙发上冥思苦想起来。

我昏沉沉地躺在沙发上一两个小时，实在想不出自己有什么破绽被毛人凤发现，于是跳起身来，去找毛人凤。我想，不管他是在打牌也好，还是在办公也好，都必须亲自探试一下他的口气。

来到毛人凤家，看到他家的牌局已收场，他正坐在办公桌前批改文件。见我去了，他习惯性地合上卷宗，像往常一样笑嘻嘻地请我坐下，然后简单地询问了一下重庆中美所和军统财产的处理情况，就天南地北地闲聊起来，却只字不提清查总务处账目和中午我打电话之事。我猜不透他葫芦里卖的什么药，心不在焉地听着，眼睛却被他办公桌上的一方贺兰山石砚吸引住了。

这石砚呈椭圆形，质地黑里透白，像玉一般晶莹，砚边上还雕刻着藤蔓似的花纹，是很名贵的砚台。见了这方砚台，我的心骤然一震，只觉得后脊背有一股凉气直冲头顶。

这砚台是毛人凤过去的好友马汉三送的。那时，马汉三还在宁夏任缉私处处长，每次去重庆都要送毛人凤不少东西，而且还要陪他打几回“沙蟹”，那是毛人凤最喜爱也最拿手的一种扑克牌赌博，马汉三总是借机输给他点钱。后来，马汉三调到重庆，在军统局任布置处处长，毛人凤还特地让我帮马汉三买一座房子，两人私交甚为密切。可是抗战胜利后，马汉三被调到北平办事处任主任，因当时郑介民常驻北平军调部，故跟郑介民的关系也渐渐密切起来。不过，他每次送给郑介民钱财时，总忘不了给毛人凤送些东西，只是离得远，不如送给郑介民的多罢了。对此，毛人凤耿耿于怀，他那时虽然还是保密局的副局长，却早就暗中在派人搜集马汉三的材料了。

当时，毛人凤派了他的小同乡王蒲臣任北平站督察。按惯例，各省站的督察在编制上属于省站成员，应由各省站长领导，而同时又是局本部督察室的驻外人员，也受督察室主任或保密局局长的直接领导。然而王蒲臣却完全由毛人凤亲自领导。王蒲臣到北平后，丝毫不动声色，与其他特务一样，每天打麻将、逛妓院，过着花天酒地的生活。按规定，督察是要检查、禁止特务们这种行为的，他有权指定违反纪律的特务写检查，还可以调阅省站以及省站所领导的公开特务机关如警察局、稽查处等单位的档案和绝密文件，所以权力相当大，能牵制省站站长和各公开单位的领导人，这是戴笠驾驭部下的一贯手法。王蒲臣却一反常规，与保密局北平站的特务和公开单位的特务在私生活上打成一片，因此曾多次受到督察室的严厉批评，说他与违纪分子同流合污。这些批评他的电报，虽由他亲自用自己带来的专用密电本翻译出来，他却有意无意地让一些人看到，并大骂毛人凤。这便使许多人逐渐减少了对他的防范，连马汉三也试探着送些东西给他，他不但全部接受，还公然向马汉三去借钱用，以至后来马汉三也认为可以收买他为“自己人”。

不久，王蒲臣就摸清了北平站马汉三贪污的情况，并发现北平站有一个“反毛拥郑”的小集团，以乔家才和马汉三为首。他向毛人凤密报了这些情况，毛人凤就下决心要收拾马汉三，并解决北平小集团的问题。

孙科

可是马汉三的公开职务是北平市民政局局长，又是国大代表，要想置他于死地，没有足够的证据是不可能的。何况仅仅是贪污及搞小集团的罪行，并不能使蒋介石大发脾气。于是毛人凤采用了他在赌钱时惯用的“三要诀”：忍、等、狠。郑介民快

李宗仁

要下台之际，他终于等到了一个机会。

当时，正在选举副总统。蒋介石指示保密局中任国大代表的人一定要选举孙科，尽力为孙科拉选票，而不让桂系的李宗仁当选。可是马汉三不仅以郑介民为靠山，还与北平行营主任李宗仁也拉上了关系。李宗仁竞选副总统时，马汉三四处奔走，为他拉选票。后来，李宗仁当选为副总统，蒋介石十分恼火。毛人凤就趁机向蒋介石奏了一本，说马汉三帮李宗仁拉选票，还贪污大量接收的日伪财产，在保密局内部搞小集团。三案并发，蒋介石一看，恨得咬牙切齿，立即批准，让毛人凤逮捕马汉三法办。

这个批示送到保密局，毛人凤非常得意。他悄悄把我和潘其武叫去，从口袋里掏出蒋介石的批示念给我们听，并用一种胜利者的口吻说："我干这工作十多年了，还从来没有亲自去抓过人，这次我要亲自去抓马汉三！"

"这可真是杀鸡用牛刀哇！"我笑着恭维他。

"这不是杀鸡，是杀老虎！"毛人凤忙纠正道。可见，他在惩治马汉三的问题上，已是费尽了苦心。

潘其武在一旁开玩笑地说："如果打老虎，还是带沈处长一同去的好。"他知道我爱打猎，也曾经打到过一只老虎。

毛人凤听了连连摆手说："不用，不用。我这次要'智取'马汉三，给他来个措手不及。我不准备带叶处长，更不能带沈处长。沈处长是专搞行动的，现在又负责总务和清查工作，马汉三见了会格外警惕。"说完，又对我俩叮嘱道，"这事可只有你们知道，不许外传！"

我们异口同声地表示绝对保密。

第二天，他便以视察华北工作为名，带着几个随从副官、卫士飞往北平。马汉三、乔家才以及北平市警察局刑警处处长李连福等一大批人，赶到机场迎接。当天晚上，北平各公开和秘密的特务单位联合举办盛宴，为他接风洗尘。听人说，他在宴会上和马汉三、乔家才等人还谈笑风生。他们二人根本没想到，毛人凤是专为抓他们而去的。

次日上午，毛人凤在原戴笠住过的地方——弓弦胡同寓所里，召开各单位负责人会议。等人都到得差不多了，才让李连福去叫辆囚车和十几名可靠的刑警队员到会场外听候命令。

人、车一到，毛人凤立即宣布开会，当场指出马汉三、乔家才等组织小集团反对团体及贪污等活动，并宣称他是“奉准扣押”，送往南京处理。

在扣押他二人的同时，毛人凤还让人逮捕了马汉三手下一个叫刘玉珠的科长，因为此人是马汉三贪污的密谋者和合伙人。

毛人凤只在北平停留了两天就赶回南京。当时，马汉三曾一再要求见见毛人凤。毛人凤不但不见，反而亲自拿着请求枪毙马汉三等三人的报告去见蒋介石。

蒋介石看了这份请求报告，并没有立即批准。这一方面是因为马汉三虽三案并发，但并未构成死罪；另一方面郑介民也在托人为马汉三等说情。马汉三毕竟是国大代表，不能轻易处决。

不久，毛人凤又让王蒲臣把马汉三等人的贪污材料和实物搜集起来，呈送南京。马汉三和刘玉珠贪污的财物确实多得惊人，除几个重达几十斤的金佛外，珠宝及其他贵重物品不计其数。

毛人凤又趁机第二次上报蒋介石，要求枪毙马汉三等人，还列出了马汉三和刘玉珠贪污的数目。虽然乔家才除了组织小集团“拥郑反毛”外并没有贪污罪，但毛人凤硬把乔家才列为第二名，他恨乔家才带头反对他。

乔家才在军统资历很深，做过几任站长，在不少中下级干部中有相当威信。毛人凤觉得此人不除，后患不少。他以为蒋介石会在报告上批一个“可”字，这样三人就可一齐干掉了。他却没料到，蒋介石居然很仔细地审阅了三人的罪证材料，发现乔家才并未构成死罪，加上乔家才在军统多年，一贯表现不错，蒋介石对他印象较深，故只批准枪毙马汉三和刘玉珠，而没批准乔家才。

毛人凤很不甘心，又去找俞济时。俞济时也认为乔家才没有构成死罪，并说蒋介石对此人有好感，劝毛人凤不要再去碰钉子。乔家才这才保住了性命。

毛人凤从俞济时那里回来，立即命令司法处处长李希成在宁海路看守所内把马汉三、刘玉珠枪毙了。他担心夜长梦多，万一蒋介石反悔，不仅乔家才没杀了，只怕连马汉三、刘玉珠也杀不掉了。

如今，看见这方名贵的砚台，想起毛人凤杀马汉三等人时的狠毒、阴险，我心里骤然明白了，毛人凤如果真要干掉我，我也决不会从他脸上看出破绽的。尽管我并没有什么能让他置我于死地的把柄，但他若发现我将来会对他的局长职位构成威胁，想挤走我还不容易？常言说："欲加之罪，何患无辞？"更何况我确实有将来取代他的打算。

毛人凤很敏感，见我一直沉默不语，只听他一人闲聊，就问我："你今天是不是有什么心事？"

此时此刻，我只好硬着头皮试探地说："我在局里当总务处处长有八年了，现在日伪财产清查工作也基本完成，很想到外面干干，不知你同意不同意？"

我原以为他表面上一定会挽留一下，没想到，他竟异常痛快地说："好啊！现在外面正需要像你这样又年轻又有经验的骨干。你知道各地区共党都闹得厉害，现在许多地方干部不得力，你如果愿意出去，当然再好不过。你想去哪里？"

"我听你分配。"话说到这儿，我知道自己非走不可了。

"那你去云南或台湾当站长吧！这两个地方由你选择，当然，若去其他省也行。不过，这两个地方很重要，我相信你能在那里大显身手。"

云南！台湾！这不是要把我"充军"到边远的地方去吗？看来，毛人凤在让我帮他挤走郑介民的同时，就想到下一步要挤我了。我虽然机关算尽，到底还是败在了他毛人凤的手下。当时，我心里恨他恨得要命，可脸上还得表现出高兴的样子，说："具体到哪里，我还没考虑好，让我想想再说吧！"

临走时，毛人凤送我到门口，并显得异常关切地拍拍我的后背，说："不着急，你想好了再说！"

以往他的这一动作，会使我受宠若惊，而这一天，他的手刚一触到我的背上，我的心就一抖。我觉得他的手就像一把从背后捅来的刀子，直刺到了我的心里。

第二十四章　发配云南

从毛人凤家出来，我更加心烦意乱。自己这么多年兢兢业业、惨淡经营，才爬到今天的地位，想不到竟让毛人凤如此轻而易举地赶出了局本部，想起自己当初挖空心思“据毛挤郑”的事，更是悔恨莫及。自己一向自以为聪明过人，而这件事却是搬起石头砸了自己的脚，到如今就好比是哑巴吃黄连——有苦说不出。

回到家，我径直走进自己卧室，不由自主地又点上了那个烟斗。谁知这时母亲走了进来，我有些不知所措地扔下烟斗，站了起来。

母亲不满地看了我一眼，严厉地说：“怎么，什么时候学会抽烟了？”

“妈，我心烦，刚抽两口……”我不安地望着母亲，轻声答道。

“哦！怎么回事？”母亲的语气顿时和缓了许多，颇为关切地问。

我便将毛人凤清查我的账目，想把我挤出局本部的事禀告了母亲。不料老人家却笑了一声，慢慢吞吞地说：“‘飞鸟尽，良弓藏；狡兔死，走狗烹’，自古皆然。今天他已经当上局长，没有什么利用你出力的地方了。如果你居功自傲，招来的只是祸，而不是福。你若能急流勇退，早点儿离开他，才是明智之策。”

说完，母亲坐了下来，扶着拐杖沉思片刻，又接着说：“如今，你既然自己提出外调，这就更好。你也用不着心烦，‘京官外放’，在地方上比在京里要舒服得多。”

听了母亲的话，我心里顿时敞亮多了。可是，我到底去哪儿好呢？台湾、云南都太偏远，还是去湖南吧，那里是自己的家乡，人熟，地熟，家产田庄都在那

里。于是我对母亲说："那我就要求去湖南吧，你老人家一定愿意。"

"不行，不行！"母亲连连摇头说，"我虽然想回湖南，可你不能去。你若回去了，别说你不得安闲，连我也跟着受累。亲戚们找上门来，求这要那的，没完没了，千万去不得！"

母亲的话确实有理。抗战胜利后我回湖南，在南岳山打猎时，住在湘潭和长沙的一些亲戚竟把酒席送到山上，目的都是要我替他们安排工作，解决问题。这"富在深山有远亲"的滋味的确不好受啊！

第二天吃早饭时，我仍然在考虑去向问题。几个孩子围在桌子边上，争着把黄油、果酱往面包上抹，叽叽喳喳地吵个不停。看到这种场面，我心里不禁感到一阵轻松。为了这些可爱的孩子，我也应慎重地选择一个风景优美、气候宜人的好地方。我吃着面包，突然想起了当年陪戴笠去福建的情景。福建那地方多美啊！湛蓝的海水、碧绿的山峦、蓬莱仙境般的鼓浪屿、千姿百态的武夷山，还有那长流不断的温泉水、绿荫如盖的大榕树。

我不禁对母亲说道："如果不去湖南，那远一点儿的地方最好是去福建。"

我刚说完，妻子把刀叉一放，不高兴地说："你要去就你一个人去！我和妈妈、孩子都去上海，或者杭州。"

妻子的无名火让我丈二和尚摸不着头脑。我忙赔笑问："你们为什么不去？"

"你选了个好地方，那是白云的故乡嘛！她可以充当你游山玩水的向导，我们何必去打扰你们的雅兴？"

原来，妻子的醋坛子打翻了。我忙改口说："不去！不去！"真没想到，都是六个孩子的母亲了，还在忌妒我初恋时的女朋友。

母亲见我那副尴尬样，就慈祥地笑笑说："你不是常说云南四季如春吗？你还不如去云南。"母亲的话替我解了围，同时也促成了我去云南的决心。

中午，毛人凤照例和几个处长在局本部吃午饭。我虽然决定去云南了，但心里仍然很不痛快，所以也没有急着对他说。吃饭时，我懒得开口，只听别人讲话。这时，毛人凤边吃饭边叹气。有人不解地问："局长遇着什么麻烦了？"

毛人凤只缓缓地摇摇头，没有说什么。他旁边的人事处处长郑修元却接过话茬儿说："现在外省一些站长大都是临训班毕业的学生，资历浅，指挥不动一些公开单位的老干部。过去'秘密领导公开'的传统，都快用完了。"

他的话音刚落，潘其武就接着说："要保持'秘密领导公开'这个原则，必须把一些资历深的老同志派出去，当地方秘密单位负责人，否则光靠命令不顶事。"

这时，毛人凤又叹口气，显得十分苦恼的样子，慢慢地说："现在资历老的同志在南京、上海、杭州这些地方住久了，谁能愿去外省工作?"

我觉得这些话似乎都是在对我说的。埋头吃完饭，我对潘其武说："我愿去云南任省站站长。"

潘其武高兴地拉着我的手说："你这个头带得好！局本部的处长都自愿下放当站长，就不愁找不出一批老同志到各省去当站长了。"

毛人凤也立即笑容满面地说："很好！云南是个好地方，也是个很重要的地方。如果你肯去，那就太理想了。"对我说完，他又对郑修元说，"我们要亲自去拜访一些老同志，请他们出任各省站站长，地点可由他们自己挑。这一工作挽救了整个大局，是振兴军统工作的一项重大措施。"

不久，果然有一批资格老的大特务愿意出任各省站站长。毛人凤很得意，把这新的调整计划向蒋介石做了汇报。蒋介石十分称赞，并让毛人凤组织一个站长讲习班，研究如何搞好各省工作。

得到蒋介石的赞许后，毛人凤更加高兴了。他怕我中途变卦，就催着我赶快把工作交给总务处副处长，并特意将云南站原来120个人的乙种编制改为160个人的甲种编制。

各省站站长集中不到一个月，蒋介石就接见了我们。他一一点名后，就用十分亲切的口吻勉励我们，让我们不要辜负他和戴笠对我们这些老同志的培养和爱护，并指示我们上任之后，主要是搞好情报工作，尽力破坏中共在各省的地下组织和其所领导的地方武装。最后，他还着重提出，有中共武装活动的省站，应给省站站长加委国防部驻省专员的职务，以便与各省中央军公开合作，"法制"中共地方武装，以保后方安定。

蒋介石讲话后，第二天下午，毛人凤就亲自打电话让我去保密局，说有要事面谈。原来是俞济时奉命发给我一张国防部驻云南区少将专员的委任状，并一再叮嘱我说："委员长对云南十分重视。这个省是费了很长时间才收归中央统治的。目前，中共领导的武装游击队在云南活动频繁，中央又抽不出兵力到那里清剿，你到了那里，既要同地方势力搞好关系，又要防范地方势力与游击队合作反对中央，同时还要防止卢汉与龙云两大地方势力联合起来，搞地方割据。"

在场的毛人凤和唐纵都一再表示，如果今后有什么困难，他们会尽力帮助我。

去云南已是势在必行，我不得不认真考虑全家的搬迁问题了。从南京到云南相距3000多公里，如果坐飞机，包括我那只心爱的猎狗在内的许多东西都无法带走。但若循公路乘自己的汽车走，得十来天才能到，我可真有点挠头了。

我和母亲、妻子商量了很久，最后还是母亲说，刚去云南，一切都得从头开始，一定很忙，雪雪生孩子才几个月，不宜长途旅行和过分劳累，不如她和雪雪先去上海姐姐家中住段时间，等我安排就绪，再来接她们。

我觉得母亲说得有道理，于是决定先带上两个大女儿和猎枪、猎狗等必带物品，乘汽车前往云南。这条公路我上次押运珍宝文物到南京时走过一次，知道沿途大小城市都有保密局的外勤单位，一路上不会出什么问题。

我让汽车队队长将原中美所美特头子梅乐斯送我的一辆吉普车换上全新引擎，然后附挂上一个小拖斗。一切都准备就绪之后，我就带着一个卫士、一个副官、一个司机以及两个女儿出发了。

临行前，保密局的许多人为我设宴饯行，并到我家来为我送行。汽车队队长还特意送我一面红旗和一面绿旗，上面都盖有公路总局的公章。他告诉我说，拿上这两面旗，有百利而无一害。若把这旗插在汽车上，则表明这辆车是一个车队的指挥车，后面还紧跟着一个车队，这样路上如果遇见想拦车抢劫的土匪或游击队，对方就不敢轻易动手了。再者，有了这旗，到了渡口或关卡，可以不用排队，不受检查。

尽管同事们都很热情地来送我，我也并不是灰溜溜地滚出南京，但心里总是很不舒服，有一种"被贬"的郁闷。特别是临上车前，爱妻、老母那牵肠挂肚的叮嘱，那止不住的热泪，更增添了我心中的愤懑。我无言地对母亲跪拜了一下，又无言地抱着妻子亲了亲，就跳上了驾驶台，径直朝南京郊外埋葬戴笠的灵谷寺驶去。我心里不禁暗暗地想，假若戴先生还活着，我何至于有今日？

到了灵谷寺，我领着两个孩子到无梁殿西侧戴笠的墓前，摘下帽子，深深地鞠躬，默默地向他告别，心里充满了对戴笠的思念、对毛人凤的怨恨以及对自己前途的担忧。

当我正要上车离去之际，见一辆美国道奇牌小车飞驰而来。车刚停稳，就见一个身着将军服的女人从车上跳了下来。我定睛一看，原来是军统局唯一的女少将姜毅英。她下了车，先向戴笠墓行了个礼，随即转过身来，紧紧地握着我的手，并用力地甩了一下。她头偏向一边，并不看我，但我感觉到她有满腔的气愤和同情，却欲言又止。

戴笠去世之前，我一向瞧不起她，认为她不过是靠着与戴笠、毛人凤是亲戚、同乡的关系才爬上来的。当时，她负责军统局的机要工作，我们几个处长、主任在一起活动时，只要见她一过来，就不约而同地改变了话题，怕她在我们中间找材料，打小报告。不过后来我发现，她并不是个长舌妇，她很能干，对工作也很负责任，渐渐地才对她有了好感。特别是那次戴笠飞机失事下落不明之时她说的一番话，更改变了我过去对她的看法。

那时，戴笠失踪，蒋介石让毛人凤派一名将级军官去寻找。可是毛人凤在会上向大家动员了很久，也只有我一个人表示愿意去，姜毅英气愤地说：“士为知己者死’，今天才是真正考验了大家一下。我如果不是女的，我也会和沈处长一样自愿去的，即使死了，也有脸见戴先生。这比活着装假哭，要体面得多！”

她的话一出口，在场的其他人各个面红耳赤。这时我才感到此人颇有男子气概，非一般女人可比。

这次我被毛人凤挤走，她是非常清楚的，并为我深感不平。她没有和大家一起去我家送行，是料定我一定会到戴笠墓前来，所以特意赶来了。

她和我握完手之后什么也没说，就抱着两个孩子亲了亲，然后嘱咐三个随从好好照顾我和孩子。我们彼此心里都有数，反而不愿说什么，临上车时，她才握

着我的手对我说了一句话："心放宽些，路上保重！"

我很感激她的友情，无言地紧握了一下她的手，重重地点了点头，然后开着车，头也不回地走了。

汽车在京杭公路上疾驰着，不知过了多久，坐在车后座上的司机忽然对我说："姜组长的车跟在后面！"

我立即停下来，她的车也驶到我车旁停下。我走过去，让她不要下车，说："回去吧！"

她点点头，我又上了车。走了约半小时，司机又说："姜组长的车还跟在后面！"

我只好又停下，走过去说："送君千里，终有一别。请回吧！"

她一句话不说，只叫司机掉过车头，向南京方向驶去。

望着那远去的汽车，我的心情稍稍宽慰了一些。虽然身处这个无情无义、只谋个人升官发财的环境里，毕竟还遇上了姜毅英这样人情味十足的人。我们虽然相处多年，并无深交，但在我失势之时她竟能如此，实在难得！

汽车进入杭州，在沿湖公路上行驶。初春的西湖，垂柳依依，湖水粼粼，如诗如画，美不胜收。我当时心境不佳，无心欣赏。但两个女儿都欢呼雀跃，拍着小手，喊着让我停车。我说等安顿好住处再让副官带她们来玩，可她们说什么也不干，一个捂我的眼睛，一个来抓我的方向盘。面对这两个淘气的女儿，我纵有天大的烦恼，也只好先扔在一边了。

我让副官先去警察局联系，自己带着孩子和卫士去乘游船。等我们从船上下来时，副官和司机早已把行李安排到西湖饭店，警察局在"楼外楼"准备了酒宴，要替我接风洗尘。

就这样，一路上每到一处都遇到不少熟人。虽然当时汽油很贵路面也不好走，我却没遇到什么麻烦，汽车很快经安徽、江西进入湖南。

不料，汽车刚驶进长沙郊外的检查站时，一个士兵竟连连摇着小红旗让我停车，旁边还有一个军官也站在公路边的木栏前，打着手势让我停车。我一肚子不高兴，心想，我走了这么远的路，也不曾停车检查过，怎么回到了家乡，反而要停车检查？我在萍乡时不是打电话给长沙警备副司令陈申传了吗？他怎么不关照一下检查站？我勉强刹住车，准备对那军官发作说，没看见汽车上的字吗？

原来，我的吉普车上喷有“国防部”三个字，而且车前还有块喷着一枚金星表明我少将身份的红牌。这时，那个军官跑步上前向我敬了个礼，大声报告说：“陈副司令在屋里等候长官多时了！”

我这才恍然大悟。陈副司令就是陈申传，是我妻子的亲戚。抗战时，我任军统总务处处长，他任中央训练团总务处处长。这两大机关一请客或开展什么活动，动辄几千人，往往一下就得增加上千人的桌椅、餐具和服务员等，我们便互相借用支援，因而相处得感情相当深。他一向肥胖，我曾劝他打猎，因为爬山越岭最消耗体力，可以减肥。所以这次他得知我要经长沙去云南，便托我给他买猎枪和打猎用具。没想到，他竟迎到这里来接我。

我刚下车，陈申传就摇着那胖乎乎的身躯嚷着跑了出来。我忙迎上去，抱歉地说：“太对不起了！怎好劳驾你跑这么远来接我？”

他笑呵呵地紧握着我的手说：“你远道而来，我跑这点路算什么？我如果不抢先一步，别人就把你抢走了！”

他把我们接到他在长沙城边新买的一座小庄园里。这里早已为我们准备了两间客房。他指着屋外清澈的水塘和成群的鸡鸭说：“这里比城里舒服，多休息几天。虽无好菜招待，但能做到‘鸡吃叫，鱼吃跳’，多新鲜！”

如此盛情，自当领受，何况连日颠簸，孩子们也该休息一下了，我就准备在这里多待几天。孩子们对农村生活极感兴趣，她们爱看在池塘里张网捞鱼，爱去菜地里挑嫩菜吃，更爱拿着吹火筒对着灶肚，吹起熊熊的火焰。

吃饭前，我给妻子挂了个长途电话，告诉她，我们已到长沙，住在陈申传家里。谁知妻子一听，立即厉声说：“你马上给我搬到别处去住！”我不解地问：“为什么？”她在电话里大声说：“陈申传会把你带坏的！他花钱买个小老婆，就把太太放在一边不理，你也想学他的样吗？”

电话里的声音很大，房内的人都听得很清楚。我望着旁边面红耳赤、低头抽烟的陈申传，真不知说什么好。

这时，陈太太却十分得意地责备陈申传说：“听！你做了这种缺德事，连亲戚都瞧不起你，老沈在我们家住都怕被你带坏，看你还有什么脸见人！我看还是按沈太太说的，让老沈进城去住，城里也早有人给他准备了住处。”陈申传只好吞吞吐吐地说：“吃一顿饭再走，总不会变坏吧?”

想不到，我那个二女儿一听陈太太说她们的妈妈不让住在这里，就毫不犹豫地说：“我打电话给妈妈，我能看得住爸爸，他变不坏的!”

孩子的一句话，惹得陈太太眼泪双流。她搂着二女儿说：“我要是能生个像你这样的好女儿，你陈伯伯也不会再讨小老婆了。你还是听妈妈的话搬到城里去吧!”

尽管孩子不依，我还是坚持搬到了城里，并答应第二天领她们到我们自己乡下的田庄去。

我们的田庄在长沙城外望仙桥附近，这是抗战胜利后我回长沙那次购置的。在这里，我家有上百亩田和一些山地、房屋，山上种植了5000株杉树，每个女儿1000株。妻子原打算等孩子长到上大学时，杉树也成了材，那时，孩子上学的费用就足够了。我和妻子都没能上大学，所以一心希望孩子们各个能大学毕业，学有所成。

这是我第一次领孩子们去看为她们种植的树。见到替我管理田庄的一个堂兄，我叮嘱他说：“再种两千株杉树。”

这堂兄还不知我又添了一个男孩，他笑着问：“这次是双胞胎?”我颇为得意地说：“是个男孩，将来花销大，所以要多种1000株。”

堂兄拿出账簿来，问男孩的名字。我告诉他说：“孩子取名‘沈彪’。”

堂兄奉承地说：“这名取得好，也亏你想得出。”我听了，只是笑笑。说实在的，为这宝贝儿子取名字，我还真是煞费了一番苦心呢!

我的这个儿子生于1948年2月初，按农历算，孩子属“猪”。因为我是属虎的，妻子、母亲都怕我这只“虎”会吃了“猪”，所以很烦恼，想取个名字能“挽救”一下。我当时建议取个带“龙”字的，母亲坚决反对。她说：“龙虎相斗，不会安宁。”

妻子说，要取个能制伏虎的名字。我说罗汉可伏虎，就取名罗汉吧！可母亲是信佛教的，她不同意直取这种名字。议来议去，久无结果。后来，我想起在四川、西康一带打猎时，曾听说有一种比虎还厉害的动物叫“彪”。它身体比虎小，却比虎灵活凶狠。它能跳到虎背上，用前爪抓住虎的肛门，抓牢后，便从虎背上一跃而下，这样就连老虎的肠子也拖了出来。我对别的事不迷信，但在这个儿子的事情上却迷信得近于愚昧，似乎自己这个属虎的，真的会克了属猪的儿子。于是我说服了母亲、妻子，给孩子取名为“彪”，而且在当时重男轻女思想的支配下，特意多为他植了1000株树。

当我带着两个女儿走进为她们种植的山林时，她们高兴得又蹦又跳，一会儿摸摸这棵树，一会儿亲亲那棵树，看到孩子们那天真可爱的举动，我也情不自禁地高兴起来。这时，一对斑鸠从树林内飞过，我就取下猎枪，准备射击。谁知两个孩子一下扑了过来，把猎枪按下，大喊大叫：“不许打，这是我们树林的鸟！”我和身边的卫士都哈哈大笑起来。

卫士故意抬起脚准备去踏地上的一条毛毛虫，并逗着她们说：“这毛虫也是你们的吗?”

孩子歪着脖子，瞪着眼睛，挺认真地说：“对了，这毛虫也是我们的，不许踏!”

孩子的活泼、天真，给我们的旅途增添了无穷的乐趣。离开南京时的郁闷心情，都被孩子的欢声笑语冲洗得一干二净了。每到一个好玩的地方，她俩就要我们停车。有时，我想赶路，不愿停车，她们就一齐动手，抱胳膊，捂眼睛，我只好停下来。本来到昆明顶多只用十多天，可这次却走了二十来天。虽然这种长途旅行很劳累，但这是我记忆中最愉快的一次旅行了。

第二十五章　镇压学运

云南是个风景优美、四季如春的好地方，那苍茫湛蓝的洱海，那青翠欲滴的山峦，那如诗如画的蝴蝶泉，都是文人墨客神往之所。但对于我这个利欲熏心的、失败的政客来说，却完全失去了魅力。初到昆明之际，我几乎心灰意懒，不愿再像以前那样终日忙忙碌碌地想方设法去邀功请赏了。但我毕竟才35岁，又不甘心久居毛人凤之下。

初来乍到，我对云南当时的情况还不很熟悉，虽然过去来过几次，但都是短时停留，这次是要做长久打算，同时也想借此机会好好休息一下。我常常扔下公务出去打猎，不久就与当时的云南警备总司令何绍周成了朋友。

何绍周是何应钦的过房儿子，黄埔一期学生。他不仅有何应钦这个有力的后台，而且深得蒋介石的信任，所以他在云南骄横跋扈，一心想挤走云南省主席卢汉，自己取而代之。一方面由于保密局云南站和警备总司令部都是中央直属单位，属于蒋介石的“嫡系”，我俩自然连成一气，一致对付卢汉；另一方面则是何绍周的公子哥儿习气很重，爱打猎、打网球和玩女人，而我素来爱打猎、打网球，所以我很快就成了他“两打”的朋友，常常陪他到离昆明几十公里外的地方去打猎。昆明城郊山高林密，鸟兽繁多。我们总是爱坐着自己的敞篷车出猎，这样便于沿途射击见到的飞禽走兽。

有一次行猎回来，我的汽车出了点小毛病，他邀我乘坐他的车。一路上，我向他了解云南的许多具体情况。一接触到这个问题，他就大发牢骚：“云南的事情可真难办！卢汉这个老狐狸净装好人，现在那帮学生又是游行又是写标语，闹得无法无天，他也不过问。我们拿那些学生也没办法，轻了他们不怕，重了又怕引起各方面的反感……”

接着他大骂教育厅不尽职，大骂卢汉拉后腿。最后，他蛮有把握地对我说：“现在你来就好啦，早就听说你在上海对付学运很有经验，只要咱俩配合好，我就不信制伏不了这帮学生，抓不到煽动学生闹事的共党分子！”

听了他的话，我也有点飘飘然。这时，汽车正在半山腰那狭窄的盘山公路上行驶，突然，车身猛地往路旁一偏，险些翻到路旁的悬崖下面。何绍周惊出了一头冷汗，便破口大骂司机：“他妈的，你怎么开的车？”

司机歉意地笑着说：“我是躲那个挑柴的。”

“躲他干什么？你不知道山区公路翻车，十有八九是为了避让行人？我们的命重要，还是他们的命重要？”何绍周依然怒气冲冲地斥责司机。在他眼里，他的车撞死撞伤一个普通老百姓，不过小事一桩。

回到昆明，我们便开始着手筹划加强镇压学运的工作。当时，云南站负责侦察学运工作的除一个学运组外，还有几个职业特务学生，我觉得这方面力量太单薄。凭我在上海的经验，知道几个人是控制不了学运的。何况抗战胜利后，云南民主运动日益高涨，反内战、反饥饿的呼声越来越高，共产党在内战中又节节获胜，连卢汉也处于摇摆不定的状态。我一方面让那几个特务在各学校尽力拉拢一些反共的学生和教职员工，吸收他们参加特务外围组织，窥探学生运动的情况；另一方面则指示昆明组和学运组将工作重点放在控制学运方面，以为这样做一定能找出中共领导学运的地下工作人员。

谁知，我布置的工作还没推行下去，昆明学生即举行了一次有3万多人参加的“反美扶日”大游行。那天，我像往常一样在云南站站长办公室听取部下汇报。突然，电话铃急骤地响了起来。我刚抓起电话，就听见一个负责学运的特务紧张而急促的声音：“是主任吗？情况不好啦！好多学生都集合在美国领事馆前面示威，喊口号。我们怎么办？”

我吩咐他仔细观察，盯住带头的学生，然后急匆匆地给何绍周打电话，让他

卢汉（1895—1974），著名抗日爱国将领，原国民党滇军高级将领，1949年12月9日在昆明率部起义，和平解放云南

马上采取行动，因为维护社会秩序正在他的职权范围之内。

何绍周听完我的电话说："我早派军警和宪兵去了。这些学生太不像话了，这次一定要给他们点颜色看！"

可是，大批军警并未能驱散聚集在美国领事馆门前的学生。那些学生不但喊口号，而且向美国领事馆递交了抗议书，抗议他们扶持日本军队来配合国民党打内战。美国领事馆门前贴满了中英文标语，吓得领事馆的人紧闭铁门，不敢露面。

何绍周未能驱散学生，非常恼怒，他担心美国人会对他提出抗议，于是当天晚上就召集有关人员到他家开会，听取汇报，商量对策。会后，他又特意让我留下，研究如何迫使云南省党部和省政府与我们采取一致行动，共同镇压昆明学潮。因为我们都清楚，学生中有许多家长都与云南党政要人有交往，如果这些"地头蛇"们不肯与我们配合采取一致行动，势必使我们企图武装镇压学运的计划破产。

7月初，我接到云南省政府主席卢汉化名田安发来的开会通知。这是他召集的一种特种汇报会。作为云南地方势力代表的卢汉，虽然与中央派去的嫡系单位矛盾重重，但在对付共产党方面却是一致的。召开这种会议是为了全面了解共产党活动情况，以便采取一致行动。不过，这种会常常是一个月或隔一个月开一次，一般都是走形式，作用不大。

我接到通知，就立即去找何绍周，商量如何借此机会把武装镇压学运的事情提出来。我赶到何绍周家时，见他正在和一个法国领事馆的人打网球，他穿着一身白色运动服，用力挥动着球拍，魁梧的身躯灵活地转动、跳跃着，正玩得高兴。见我去了，他忙握着球拍走过来，兴致勃勃地说："咱俩来一盘！"

"下次吧！我有要紧事和你商量。"我边说边把开会通知掏了出来。

“哦！这通知我也接到了。你有什么打算？”

“上次咱们谈到的事，你是不是借这机会主动提出来？”

他看了我一下，沉默片刻说：“你说得对，咱们不能错过这个机会。正好其他方面的负责人都在，让卢汉当面拍板，也免得到时候反悔。”

会议在昆明五华山省政府办公大楼会议室召开。与会者除卢汉手下的各厅厅长外，还有保密局、中统、保安司令部和警备总司令部等单位的负责人。会议由卢汉主持，他照例先传达国民党中央特种汇报的指示电文，那次电文中恰好有一段关于防止各地学潮的指示。卢汉念完电文之后，让大家谈情况。他平时就不太爱说话，在这种会场上，他也往往是仰着那黑红的胖脸，慢腾腾地一支接一支地抽着雪茄烟，静静地听取别人的汇报。自己很少说话。

何绍周紧接着中央电文的内容，谈到了云南当前的学潮情况，并具体汇报了学生在6月间举行反美大游行及在美国领事馆前示威的情况。最后他再三强调说：“这次学潮不会是单纯的学生闹事，肯定有共产党在背后操纵指使，否则绝不可能召集那么多学生，闹得那么厉害。这种事情如不及时制止，很可能会发展成学生暴动……”最后，他建议对云南大学、师范学院、南菁中学等闹得较厉害的学校进行一次大搜捕。

“看来，也只有这样办喽！”何绍周的话音刚落，教育厅厅长王政有些无可奈何地赞同道。

其他人也连连附和，只有卢汉仍一言不发。何绍周见卢汉仍未有“拍板”之意，就又指桑骂槐地对王政说：“目前云南的学潮闹到这种地步，你们主持教育的人是要负责任的！你们平时太放纵学生，如果不立即采取果断的措施，任事态发展下去，我们谁也无法向中央做交代。”

我知道，何绍周的这番话是在对卢汉施加压力。只见卢汉正用大手托着自己的脸颊，两只眼睛若有所思地看着何绍周。这时，会场上鸦雀无声，大家都听出了何绍周话后的潜台词，不约而同地看着卢汉。

卢汉思索片刻，慢慢地说：“这件事就照何总司令的意思办吧。不过谁去主持这次搜捕？”他的目光从我的脸上转到中统局云南负责人查宗藩的脸上，又转

到警备总司令部参谋长马瑛的脸上，最后停在了何绍周的脸上。他俩的目光刚碰到一起，何绍周就迫不及待地站起来说："如果主席同意了，我愿亲自主持这次搜捕!"

本来，镇压学潮是最易引起公愤的差使，一般人都不愿出这个风头，而何绍周却是邀功心切，企图借此来讨好美国人，博得蒋介石的欢心，所以自告奋勇地表示愿意主持这项工作。

事到如今，卢汉也只好点头拍板。一场轰动云南的对爱国学生运动的镇压，就这样拉开了序幕。

大搜捕之前，何绍周向各有关单位索取了供其搜捕的黑名单。我也将云南站所掌握的学生活动情况及学联负责人的名单送给了他，并共同密谋，定于7月11日夜里开始行动。

这时正是学校学生面临期末考试之际，大学的学生都集中在学校里。这天晚间10点钟，何绍周集合了大批军警，包围了云南大学和师范大学。手持武器的军警闯进学生宿舍，学生们毫无防备。他们有的还在灯下夜读，有的已经钻进了被窝。军警们夺下他们手里的书本，把他们从被窝里拖出来。这一夜，军警们一下就逮捕了30多名学生。

第二天上午，我急于想知道搜捕的情况，就给何绍周打了个电话。电话里他很不满意地说："真是糟糕透了！昨晚抓到的学生中没有一个是学联方面的负责人。"

"这不可能吧？是不是学生不肯说出谁是学联负责人?"我感到很惊讶，昨晚的行动进行得很秘密呀!

"没错！昨天夜里，军法处处长丁龙恺亲自审讯了一夜，名单上的学联负责人一个也没有。"

"那怎么办？咱们抓不到把柄可是不好收场啊!"我担心他无法自圆其说。

"现在只能一不做二不休了，我准备再进行一次搜捕。"

何绍周的第二次搜捕还未来得及进行，昆明市就沸腾起来了。被捕学生家长和其他在校生，四处奔走呼吁，要求社会各界人士声援被捕学生。许多中学、大学的学生为了防止军警再次搜捕，分别向云南大学和南菁中学集中。云南省的参议员们也召开临时会议，要求政府立即释放无辜被捕的学生。

搜捕学生的举动引起了社会各方面的公愤，但何绍周并不肯罢休。他诬称学生要在昆明进行大暴动，所以他必须采取更强硬的手段来平息这场风潮。

当时，学生们情绪异常激昂。他们集中到云南大学和南菁中学后，就用沙袋把大门堵上，把校园四周的墙壁缺口用石头垒起来。他们聚集演讲，揭露国民党打内战、迫害爱国人士的罪行，声援被捕学生，抗议、控诉的诗歌、文章贴满了校园，来往行人远远就能听到校园内传出的口号声和愤怒激昂的歌声。

学生们许多表现很激烈的活动情况，不断地传到我和何绍周等人的耳朵里，我们如坐针毡。14 日下午，何绍周又一次调动大批军警宪兵，准备驱散集结在两个学校的学生，来一次更大规模的搜捕。我担心抓不到学联负责人，反而把事态闹大，那样我这个云南站的站长也无法向上面交代，于是我陪着何绍周在警备总部等待消息。

何绍周情绪很低，他本想在昆明露一手，没想到事与愿违。几天工夫，他仿佛瘦了许多，两眼布满了血丝，眼圈涂上了一层黑影，往日那股公子哥儿的洒脱劲儿也消失了。这时，他不停地用一只手捶着脑门，另一只手背在身后，在办公室里不停地踱来踱去，嘴里还不停地骂着：

“妈的！教育厅这帮人都是些酒囊饭袋，净培养一些反对自己的学生！”

“卢汉这只老狐狸，他倒挺安稳，想看我们的笑话！”

“依我看，这些学校都该停办，免得让共党利用！”

他平时不是爱唠叨的人，今天却像有发不完的牢骚。

我毕竟不是这次行动的主持人，心里虽然着急，却比他冷静得多。我一边安慰他，一边喝着咖啡，心里对他的牢骚有些不满——停办学校，岂不是因噎废食？我们自己的孩子怎么办？

就在这时，电话铃响了。南菁中学方面报告说：军警本来准备从围墙爬进学校办公大楼，不想被学生发现，学生们就用桌子板凳顶住窗口。其中一个宪兵爬到房顶上想揭开瓦片进入大楼，却不慎失足从屋顶上摔下来，当场毙命。这消息又引起了何绍周的一番怒骂。

后来，何绍周可能骂累了，用手指掐着脑门两边的太阳穴，头靠在沙发背上，静静地等待着云大那边的消息。我在他对面的沙发上靠着，也昏昏欲睡。电话铃急骤地响了起来，我跳起来抓过电话筒。何绍周扑过来，抢似的把话筒夺了过去，神色紧张地对着话筒喊道："喂，喂，情况怎么样？学联的负责人抓到了没有？"

看到他那副紧张的样子，我当时觉得好笑，这亏得是对付一群手无寸铁的学生，如果在战场上，他这股慌张劲还能指挥千军万马吗？

一个公鸭嗓子的声音从话筒里传了出来："报告总司令，我们刚到学校就被他们发现。有人去敲钟报警，学生都起来了。我们一部分冲进大门，一部分从墙上翻了过去。现在大部分学生被围在教室和宿舍里，有一小部分退到会泽院，我们攻不上去！"

"好！把他们包围住，不要放走一个，明天白天再按名单搜捕！"

这一夜，我俩都没睡好。天刚蒙蒙亮，我们就起来了，谁也顾不上平时的"晨运"，就吩咐副官端来早点。我俩都爱吃西餐，早点是牛奶、火腿面包和煎鸡蛋。我平时吃饭就比较快，加上想早点赶到云大了解情况，很快就吃完了。何绍周却显得异常镇定，与昨晚判若两人。他认为学生被包围了，就万无一失了，因而还像平时一样在细嚼慢咽。

就在这时，云大方向突然传来一阵枪声。我俩都不觉一惊，彼此看了一眼，何绍周吩咐副官打电话问问情况。副官回来报告说，学生们在用砖头、瓦块自卫，所以军警们开枪吓唬学生。

我见何绍周的早餐刚吃了一半，就起身说："我先去看看，你等我的消息吧！"说完，立即驱车前往云大。

云大附近的马路上军警林立，成千的围观者和学生家长都被拦截在了马路上。军警的吆喝声、群众的怒骂声以及家长们的哭泣请求声混成一片，交通完全被人群堵塞了。我按了半天喇叭才冲出一条路，来到云大门前。这时，被围困在会泽院的学生已经撤退到四楼，警察局局长王巍和稽查处处长阮更生等还在指挥军警往上攻。可是学生已经把一些楼梯拆毁，把楼门堵塞，只要军警一接近楼房，四楼的窗口里就会砸下一些砖瓦或桌椅，军警根本无法攻上去。

我连忙用电话向何绍周汇报了情况。他很快驱车赶来，一见我就说："这样僵持下去不行，得另想法对付他们!"

"依我看，不如把学生家长叫进来，让他们来喊学生下来，效果也许会好一些。"我自作聪明地向他建议。

"这个办法不错!"他转身吩咐副官，让一部分家长进来。

家长们进校之后，一个个都带着哭声，颤抖地喊着自己子女的名字，有的嗓子都喊哑了。警察局局长还在白布上写了"自动下楼来的概不追究"等大字，向四楼举着，可是仍然没有一个学生肯下来。

何绍周看这一招儿也不灵，就气急败坏地命令道："把消防车调来!"

几辆消防车很快就开到了会泽院的楼下。何绍周亲自指挥消防警察搭好车上的云梯，准备强行突入四楼。

学生们发现了何绍周的企图，连忙去拆毁四楼平台的石栏。他们边拆边往下扔石块砖头。突然，何绍周"哎哟——"大叫了一声。我回头一看，只见他捂着左手，苦着脸在倒抽冷气。原来，一块砖头正砸在了他的左手上。他老羞成怒，声嘶力竭地喊道："开枪，给老子开枪!"

他的话一出口，就有几个家伙砰砰地朝四楼学生开枪了。楼上传出了学生的惨叫声，楼下的家长惊呼痛哭，有几个家长扑过去要和开枪的警察拼命，有的老太太几乎要给警官跪下，但更多的是在"强盗""畜生"地怒骂。

"总司令不能开枪，不能开枪啊!"

"是啊，打死打伤了学生可不好办！还是想别的办法解决吧!"几个大学校长和中学负责人都早已赶到现场，他们一见警察向学生开枪就着急了。

"你们有什么办法马上叫他们下来?"何绍周气势汹汹地对校长们喊了起来。这可真是"秀才遇见兵，有理讲不清"，几位文质彬彬的学校负责人被何绍周的一句话噎得面面相觑、无言以对。

这时，警察局局长从一个消防警官头上取下钢盔给何绍周戴上，并派人护送他去休息。他也知道开枪的后果不好收拾，弄不好，蒋介石为了收买人心，还会

把他当替罪羊。他冷静地想了一阵，说："先把楼下的学生清查一下，是名单上的抓起来，其余的赶出学校。对楼上的那些就包围起来，看他们还能坚持几天!"

警察们开始搜捕楼下的学生了。他们分别到各教室、宿舍清查黑名单上的学生。但学生们团结得很紧密，一个个对他们怒目而视，谁也不肯暴露自己的真实姓名。警察没办法，就让原来混在学校里搞侦破的特务逐一指认，这才抓住了几个平时表现积极的学生，而名单上的学联负责人仍没有一个被捕。

警察把学生拖出教室、宿舍，强行分开拥上来的家长，把他们扔上囚车，同时用枪托把其他学生驱出校门。囚车呼啸着开走了，许多学生和被捕学生的家长哭喊着，发疯似的追逐着囚车，有的摔倒了，有的被警察或群众拉住了，情景十分悲惨。

连续两次大搜捕，把整个昆明市搅得乌烟瘴气。老百姓的愤怒达到了极点，街头巷尾无不是怒骂声和"救救孩子"的痛哭声。特别是那些被捕和被困于会泽院的学生们的家长，更是日夜在学校门外痛哭呼号，或四处奔走，托人求救，探听消息。昆明市所有的达官贵人、知名人士也不得安宁了，托人求情的电话一个接一个，他们又一个接一个地去向卢汉或何绍周求情。

身为云南省主席的卢汉早已坐立不安了，他懂得要保住自己在云南的势力地位，就不能过分地激怒云南的父老。可是，这次搜捕又是他同意了的，他担心何绍周老羞成怒，会责备他釜底抽薪，向蒋介石密告他包庇学生，放走发动学运的共产党。他强作镇静，等待事态的发展。

而何绍周被砖头砸伤后更是气急败坏，他拒绝接听任何为学生求情的电话，执意要抓住为首的学生。第二天他只用电话命令警察局局长继续围困学生，自己也懒得去云大了。我是这次事件的二号丑角，所以不得不赶到现场，与负责围困的宪兵、警察研究对策。

被围的学生从 14 日晚到 16 日已经是两天三夜没吃东西了。他们仍然警戒着四楼的每个窗口，防止宪警爬上去。我也清楚，事情僵持得越久，民愤也越大，对我们就越不利。我急于想赶快逼学生下来，赶紧结束这种局面。我不安地在楼下徘徊着，紧紧注视着楼上的动态。突然，我背后一个警察怒骂起来："妈的!

这些兔崽子们!”我回头一看，那家伙浑身是水，像个落汤鸡。原来，他走近楼房时，被四楼的学生当头泼了一身水。这事倒给了我一个启发：人几天不吃饭可以顶下来，不喝水就难以支持了。于是我得意地将自己的想法告诉大家，他们一致同意我的意见，立即派人关闭了通往四楼的水管开关。四楼上顿时传来了一阵惊呼声：“糟糕，水没有了!”“怎么搞的？没有水啦!”喧哗过后，又是一阵寂静，楼上的学生仍没有要下来的意思。

17日上午我又赶到云大。警察局局长冲我无可奈何地直摇头，连着围困了三天三夜，宪警们都显出了疲惫不堪之态，我也着急得直搓手。我万万没想到，对付这些手无寸铁的学生会这样棘手。

正在这时，一个警察来报告说：“卢汉来了!”我走出临时办公室，只见几辆汽车已停在了校园里，卢汉那高大、肥胖的身躯从汽车里钻了出来。见到他，我顿时松了一口气。我知道，他这个土生土长的省主席，在云南老百姓的心目中还是很有威望的，学生们很可能会听他的话。

警察局局长迎上去，向他报告了学生的情况以及我们所采取的措施。他听了后直摇头，说：“太过分，太过分了!”也不知道他这句话是在指责我们，还是在说学生。只见他转身让副官在楼下架起扩音器，他亲自站在那里，用十分关切的口吻说：

“孩子们，快下来吧！你们这样僵持下去有什么好处？你们在上面没吃没喝，可能还有人受了伤，你们能坚持多久？现在你们的父母都急得死去活来。本来没有什么大不了的事，这样坚持下去，反而对你们不利。你们就下来吧，我保证不惩办你们!”

卢汉在扩音器里说了一遍又一遍。楼上的学生虽然都在静听，却没有任何表示。卢汉有点挂不住了，他对着扩音器说：“你们再不听我的话，我就不管你们了!”说完，他就向自己的汽车走去。

“主席不要走！我们下来，我们听你的话!”四楼的学生中有人发出了一阵求救般的喊声。卢汉抽回已踏上汽车的一条腿，转身又站到了楼下。

堵塞的楼门打开了，300来个学生慢慢地走了下来。他们搀扶着轻伤的同学，

背着重伤的同学，一个个被饥饿、劳累折磨得面色苍白、虚弱不堪。他们都是些满脸稚气的孩子，有的受了枪伤，有的受了棒伤，有的头上裹着同学们从衣服上撕下的布条，有的索性把整件衣服裹在伤口上，但伤口还在流血，衣裤上染满了红殷殷的血迹。这情景，使我这个直接参与迫害他们的人，也不免有些内疚。

这时，卢汉已经吩咐校方和警察为学生准备了茶水和米饭，并让人给轻伤的包扎，把重伤的送往医院。安排就绪后，他吩咐警察局局长让这些学生先到各教室休息，自己就坐车走了。

我刚刚送走卢汉，何绍周就急匆匆地赶到了。他显然早已得到了消息，一见我就破口大骂："这个老狐狸，专门充好人，叫我们当恶人！我就不信这一套。他答应不追究？没那么便宜，我得彻底解决一下这个问题！"

几天来，我亲眼看到了群众的力量，看到了人们的愤怒，同时也觉得我们实在有些小题大做，无疑是在引火烧身。何况我新来乍到，又没有何绍周那样的后台，若想在云南站住脚，显然不能锋芒太露。于是我只好装成无可奈何的样子，摇摇头，不再给何绍周出主意了。

当天下午，何绍周就让警察把这批学生押往南菁中学软禁，把这所中学变成了一个变相的集中营。这里不仅关押着11日晚捕捉的学生，而且还关押了宪警从南菁中学抓到的30多名学生，一共约三四百人，对外说是"暑期集训"。何绍周还指令政工处处长刘善述，对这些学生进行反动教育和分化收买工作，企图从中找到学联负责人及共产党地下组织。可是学生们团结得非常紧，经过三个月的"集训"，也没让何绍周捞到一点油水。加上已负重伤的学生连续死去了好几个，社会舆论和各方压力越来越大，何绍周才不得不灰溜溜地结束这场丑剧。

这就是当时轰动全国的镇压昆明学运的"七一五事件"。

在这场血腥镇压中，何绍周一无所获，相反却激起了整个云南省人民的极大愤怒，同时也激化了中央嫡系与卢汉地方势力的矛盾。蒋介石对何绍周这种愚蠢的做法也很不满意，他为了拉拢卢汉，缓和云南人民的情绪，终于在几个月后撤销了何绍周云南警备总司令的职务。何绍周，这个一心想在云南为所欲为的刽子手，只好垂头丧气地滚出了云南。

第二十六章 《挺进报》案

何绍周调走后，我觉得失去了一个“两打”的朋友，也失去了一个共同对付卢汉地方势力的同伙，心中不免有些惆怅。正在这时，毛人凤又从南京打长途电话到我家，让我赶快飞到重庆去，因为徐远举和周养浩又闹矛盾了，得赶快去调解，还要再了解一下具体情况。放下电话，我就让副官给我去准备第二天上午的机票，又让妻子给我准备两身换洗的内衣。

徐远举（1914—1973），“军统三剑客”之一

当时，妻子正逗着8个月的儿子玩，听说我又要赶到重庆去调解徐远举和周养浩的矛盾，就不满地说：“毛先生也真是的，怎么他俩一闹矛盾，就让你去调解？他俩又不是小孩子！”

是的，他俩不是小孩，而是两个让人谈虎色变的人物。

徐远举当时是保密局西南特区区长兼重庆行辕第二处处长，是毛人凤手下最得力的鹰犬爪牙。破获《挺进报》、逮捕刘国鋕、酷刑拷打江竹筠等，几乎都是他一手所为。

他中等身材，菜青色的瘦脸上长着一个又高又大的鹰钩鼻子和一双圆圆的鹞子眼。他脾气暴躁，发怒时，两只圆溜溜的眼睛就透着一股杀气，令人毛骨悚然。

他毕业于黄埔军校第七期，抗战前曾被派往西康做情报工作，后来调回重庆。我当少将总务处处长之际，他只是上校军衔。因为他在破坏共产党地下组织

周养浩（1910—1990），在军统中有“书生杀手”的称号

时猛打猛追，一发现线索就可以几天几夜不睡觉，有股一追到底的劲头，戴笠很赏识他，不久，他就当上了第三处（行动处）副处长。加上他爱打牌、爱交际，与四川地方势力搞得火热，所以保密局迁往南京后，毛人凤就让他负责重庆行辕二处的工作。

而周养浩则与徐远举完全不同。他身材高大、魁伟，看上去像一个大法官，他也确实毕业于上海法政大学，办事为人都比较拘谨、严肃。他在军统的资历比较长，而且是浙江人，又与毛人凤、戴笠都是亲戚，毛人凤很信任他，派他担任保密局西南督察室主任兼西南特区副区长。他既有权监督徐远举，又必须受徐远举的领导，彼此互相配合，又互相牵制，这就是他们之间产生矛盾的主要根源。

周养浩总想对徐远举的一举一动都了如指掌，以尽其督察主任之职。而徐远举却瞧不起周养浩，认为他是靠后台硬才爬上来的，所以处处设防，凡是他掌握的有关共产党地下组织的情况，都不让周养浩插手，为此俩人常常吵架。一吵到不可开交，传到毛人凤耳朵里时，毛人凤就打电话找我，让我出面调解。

我当时虽然很恨毛人凤，却极力想维护保密局的利益。我觉得这个组织是戴笠一手搞起来的，他死后，仅国民党内部就有不少人想挤垮保密局，这种时候如果内部不精诚团结，无疑会使戴笠多年来惨淡经营的这个组织毁于一旦，到那时，我这个没有军校学历的老军统，也将无立足之地。所以只要毛人凤一个电话，我总是毫不犹豫地前往。

当然，这只是主观的一面。从客观上说，毛人凤让我去调解，也确实有他的道理。徐远举脾气非常暴躁，一点事不如意就会大发雷霆。例如有一次，四川地方军阀中的一个军长请他吃饭，酒菜上桌之后，主人因与另外一个来客谈话，还没上桌，他就一个人先端起酒杯吃喝起来。主人家一个 8 岁的孩子在一旁说：

“我爸爸还没来，你怎么就吃开了？”这句孩子话竟使他火冒三丈，他当下把酒桌一掀，转身就走。主人一再赔不是，他还是理也不理，登车扬长而去。

可是徐远举却从来不对我发脾气，我说什么，一般他都能听。在军统内部，他与我的关系最好。因为他是湖北人，与我是同饮洞庭水的“大同乡”，而且他比我只大一岁，也可谓是“少年得志”。在军统局局本部的正、副处长中，我和他，还有叶翔之三人，年龄相仿，地位相当，能说到一起、玩到一起。三人之中，只有我是正处长，在戴笠身边时间最长，也最得戴笠信任，所以我常常在戴笠面前给他俩说好话，帮了不少忙。他俩都佩服我，有心里话也愿对我说。

而周养浩与我的关系虽不像徐远举这样密切，但因我是戴笠一手提拔起来的亲信，所以他也一直把我视为“自己人”。而且他的老婆毛氏，与我妻子又是最要好的结拜姊妹，这样就使我俩的关系又近了一层。

基于以上种种原因，毛人凤就认为我是他俩之间最合适的调解人。每逢他们闹矛盾，毛人凤就找我。他们也确实有什么不满对方的话都对我说。

记得上一次，我到昆明才一两个月，他们就因《挺进报》案件大吵了一场。为此，我已专程去了一趟重庆。

那次下飞机时，他俩都在机场接我，可是谁也不跟谁说话，只是彼此点点头，就算打了招呼。我在杨家山原戴笠的别墅下榻之后，他们就分别向我诉苦告状。周养浩一肚子委屈，送我到杨家山后，他故意留了下来，等徐远举一走，就开门见山地向我诉说起来：“我拿他这个人可真没办法，破获中共《挺进报》这样的大事，居然瞒着我偷偷地干。我并不是要跟他抢功，但事情总得让我知道吧！再说，上面的意思是让我们借此机会首先把共党在西南的地下组织一网打尽。他虽然也注意这方面的工作，重点却放在川东，放在华蓥山，很少注意其他方面的问题……”

他越说越气，整整对我说了一下午。我听了半天才明白，他的不满主要有两条：一条是怪徐远举对他隐瞒了破获《挺进报》的实情；另一条就是怪徐远举没按中央的意思全面“开花”。我当时还不了解全部情况和徐远举的想法，只好先安慰他一番，没做任何表示。

挺進報

当年的《挺进报》

第二天一早，徐远举又赶到杨家山。他更是个急脾气，一见我就嚷嚷说：“周养浩这家伙肯定又诉苦了吧？哼！他倒好，什么事也不干，还什么事都想插手，对我指手画脚！”

“哎！我说你老兄冷静一点好不好？你又不知道人家说了什么，就乱吵一气！”我知道他的炮筒子脾气，就心平气和地笑着劝他。

他看了我一眼，随便往客厅沙发上一坐，自己掏出烟来，边点火边说：“我最讨厌这种人，一天到晚养尊处优，可别人辛辛苦苦找到了线索，他又要来插一杠子！”

“你先别怨天尤人，说说这次吵架到底为什么。”

“为什么？还不是见我破获了《挺进报》眼红，想插一手！”

“这不见得吧！他是督察主任，又是你的副区长，无论从哪个方面来说，这么大的案件，你总应该和他共同研究商量吧！”

“老弟，你过去也搞过侦破工作，你知道发现一点线索就得穷追不舍，步步紧逼吧，哪有那么多时间跟他去汇报商量？就拿抓刘国鋕的事来说吧，不是我追得紧，他怕是早跑啦！”

原来，1948年初，重庆就发现了共产党的秘密报刊《挺进报》。当时，在一封写着“国民党重庆绥靖公署主任朱绍良亲启”的信中，就装有一份《挺进报》。朱绍良气急败坏地去找徐远举，令他“限期破案”。徐远举立刻召开紧急会议，决定加强邮检，守候邮筒，搜查红色书刊，注意报刊和书店，企图从侦破《挺进报》入手，来破坏中共地下党的核心组织。

4月1日，他们找到了文城书店一个叫任达哉的店员。此人是混入中共地下

革命烈士刘国鋕（1921—1949），系小说《红岩》中刘思扬的原型

党干潜伏工作的军统特务，他提供了他的领导人许建业及同店的党员陈柏林的情况。几天之内，他们便逮捕了共产党的许多地下工作者，其中包括中共重庆市委书记刘国定。刘国定被捕后稍一受刑，就向特务供出了大量的地下党员名单。徐远举如获至宝，带着刘国定四处抓人，破坏了《挺进报》机关，使重庆地下党组织遭到严重的破坏。

最初，徐远举并不知道刘国鋕也是中共地下党员。他只是偶然从一个被捕的学生那里得知了刘国鋕的住址和在川东参加过抗暴运动的情况，便立即派了特务队队长（后任重庆航检所所长）季缕，带几个特务去诱捕。因为他知道，刘国鋕正住在四川建设厅长何北衡的公馆里。何北衡非一般人物，是政学系头目张群手下的红人，在四川也算是个头面人物了。何况，他的大女婿——那个在川康银行、川盐银行都身兼要职的刘国琪，又正是刘国鋕的胞兄，若公开去何公馆逮捕刘国鋕，势必引起许多麻烦，所以徐远举想采取诱捕或绑架的方法。

可是事情并不如他想的那么简单。季缕领人赶到何公馆时，刘国鋕正好在家。季缕把其他人留在何公馆门外，独自进去找刘国鋕。他并不认识刘国鋕，通报后，只见出来一个青年，声称："七少爷不在。"说完，就走过客厅的侧门上楼去了。季缕觉得此人可疑，拔腿追去，没走两步，就被何公馆的副官拦住。副官客气地请他到客厅等候，不许他上楼。在何公馆里，他不敢太放肆，争执了一下，只好无可奈何地坐下来等候。

其实，那个青年就是刘国鋕。就在这几分钟内，他已经上楼烧毁并藏好了重要文件，然后从卧室里叫起何北衡的夫人，说外面有人要抓他。那位一向养尊处优、深居公馆的何太太，一听有人要抓她大姑爷的胞弟，就连忙陪着刘国鋕下楼到客厅。季缕见诱捕不成，便客客气气地迎上去说："我是奉命来抓刘国鋕这个

共产党的。”

“姻伯母，他们准是搞错了。你打电话问一下肖毅肃他们吧！”刘国鋕在一旁装作委屈的样子说。

“哪里有啥子共产党？你们坐坐喝点茶，用用点心，我打个电话问问肖毅肃。”何太太以为找平时的老朋友绥靖公署参谋长肖毅肃就能万事大吉了。她认真地拨着电话，拨一次不通，拨两次不通，季缕只好帮着去拨。等电话里回答说“参谋长还没起床”时，季缕发现刘国鋕已经不知去向了。

为这事，徐远举大发脾气，直接找到朱绍良和肖毅肃，说何太太已把刘国鋕藏起来了。肖毅肃平时虽然与何家有交往，但听到何太太借口找他而放走了共产党，也知道关系重大，就怒不可遏地下令包围了何公馆，并打长途电话到成都找何北衡，说他太太窝藏共产党，如果抓不到刘国鋕，就要抓他太太去坐班房。何北衡一听，气得跟肖毅肃在电话里就吵了起来。朱绍良一见事情闹成这样，索性往南京打了个电话，向蒋介石和行政院院长张群检举何北衡，说他包庇、放纵共产党。徐远举担心事情再闹大了对自己也不利，就亲自率领大批特务去搜查何公馆，又把刘国鋕的三姐和六哥都抓了起来做人质。后来，被捕的中共重庆市委副书记冉益智叛变，供出了刘国鋕的去向，这才在荣县抓住了刘国鋕。

当时在国民党内部，为刘国鋕的事闹得沸沸扬扬，人人皆知。周养浩对此事也早有耳闻，可是徐远举一直没有把具体情况告诉他，毛人凤在电话里问及此事详情时，他竟回答不上来。为此，他对徐远举很不满，便去找徐远举询问情况，并略带责备之意。徐远举正被刘国鋕之事闹得晕头转向，已几天没休息好了，见他这么一问，立刻火冒三丈，与他大吵起来。

我听完徐远举的叙述后，认为这件事完全是出于误会，只要说清楚就没事了。我又想起周养浩说徐远举不按上面部署行事，便问：“你为什么不按上面的指示，在西南全面进行共产党地下组织的破坏工作，而把重点放在川东地区？”

徐远举已经抽完了一支烟，习惯性地用两个手指捏住烟头往烟灰缸里一按，说：“我又何尝不想在西南全面破获共产党地下组织？可是我们人手不够，精力有限。何况川东地区的武装暴动和华蓥山的游击队，更是我们在四川的心腹之患啊！我认为，消灭华蓥山的游击队，也是我们的当务之急！”

徐远举的话自然有他的道理。当时华蓥山游击队确实对四川当局构成了很大的威胁。不过，这个问题如果向周养浩讲清楚，彼此也就不会产生误会了。于是我友好地拍着徐远举的肩头说：“老兄，这就是你的不对了。你的想法很实际嘛，为什么不和养浩兄谈清楚？你早对他说这些话，何至于闹得这么僵？”

“这种事情还用我说？他在四川，难道就不动动脑筋？上面怎么说，他就怎么干，身为副区长，也从不为我说句话，还总想摆他那督察主任的架子……”

徐远举正牢骚满腹地说着，门外副官通报说：“周主任来了。”

我向徐远举使了个眼色，他就把已到嘴边的话咽了回去，待周养浩走到客厅门口时，他已装得若无其事了，边点烟边对我说：“今天晚上，我在小洞天酒家请你吃饭，替你老弟接风洗尘。”

“这顿饭该由我请！”我想借吃饭的机会让他俩开诚布公地谈一谈，因为他们对付共产党的目标完全是一致的，有些矛盾不过是出于误会，只要谈开就好了。

“还是我来请客吧！”周养浩一迈进门，就接过了我的话头。

“我一两天还不走，你们以后再请我。今天就让我做东，请你们二位吧！”他俩也明白了我争着做东的意思，都不再争了。

晚上，我们在酒宴上边聊边吃。作为主人，我先诚恳地谈了自己的一些想法。我说：“我们都清楚，戴先生搞起的这份家业可不容易。如今，戴先生不在了，党国内部也有许多人想挤垮我们，我们可不能自己再闹矛盾，让别人看笑话。更何况目前战局一天天吃紧，我军在华北、华东地区都吃了败仗！在这种非常时期，我们更该精诚团结，一致反共，安定、巩固后方，万不可互相闹摩擦，否则对我们的团体很不利……”

这番大道理他们都能接受。特别是徐远举，几杯酒下肚，话就多了起来。他详细地谈了自己几个月来破获《挺进报》的经过以及抓刘国鋕所引起的麻烦，还津津有味地述说了他如何利用叛徒逮捕江竹筠等中共地下党员的过程。在他看来，这是他“过五关、斩六将”的得意之举，这样一说，既炫耀了自己的功绩，又等于是在向周养浩汇报了几个月来的工作情况。而周养浩在得知这一切之后，

也不得不被他那种“忠于党国的精神”所感动。他斟满一杯酒，双手送到徐远举面前，说：“这几个月你辛苦了，让我敬你一杯吧！有些情况我不太清楚，还望老弟今后多多指教！”他知道毛人凤并不希望他和徐远举闹矛盾，所以借此机会主动和解。

“是啊！你们都是我们团体的重要骨干，应该这样才对！有什么事，彼此谈开就好了。”我忙在一边帮腔。

“这也怪我，我一忙起来，火气就大。你们也都了解，还望多多原谅！”徐远举也知道，僵持下去对谁都没好处，也就赶紧下台。

接着，他又对周养浩谈了自己把工作重点放在川东地区的目的，最后颇为得意地说：“我这次在万县抓了个重要人物——江竹筠。你们别看她只是普通的共产党员，她可是我们破获暴动地区和华蓥山游击队地下党组织的突破口啊！你们知道吗？她丈夫就是领导过奉节起义的那个彭咏梧！她已经押到了重庆，我准备明天亲自审问她。二位谁有兴趣？”

“对不起，明天我已有约。”周养浩显然对看别人审问犯人不太感兴趣。

“我倒很想去看看！”他俩和好了，我的任务完成了，正好去看看徐远举审案。

第二天，我准时到了徐远举的办公室。这个办公室原来是军统局渝特区的区部，布置得相当豪华。紫红色的花纹地毯，黑色的皮沙发，又宽又大的办公桌边还摆着一个造型很别致的烟灰盘——一个西方裸体美女一手背在身后，一手托着烟灰盘。墙上还挂着几幅精美的西洋名画。

徐远举自有他的审讯办法。对重要的政治犯，他常常是“先礼后兵”，这次审问江竹筠，他也采取了这种方法。江竹筠从监狱里押来之时，徐远举先是彬彬有礼地迎上去，想和她握手。江竹筠穿着一身毛蓝布旗袍，进门时，态度十分镇定，不屑地环顾一下客厅，面对徐远举，她把头一昂，看也不看一眼。

徐远举伸出去的手僵在那里。众目睽睽之下，他尴尬地一笑，把本来向前伸着的手抬起来，去拢自己的头发，说声“请坐”，就转身回到了办公桌边的长沙发上，自顾自地点上了一支烟。他尽量装出一副和颜悦色的样子，询问她的姓名、职业、年龄等等。

江竹筠仍不正眼看他，只是平静地回答着。可是当徐远举问到她的身份、丈夫、领导人等与组织有关的问题时，她一概回答“不知道”“不认识”。

徐远举火了，威胁道：“这是什么地方？你放明白点！到这里来不好好交代组织，是过不去的。刘国定、冉益智，你知道吗？”

江竹筠干脆不予回答。

徐远举恼怒地把那支烟往烟灰盘里一按，用力地在沙发扶手上一拍，眼睛正好看到了烟灰盘下的那个裸体铸像，脱口而出道：“你还装哑巴？我马上叫人扒光你的衣服，你信不信？”他的话音刚落，站在身边的几个特务立即蹿到江竹筠身边，他们最希望扒女犯人的衣服来取乐。

江竹筠

江竹筠毫不畏惧地怒斥道：“我完全相信你会那样干，你们什么坏事都干得出来，连你母亲、姐妹、女儿的衣服，你也能扒光！我是死也不怕的人，还怕你们扒衣服?!”

徐远举被江竹筠斥责得尴尬不堪，那两只猫头鹰眼睛似的圆眼透出了一股杀气。我坐在他旁边，觉得他若真那样干也实在不像话，就用脚碰了碰他，悄声说：“你就不会用点别的方法吗？”

徐远举这才大声喝道：“拉下去，给她点厉害瞧瞧！”

办公室后面就有一个专门给犯人受刑的房间，里面备有各种刑具。徐远举虽急躁，也从来不在办公室里用刑，怕弄坏了他的地毯。

几个凶神恶煞的打手一拥而上，反扭着江竹筠的双臂，推她出办公室。她使劲甩开特务的手，大声喝道：“用不着，我自己会走！”

徐远举这才坐了下来，说道：“好厉害的女人！”然后让人把刘国定叫来。

刘国定就是那个出卖重庆地下党组织的叛徒。他因出卖同志有功，毛人凤曾亲自接见过他，并封了他个中校军衔。不一会儿，刘国定就像条哈巴狗似的走了

进来。他穿着一身国民党的校官军服，一进来就冲徐远举和我各敬了个室内军礼。徐远举像对待奴才似的，远远地扔给了他一支烟，他受宠若惊地双手接住，一脸媚笑地问：“处长找我？”

“你去劝劝那个江竹筠，让她老实交代出川东地区的地下组织。”徐远举两眼逼视着刘国定。

刘国定有些慌了，连连摆手说：“不，她不会听我的！”

徐远举一脸奸笑地说：“她怎么不会听你的？你不是她的领导吗？嗯？”

“我去！我去！我一定让她开口！”刘国定又慌忙改口。徐远举挥挥手，他便学着其他特务的样子，两腿一并，立正敬礼，然后来个向后转。他这一转，就把那“冒牌货”的马脚露了出来——人家都是从右边向后转，他却来了个从左边向后转。

我冷眼旁观地注视着这个叛徒的一言一行，看着他那穿着军装可还向前佝偻着的水蛇腰，心里不由得产生一股厌恶之情。同是共产党员，刚才的文弱女子是那样威武不屈、大义凛然，而这个五尺男人却这样奴颜婢膝，我真有些替他脸红……

“刘班长，来把孩子抱走！”妻子的声音把我从往事的回忆中惊醒。

“哦，你先别给我收拾东西，我打个电话问问周养浩。”我也想到，他们之间闹摩擦有时纯属误会，只要说开就没事了，我不一定非去不可。

电话中，周养浩告诉我说，据他所知，徐远举因刘国鋕的问题收了不少贿赂。可他去问徐远举时，徐远举却大发脾气，说他有意陷害他。

我一听，觉得这回的事情比较严重，如果情况属实，徐远举将会受到处分，我还是得亲自去了解一下才行。

第二天，我飞到重庆。徐远举在机场接我，周养浩没去，因为在通电话时我已让他借故不要去，我好跟徐远举单独谈谈。

“老弟这次来有何公干？”徐远举显然还不知道，周养浩已经把他们的争吵的事告到了毛人凤那里。

“有点小事，毛先生让我来处理一下。”我不好正面提到他受贿的事。

上了汽车，徐远举从口袋里掏出一个很精致的带打火机的金烟盒，点着了一支烟，然后得意地递给我说："看！这东西怎么样？"

我接过看了看说："不错。你什么时候买的？"

"我才懒得花钱买它呢！别人送的。"然后他滔滔不绝地对我讲起了这个金烟盒的来历。

当初，徐远举抓到刘国鋕以后，认为像他这样的大地主、大资产阶级家庭的少爷，不可能真正搞共产党，无非是像一般青年学生那样，爱出风头，赶时髦，因而自以为让刘国鋕屈服是毫无问题的。一天，保密局行动处处长叶翔之到了重庆，他对这个曾引起国民党内部摩擦，甚至惊动了蒋介石和张群的共产党员很感兴趣。徐远举就和渝站站长颜齐一起，陪着叶翔之对刘国鋕进行了一次审讯。审讯中，他们提出了许多问题，刘国鋕都说"不知道"。徐远举有些火了，就对刘国鋕威胁说："你这万贯家财的少爷搞啥子共产党？不怕你的皮肉娇嫩，吃不消？"

刘国鋕没有吭声。接着，颜齐又以同乡的身份劝他说："你家在我们四川也是有钱有势的，你不缺吃不缺穿，闹啥子共产党？你要共谁的产？这共产是闹得的？这是要坐班房，要砍脑壳的啊！"

这时，刘国鋕不仅不吭声，脸上还带着一种轻蔑的冷笑。徐远举一见便火了，大声喝道："你说不说都一样！你的上级刘国定、冉益智都说了，我们只是看你老实不老实！"

听了这话，刘国鋕先是一愣，大概这时他才知道是谁出卖了他，然后他把头一昂，强硬地说：

"既然他们都知道，你问他们好了。我什么都不知道！"

刘国鋕的话使徐远举更是火冒三丈，他冲上去打了刘国鋕两记耳光，并骂道："你太不识抬举，让你嘴硬！拉出去，让他尝点厉害！"

后来，他们让人对刘国鋕用了刑，折腾了五六个小时，刘国鋕还是一硬到底。

从此以后，徐远举再也没亲自审讯过刘国鋕，而是派别人去审讯，结果还是一样。为此，他对刘国鋕恨之入骨，决定把刘国鋕和另外两个政治犯一起枪毙了。这一下，刘家的亲友又兴师动众地忙了起来。

首先，是刘国鋕五哥的恩师——国民党经济部部长刘航琛，亲自拜访徐远举，要送给他支票，让他任意在川康银行、川盐银行透支现金，但要求保全刘国鋕的性命。

同时，何北衡又托了重庆市伪市长张笃伦、市参议员等国民党官员以及他认识的大小特务，向徐远举求情。

最后，刘航琛还密电何应钦，求何出面求情。徐远举这才把枪毙名单中的“刘国鋕”三个字勾掉了。

这之后，刘国鋕的五哥刘国琪，亲自从香港赶到重庆，前往徐远举的住处张家花园致谢，送了他许多礼物，其中有一块名贵的女式金表和这个精致的金烟盒。

听完徐远举的叙述我明白了，看来周养浩说他受贿不是没有原因的。不过，徐远举若只是收了刘国琪的礼物，当然不算什么，而若收了刘航琛的支票，那问题就不同了。我盯着他关切地问：“刘航琛的支票你收了没有？”

“看你说的，我要是收了他的支票，他还用去找何老总求情？我早就想杀掉刘国鋕那小子，他太狂了！他以为他后台硬，根本不把我们放在眼里，要不是何老总亲自出面，那次我非杀了他不可！”

听了徐远举这番话，我才算放了心，我相信他不会对我撒谎。但这事既让毛人凤知道了，就得弄个一清二楚。于是我又亲自调查了许多有关的人，他们都证实徐远举从未到川康银行和川盐银行取过现金。我又把这些情况告诉了周养浩，劝他遇事多调查一下，否则会冤枉自己人。周养浩才不得不承认自己这次操之过急，答应向毛人凤解释这场误会。

就在这时，南京方面来电催我：立即赴南京，另有重任。我不敢耽搁，又从重庆直接飞往南京了。

第二十七章　姐夫教诲

1948年11月的南京，已远非半年前我离开它时的情景了。当时，国民党伪“国民大会”刚刚结束，蒋介石和李宗仁分别正式当上了正、副总统，蒋介石还野心勃勃地想借助美国的援助转败为胜，一举击败共产党的进攻。而今，仅仅半年的时间，人民解放军愈战愈勇、愈打愈胜：襄阳一战，歼灭国民党军队2万余人，活捉第十五绥靖区司令官康泽；晋中战役，阎锡山部被歼7万余人；辽沈战役、济南战役，国民党主要将领王耀武、范汉杰、廖耀湘等相继被俘，东北剿总副司令郑洞国等纷纷放下武器。当时，辽沈战役刚刚胜利结束，国民党军队40多万人被歼。与此同时，淮海战役已经开始，平津战役亦在酝酿之中，南京已是朝不保夕。

在这种局势下，国统区的经济亦濒于绝境，物价飞涨，法币贬值，工商业一片混乱。国民党的达官显贵也纷纷把眷属迁往香港或台湾，人心惶惶，不可终日。这时，蒋介石把全部精锐部队调赴徐州、蚌埠，要与解放军决一死战。然而就在这关键时刻，李宗仁却把他统率的桂系部队从安徽一带慢慢地向南京转移，企图对蒋介石进行“逼宫”。蒋介石对此恨之入骨，决定来个先发制人。他命毛人凤派人把李宗仁干掉，以除后顾之忧。最初，毛人凤派叶翔之去执行，可是蒋介石认为这种关系到“党国存亡”和他个人前途的大事，派一个文人出身又没有暗杀经验的叶翔之去指挥，很不放心，所以才让毛人凤召我去南京主持这项暗杀工作。可是后来，由于淮海战役失利，全国反蒋声浪越来越高，加上惧于桂系力

穿中式马褂的蒋介石和身着军装的李宗仁参加中华民国总统就职典礼

量等原因，蒋介石命令暂时停止暗杀李宗仁的活动，只对其进行严密监视。

这项工作虽然告一段落，但毛人凤并不让我马上回云南。他认为，过去对那些反对国民党和蒋介石的人太手软，所以许多人才敢公开地这样做。他让我在上海、南京等地搜罗一些有经验的特务，组织一个“行动总队”，对那些反对国民党的民主人士、地方势力和内部的动摇分子进行逮捕、暗杀。我虽然恨毛人凤，但在这“党国存亡”的关键时刻，也认为必须像戴笠在世时那样，对一切异己分子坚决进行制裁，所以欣然同意了毛人凤的建议。

在去上海搜罗行动人员之前，我去看望了一下唐纵。

唐纵家似乎还跟我离开南京时一样，看不出准备将家眷迁往台湾或海外的迹象。不过唐纵本人的神态却与我走时大不相同了，见了我不再那么兴致勃勃地高谈阔论，那白皙的面庞显得憔悴而忧郁。他知道我来南京的原因，所以一见面就怨恨地说：“李宗仁太不像话了，在这个时候还不能和委员长合作，还要抢总统当！”

他正说着，其妻也随着端茶的副官无精打采地走了进来。我一见她就问：“你家怎么还不收拾东西去台湾呀？”

她不满地瞅了唐纵一眼，说：“你问他！人家都在送家眷走，他倒稳坐泰山，提都不让我提这件事。”

听了这话，唐纵无可奈何地摇摇头，随即摘下眼镜，边擦边慢慢地说：“你说得倒容易，我如果一动，那别人的闲话就多了。”说完，他戴上眼镜沉思片刻，又接着说，“走，迟早是要送走的，我们都得走！”我从来没见过他如此沮丧的神情。

看到他那样，我心里也颇为懊丧，不由自主地说：“共产党也确实厉害，我真没想到时局会变化得这么快！”

他点点头，顺手把茶杯递给我，自己也端起另一杯茶呷了一口，说：“共产党最厉害的是统一战线这个政策。它不但把许多民主人士都团结在它的周围了，而且还会把许多国民党大官也拉过去。你要密切注意，防止这类事情发生！”

随后，他又警告似的说：“不过，共产党对搞特务工作的，始终是仇恨万分，非置之死地不可！”

这天唐纵跟我谈了很久，看得出他忧心忡忡，对“党国”和自己的前途都很悲观。

听了他的话，我立即想到姐夫余乐醒，想起了我母亲从上海到昆明之后对我说的一番话。

那是我母亲刚到昆明的第三天。她老人家趁我妻子和孩子都不在跟前时，小声地对我说：“我在你姐夫家里住的时候，天天晚上都有一个年轻人到他家去，说是他的同事。可我每天深夜都能听见你姐夫的洗澡间里传出发电报的声音，我估计那里有电台。我不晓得这事你知不知道，我只告诉你一个人。如果你姐夫跟你走的不是一条路，你可千万要保护好他，出了差错，我就找你算账！”

听了母亲的话，我不禁大吃一惊。我知道姐夫一直受压，对国民党很不满，他肯定又与共产党取得了联系，这还了得，出了问题是要杀头的，到那时我纵有天大的本领也难保他平安无事啊！

母亲见我半晌不说话，就厉声责问道：“我对你说的话，你听见没有？你要是敢出卖你姐夫，我就跟你拼了！”

见母亲满面怒容，我慌忙答道：“妈！我保证不讲出去。不过，这种事要是让人发现了，我也保护不了他呀！有机会，我得跟他谈谈，不要去冒这个险。”

母亲怒气消了，深深地叹口气说：“你姐夫走这条路也是被逼的啊！你想想，

他那么有学问的人，资格又那么老，可是在国民党里得到了什么？最初，他在上海介绍你参加工作的时候，他就是个上校，可是十多年来，你早已是个少将，他也才是个少将，而且一直不受重用。他当个植物炼油厂的厂长，还让戴笠以贪污罪关起来，落了一身病，要不是你保他到监外就医，说不定还死在监狱里了。胜利后，他自己找了个善后救济总署上海汽车管理总处处长的职务，你们还要他安置一批人……”

母亲越说越气，最后愤愤地说：“像你姐夫这样的人才，不能再这样埋没下去了。他自己找出路，就让他去吧！不要去拖后腿，不要去妨碍他。人各有志嘛！”说到这儿，母亲又让我发誓不去告发他，还要尽力保护他。

当时，我虽不敢告发或去姐夫家搜捕，但对他这种做法却很不满。我认为他不应该背叛国民党，与我走相反的路。所以唐纵一说到共产党会把许多国民党大官拉过去的话，我立即想到了姐夫。第二天，我就急不可待地往上海赶，想尽快见到姐夫，说服他，改变这种做法。我相信，姐夫那么聪明的人，不会不懂得其中的利害关系。

到上海后的头一天，毛人凤也到了上海。他又找我谈了一下组织行动总队的事，然后问我：“你姐夫把家眷都迁到台湾去了，他自己怎么还不走？听说现在共产党正在搞‘归队运动’，对过去脱党的人都欢迎回去，你看余乐醒会不会在搞‘归队’活动？”

当时，我心里暗暗吃惊，表面上却装成若无其事的样子说：“这个人不可能再‘归队’。他在军统这么多年，为军统培训了那么多人才，一向忠心耿耿，连牢骚话都不说，怎么会叛变投敌？”

毛人凤边抽烟边冷冷地说：“今天形势变了，应当提高警惕。你有机会不妨去了解一下，我们要主动，要先发制人。我相信，你在团体和你姐夫之间应当忠于谁的问题上，一定会有所选择的。我希望你能进一步搞清他的问题。”

毛人凤的话使我更加为姐夫担心了。第二天早上，我一起床，连早餐都没顾上吃，就往愚园路姐夫家中跑。我一个人开着车，到他家门口时，他家的厨师正要出门买菜，一见我就热情地迎上来问：“三少爷什么时候到上海的？老太太身体可好？”

我母亲常住姐夫家中，姐夫待她如亲生母亲，他家的佣人也无不尊重她老人家，所以一见我就探问母亲的情况。可我顾不上回答，急匆匆地问他我姐夫起床没有。厨师告诉我说他正在餐厅用餐。我知道姐姐和外甥们都去台湾了，便径直往餐厅奔去。

到了餐厅门口，我连门也没顾得上敲，就闯了进去。

姐夫这时正全神贯注地在电炉上烘烤一个两头尖的法式小面包。见到我突然闯入，他面色骤然一变，连手上拿着的小面包也掉在了电炉上。看到姐夫那惊慌的神色，我才意识到自己的鲁莽。我忙笑着脱去外衣，并帮他捡起面包，抱歉地说：“我昨天刚到，急于想向您请教一个重要问题，所以这么急急忙忙。”

姐夫这才平静下来，问：“吃早点没有？”

“我想请您去吃广东早茶，所以没吃。”我故作轻松地答道。

“不必出去了，这里有面包，咱们边吃边谈吧！”他随手拖过一张椅子坐下，并递给我一杯牛奶。

我接过牛奶，喝了一口，就把这次奉命来南京准备暗杀李宗仁的事情经过告诉了他。他听了长叹一口气，说：“总这样争权夺利，不顾民众死活，怎么得了？我看你也该考虑一下今后的去向。”

他说到这里，就不再往下说了。我一时没反应过来，还以为他指的是我今后搞什么工作，于是又把毛人凤让我组织行动总队的事告诉了他，并说，这个行动总队主要任务是搜捕一些大中城市里不满国民党的社会知名人士和国民党高级军政官员。我说这话的目的，一方面是探听一下他的口气，另一方面则是想趁机旁敲侧击地劝他不要跟共产党走。

姐夫听后，久久地望着我，然后反问道：“你认为这样做，就会让人满意啦？就没有人反对啦？”

我当时思想还非常顽固，毫不犹豫地说：“那当然！对反对我们的人，只有逮捕、囚禁、杀掉，这样至少使人不敢公开反对我们。”

话一落音，姐夫就笑了。不过这种笑不是平时那种笑，而是带有深深的不屑

和讽刺意味。我心里很不高兴，就略带威胁地说：“这是关系到党国存亡的关键问题，对反对我们的人，心慈手软就是不忠于党国。在这种时候，如果不下最大的决心，甚至大义灭亲，是无法挽回失败局面的。”

我说完后，姐夫并不立即说什么，而是放下手里的牛奶杯，点上一支香烟，抽了起来。我把话已经说得如此明白，也不想再说什么，便埋头吃我的早点，好让他有个思考的余地。

我放下餐具时，姐夫的烟也抽了一半。他递给我餐巾，让我擦擦嘴，然后很诚恳地对我说：“你要知道，国民党不得人心，才遭到老百姓和自己人的反对。你那样为毛人凤拼命卖力，把他捧上局长的位置，而他对你又怎样？连南京都不让你待。现在用得着你去替他们卖命了，才又想起你来。这些你都想过没有？”

我一听他把问题扯到了我与毛人凤的个人矛盾上，就有些不高兴。我想工作是工作，个人矛盾是个人之间的事，不应该影响到“党国”的利益。于是我故意说：“我过去为戴笠不也一样拼命卖力？他一直那么爱护我。我相信，毛人凤迟早也会像戴笠那样待我的。”

姐夫听后，苦笑着摇摇头说：“不！戴笠和毛人凤不一样。戴笠爱护你、提拔你，是因为你不会对他构成威胁，你不可能去与他争高低，夺权力，你不会影响他，反而会尽力帮助他。所以他对你放心，尽力培植你。毛人凤就不同了。你对他了解得一清二楚，论资历和才干都不相上下。况且你的学生和搞外勤的手法都比他多，还野心勃勃要和他争权夺利，他能容你？今后，他表面上也可能重用你，实际上却很可能是想借刀杀人。你想想，这次如果暗杀李宗仁得逞，桂系必兴师问罪，蒋介石为了平息桂系之愤，会把谁扔出去当替罪羊？那还不是你吗？依我看，你也别组织什么行动总队了，先回云南，安安静静地过日子。现在你即使杀人再多，再卖力气，也难挽回整个失败的局面了。”

姐夫一席话正说到了我的痛处，我不禁热汗淋漓，半晌说不出话来。

姐夫见我低头不语，又长叹一声，颇为后悔地说：“十多年前，你来上海的时候，我实在应该让你继续读书深造。凭你的聪明才智，一定能学出点成绩来。没想到，这十多年，我竟眼睁睁地看着你一步步走上了这条可怕的道路。你不后悔，我却后悔终身。我不但对不起你那仁慈的母亲，也对不起你啊！”

我原是想来说服姐夫的，没有想到竟让他说得我无言以对。

我虽不完全后悔自己走的这条道，但也不能无动于衷。真的走错路了吗？我低头沉思起来。

十多年前，也是在这个地方，姐夫介绍我加入了军统。从此以后，我步步高升，洋房、汽车、特权，有权有势的朋友、同事、学生，还有胸前这三排花花绿绿的勋标……如果我读书，上到大学毕业，又能怎样呢？当年那个上海工科大学的高才生——那个普陀山讲经的邻居——不是说：“在如今的世道，知识才学有什么用？社会不需要你！”姐夫自己不也是法国理工科的留学生，物理、化学、机械等，无所不通，又怎么样呢？不是现在连我也不如吗？想到这些，我就不觉得后悔了。不过，我也没有勇气再来说服姐夫。

姐夫见我不说话，大概以为我同意了他的想法，就给我倒了杯咖啡，并要给我添牛奶。

我有些心烦，把手一摆说：“我不想喝了！”

姐夫是很精明的人，一见我的表情，便知不能往下深谈了，只是叮嘱我说：“是否成立行动总队的事，你可得认真考虑啊！”言语之间流露出对我的无限关切。

看到姐夫那兄长般的神情，我心里不由得有些酸楚。姐夫实在是个好姐夫，他不但孝敬我母亲，而且待我也是恩重如山啊！不是他当年介绍我加入军统，我怎么会有今日？不是他当年成全我和雪雪的婚事，我怎么会有如此美满的家庭？

当年，我在临训班当教官时，戴笠规定工作人员不能恋爱结婚，特别是不许与女学生谈恋爱。因为戴笠准备让那些女学生到沦陷区去给男特务当工作太太，如果有了对象，谁还肯去呢？所以戴笠规定违者要关禁闭，坐监牢，至少要把两人调开。当时我和雪雪谈恋爱的事被别人告发了，戴笠追查此事，姐夫就为我俩打掩护。他对戴笠说，我和雪雪是儿时定的娃娃亲。正好我俩都是湖南人，戴笠相信了，才没有拆散我们。我和雪雪都打心眼儿里感激他。

更让我难忘的是，半年多以前，他得知我遭毛人凤排挤后，立即打电话让我

去上海。当时，我突然遭此变故，气急败坏，对姐夫说："我帮毛人凤挤走了郑介民，他反而这样对我，我长这么大还没吃过这种哑巴亏。我真想杀了他！"

话一出口，姐夫急忙用手捂住我的嘴，神色紧张地说："快别说了！你这话也只能在我面前说说，否则会招来杀身之祸啊！你现在可不能这样干，在保密局里，咱们仅亲戚就有40多人，你要是出了事，他们都会跟着遭殃的。你呀，总之是太一帆风顺了。你从来没受过什么挫折，所以遇到这么一点挫折就受不了啦！我这些年一再受压，可我什么也不说，心里明白就行。"

"我就是搞不明白，毛人凤为什么要压我，排挤我？"

姐夫笑笑说："这还不明白？你在保密局里，亲戚多，学生多，朋友也多。何况你还到处安插你的学生和朋友，去当科长、当股长，这是上司最忌讳的事。他肯定认为你在搞小集团，在扩大自己的势力，他怎么能不防你呢？当年戴笠排挤我，不也是因为我的亲戚多、学生多吗？你毕竟年轻，好多事你都看不透。还是先忍忍吧，等有机会再设法离开这个部门。在这个部门干下去，是不会有什么前途的！"

虽然当时我不能完全同意姐夫的说法，但他的话也确实给了我很大的启发。"小不忍则乱大谋"，我在保密局有那么多亲戚、学生、朋友，而且几乎各个部门都有我安插的人，这些都是他毛人凤无法相比的。凭着我的聪明、才干和外勤工作的经验，还愁将来超不过他毛人凤？想到这些，我的怒气才渐渐平息下来，没有立即跟毛人凤闹翻。

想起这些往事，我便忍不住对姐夫说："毛人凤已经对你产生了怀疑，你一切都要谨慎小心啊！"

姐夫感激地点点头，拍着我的肩安慰道："放心吧，这事我早知道了。让他们来搜查吧，看有没有值得怀疑的地方。"

看到他那泰然自若的神情，我不禁眼眶一红。我知道，姐夫万一落在毛人凤手里，必死无疑。我似乎预感到今后可能再也见不到他了。

姐夫似乎也有些难舍难分，他一直把我送到楼下，仿佛还有话对我说，可欲言又止。我把汽车开出十多米再回头看时，姐夫仍站在门口，向我挥手……

我刚刚从姐夫家回到下榻处，毛人凤就来电话让我去吃午饭，同时被邀请的还有张国焘。毛人凤劝张国焘留下来，不要到香港或台湾去，让他等候共产党来了，再混回党内去，说共产党不会杀掉他张国焘的。可张国焘说什么也不同意留下。最后，毛人凤指出这是蒋介石的旨意，张国焘还是不同意。这次午餐不欢而散。

年轻时的张国焘

张国焘走后，毛人凤把我留下，继续谈成立行动总队之事。我想起姐夫的话，就毫不犹豫地说："现在成立为时太迟了，一下子找不到适合的人选。我还是先回昆明，等有机会再进行吧！"

毛人凤沉思片刻，勉强同意了我的意见。临走时，他突然又问我："你去过余乐醒家吗？"我告诉他说，余乐醒还有些财产未处理完，等处理完之后就去台湾。毛人凤认为这不是理由，他早听说姐夫已把几辆汽车都运到台湾了，还有什么财产要处理？最后，他用一种怀疑而又阴险的眼光看了我一下，说："即使他现在就去台湾，也要注意他的行动！"

听了他的话，我更为姐夫捏了把汗。所幸的是，直到上海解放前夕，毛人凤才真的发现余乐醒与共产党有联系。他派上海警备司令部稽查处处长黄加持去逮捕余乐醒。这事被该处一个临训班毕业的学生知道了，他立即在附近商店借了个电话告诉了我姐夫，让他立即离开。黄加持赶到余家时，扑了个空。

上海解放后，姐夫回到了人民的行列，他并没有忘记我。他曾向党组织反映了我的情况。希望组织上派人与我联系，争取我弃暗投明，立功赎罪。后来，组织上派了一名叫张轲的青年前往昆明与我联系。遗憾的是，当时我正奉命在昆明大肆搜捕共产党人和反蒋人士，张轲住在旅馆里，一直未敢露面。

第二十八章　“九九整肃”

公元 1949 年，是中国历史发生翻天覆地变化的一年。

这年春天，淮海、平津两大战役胜利结束，国民党的嫡系精锐部队几乎被歼殆尽，人民解放军势如破竹般横渡长江，解放了南京，日薄西山的国民政府逃往台湾。但蒋介石并不甘心退出历史舞台，他决心要保住西南半壁河山，特别是想保住云南这一地势险要、便于与国外取得联系的地区，作为反共反人民的基地，

人民解放军占领南京伪总统府

作为负隅顽抗的最后据点。

然而事与愿违，南京解放之后，云南人民急不可待地盼望着早日摆脱蒋介石集团的黑暗统治。早在1948年，昆明发生镇压学生的“七一五事件”的时候，市民、学生和各界民主人士就纷纷举行盛大的集会、游行。他们高举“把国民党特务驱逐出云南”“撤销云南警备总司令部”以及“反内战，反饥饿，反迫害”等横幅标语，高呼“打倒蒋介石，解放全中国”的口号，在大街小巷演讲、示威，坚决要求赶走国民政府派驻云南的一切机构。

身为云南省主席的卢汉，对这种局面一筹莫展。他既想维护自己多年来在云南的统治地位，发展自己的势力，又担心共产党或国民党会吃掉他，使他多年惨淡经营的这个地盘毁于一旦。不过他很清楚，目前国民党还派不出足够的兵力来解决云南问题，而共产党的主力距云南又很远，也不可能一下子攻取云南，他要保住自己的势力，首先还得稳定人心，缓和民愤。于是他向蒋介石提出，撤销中央政府派驻云南的一切机构，以保持云南地区的安宁。

蒋介石自然明了卢汉的企图，但他既无力完全控制云南，又要保住云南，只好采取利用云南人治理云南的办法，对卢汉暂时做一些让步。

1949年春，蒋介石答应撤销云南警备司令部，7月间又同意撤出保密局派驻的云南站等中央机关。但毛人凤却指定我继续留在云南，只把站部组织缩小，把已暴露身份的特务撤走，而在暗中还要加强秘密特务组织对卢汉的监视。

对于云南问题，蒋介石亲自做了指示。他认为卢汉虽然靠不住，但也绝不可能对国民党采取什么行动。因为当时人民解放军距云南尚远，而国民党由余程万率领的第二十六军、李弥的第八军和刘伯龙的第八十九军都在云南，所以主要任务是尽量争取卢汉，使他既不能与共产党联络，又不能与龙云往来，而且还要让他感觉到台湾方面的力量，不敢轻举妄动。在这段时间里，我的主要工作就是掌握卢汉的一言一行，随时向台湾方面报告。

云南站一撤销，我就将办公室和特务机关搬到了我家楼下。当时，我家住在昆明三节桥靖园新村51号。这是一幢两层楼的灰砖房子，妻子、老母和孩子住在二楼，二楼也有我的办公室。我挑选了几个精干的特务在一楼居住、办公，并安

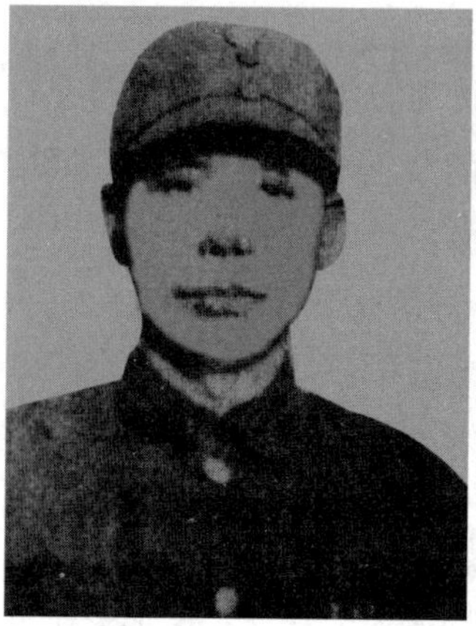

余程万

李弥

置了一台小型收发报机，日夜与台湾联系。而我的公开身份，是国防部驻云南区专员。

那时，我虽对毛人凤把我挤出局本部发配云南深为不满，也对当时的政局完全失去了信心，但我仍希望蒋介石能保住西南的半壁江山，这样不仅将来在美国的援助下反攻有望，而且于自己的前途也是极为有利的。所以一接到上面的指示，我就调动起一切可以调动的力量，为我收集情报。除云南各地潜伏下的专职特务外，我还掌握了云南各地的许多特务外围组织，并买通了一些当地的帮会、流氓和土匪集团。同时，我自己也亲自出马，去了解卢汉及其部属的情况。

我派人在昆明青云路卢汉公馆的对面租了一幢楼房，在那里设了个据点，日夜派专人去监视，凡是出入卢公馆的人都逃不出特务的眼睛。另外，这幢楼上的窗口正对着卢汉的卧室，卢汉在室内的一举一动都可以看得清清楚楚。如果卢汉敢有不轨行动，只要上面一声令下，我就可以派人从这窗口送过去一梭子弹，置他于死地。

与此同时，我还常常去昆明护国路的乐乡餐厅活动。因为这个餐厅是保密局的特务余谦开设的，这里常常聚集着许多消息灵通人士，他们在打牌、吃喝、抽鸦片和闲谈中，能泄露出不少重要情报。可我不会喝酒、打牌、抽鸦片，便装作迷恋上了余谦的侄女——余素秋，常常去那里鬼混。

余素秋是当时在昆明与马连良配戏的花旦，她一向与保密局的大特务有来往，而且常常参加各种应酬。我让她尽量多接触卢汉身边的机要人员。她倒很听话，听到什么情况都向我汇报。得到这些情报后，我再去找安插在卢汉身边的亲信，进一步证实、补充。

不久，我就得到情报说，卢汉一反过去的做法，不仅对民主运动采取缓和态度，而且不再袭击云南边区的人民武装，还在暗中派人给滇缅边区游击纵队的朱家璧送去了一批枪支、弹药，以求互不侵犯。我将此重要情报向台湾做了汇报，台湾方面非常恐慌，他们认为对卢汉总让步不行，还必须对他施加些压力。于是在8月初，毛人凤发给我一份亲译电报，命我除掉原中央陆军大学校长杨杰、云南省民革负责人陈复光教授、省民政厅厅长安恩溥、保安司令部参谋长谢崇文和保安旅旅长龙泽汇等五人。

对于这道命令，我十分犹豫。我觉得这样做，不仅对挽回云南局势无益，相反还会激怒卢汉，使云南局势更难掌握。正如姐夫余乐醒曾在上海对我说过的那样：“现在你即使杀人再多，再卖力气，也难挽回整个失败的局面了。”何况我一家老少十来口人都在昆明，倘若暗杀了这些头面人物，卢汉肯定会想到是我所为，这不仅使我自身难保，而且会祸及妻儿老小。我虽然愿意帮助蒋介石实现保住半壁江山的计划，但要我拿自己的妻儿老母做牺牲，我是万万不肯的。于是我以“障碍重重，正尽力设法”为由，尽量拖延时间。

不料几天后，毛人凤又来一密电，大意是说：奉委座面谕，杨杰正在大肆活动，替民革拉拢国民党军队高级将领，务必先除此人，以免后患。毛人凤限我三天内干掉杨杰，否则按团体纪律严惩。

接到这份电报后，我反复权衡利弊，想到若光杀杨杰一人，卢汉还不至于跟我翻脸，因为杨杰毕竟不是卢汉的亲信，他犯不着为此一人而得罪蒋介石。再则，按军统的规矩，连续拒不执行命令者，将受到纪律制裁，在这种非常时期，毛人凤为挽救垂死局面，震慑内部动摇情绪而枪决个把大特务，也是完全可能的。更何况毛人凤早已对我存有戒心，否则为什么偏偏把我钉在云南，不准去台湾呢？考虑到这些，我只好着手布置暗杀杨杰的行动。

这一天，我叫来几个专搞暗杀的行动员，到我家一间小会客室密谈。我给他们每人发了一些填有毒药的子弹，让他们当天晚上在杨杰外出赴宴回家时，在我家对面的草坪暗处把他干掉。如果当天晚上杨杰不出门，就越墙而入，进行狙击。因为杨杰家就在我家的斜对面，杨杰几乎天天晚上都要到云南“沱茶大王”

杨杰（1889—1949），著名爱国将领，国民革命军陆军上将

严燮成家去吃饭、打牌，回来时，必经过我家门前的草坪。同时，他在昆明无一亲眷，家里只有一个副官、一个司机、一个厨师和一个照顾他的小女孩，只要动手，杀掉他是万无一失的。

打发走几个特务，我觉得松了口气，慢慢掏出烟斗，开始考虑如何劝说家里人离开昆明这个是非之地。就在这时，会客室旁边的门突然被推开了，我猛一抬头，只见母亲满面怒容地走了进来。她把手中的书用力往桌上一摔，用手指狠狠地戳着我的额头，上气不接下气地骂道："我多年一直教育你，一个人可以不做官，但要做人。你今天为了自己升官发财，竟然杀起人来！你还像个人吗？我问你：你把杨先生杀了，明天你的儿女问起你来，你如何回答？若他们知道是你杀的，会对你这个随便杀死好人的父亲如何看待？我这个做母亲的又怎么见人？这些后果你都不想，只想自己做官。我不要你这个儿子，我马上到台湾你哥哥姐姐那里去……"

我做梦也没想到，在我布置暗杀杨杰的任务时，母亲正坐在客厅外的阳台上看书，我的话她全听见了。也难怪她老人家如此伤心，如此气恼。她终生吃斋念佛，从来慈悲为怀，她总认为自己最心爱的三儿子是个堂堂正正的政府官员，哪里想到他却是一个专门杀人的刽子手，并且要杀的又是她老人家熟悉的、天天从我家门前走过、总爱逗我孩子玩耍的那个知书达理的杨先生呢！

看到母亲那绝望而痛苦的神情，我不由得双膝跪下，向母亲解释说，这是上面的命令，不是我个人的意愿。但母亲仍不原谅我，她甩开我的手说："好吧，你去执行你上面的命令吧，不要再认我这个母亲，我现在就走！"

说着，老人家就流着泪，蹒跚地往外走。看到母亲那满头的白发，那痛苦的神情，我的心不由得一酸，忙跳起来，扑过去拉住母亲说："妈，我听您的，宁受处分也不杀杨杰了，您老人家息怒吧！我正打算送您和雪雪离开昆明，可我不能让您这样生着气走……”

我又赶紧把那几个特务叫回来，说情况有变，任务暂缓执行。而对毛人凤，我只好说，等我把家眷送离昆明再动手。毛人凤就催我尽快把家眷送往台湾。我担心毛人凤是要我把家眷送到台湾去做人质，所以我决定先让家人去香港暂住，视局势发展再做安排。

当我把自己的想法告诉妻子时，妻子却说什么也非要我一同走，因为我与余素秋假戏真作之事她早有耳闻，误以为我想支走她们，好与余素秋朝夕相处。我一再向她解释说，那是工作需要。可她就是不信。我只好实话对她说：“毛人凤早就有令，让我死守云南，即使云南解放了，也不准擅自离开。他已经向国防部为我申请了一份云南游击司令部司令的委任状，只要云南一丢失，我马上就得拉上云南所有的国民党武装进深山老林打游击。你如果不愿走，那将来就得跟我进山打游击。反正毛人凤不到万不得已是决不肯让我去台湾的，他怕我会跟他争局长的位置。我现在把你们安排到香港，也是为了我在紧急时刻好随机应变，不至于让我们全家都捏在毛人凤的手里……”

我这一番话把妻子说服了。她虽然不完全相信我与余素秋只是为了工作，但却同意带着一家老小迁往香港。她一再叮嘱我保重自己，不要把功名利禄看得太重，一有机会就赶快离开云南到香港去，再不要搞什么政治了。

说服了妻子，我又去劝说母亲。母亲正在她房内的八仙桌前念佛，桌上摆了一个精致的小香炉，插着几炷青烟袅袅的供香。老人家嘴里念念有词，手上不停地捻着佛珠。她听见脚步声，抬眼看了我一下，又微微地闭上。我知道她还在为杀杨杰之事生我的气，就赔着笑，向母亲说明了当时的紧张局势，劝她与雪雪一起去香港。老人家开始说什么也不肯走，她说：“我走了，你想胡作非为吗？如果局势真的这么紧急，你不怕，我这把老骨头又怕什么？”

见母亲执意不走，我只好拉着母亲的手恳求说：“我不走，是因为有公务在身。如果因为工作而累及您老人家，我又如何担当得起？”说着说着，我几乎要给母亲跪下了。母亲见我如此为难，才勉强同意去香港。

可是临别之时，当我把妻子、孩子一个个送上飞机之后，母亲却抓住飞机舷

梯的铁栏杆，老泪纵横地说：“你把机票退了吧！我知道这一走就再也见不到你啦……”

望着母亲那苍苍白发和瘦小多病的身躯，一股生离死别之情顿时涌上了心头，我真想跪在母亲脚下说：“老人家原谅我吧，孩儿要尽忠就不能尽孝了！”然而，我不忍再去增加母亲的痛苦，只好强装笑脸安慰她说：“看您想到哪里去了？不管打仗不打仗，我都会很快去看您的！”

母亲泣不成声地摇着头，还是不肯上飞机。旅客几乎都上去了，我只好狠狠心，双手抱起母亲，含着泪把她抱上了飞机。

送走了家眷，又接到毛人凤催我暗杀杨杰等五人的电报，于是我不得不布置暗杀任务。我准备让手下人同时干掉这五个人，我自己则带着电台到余程万的二十六军军部去暂避一时，以躲过卢汉的追究。正在我要下手之际，蒋介石突然从台湾飞到了重庆，并通知卢汉速往重庆去见他。我知道蒋介石亲往重庆，一定有新的部署，便担心昆明一声枪响会影响卢汉去重庆，所以连夜通知行动人员，暂缓动手，这才未构成我更大的罪恶。

1949 年 9 月 2 日，卢汉接到命令之后，并未立即动身，而是推说身体有病，让龙泽汇代他去见蒋介石。这一情况，使我和在云南的中央直属人员都非常紧张，我们担心卢汉会突然来个兵变，对抗蒋介石。于是昆明附近的二十六军立即进入一级战备状态，炮兵阵地的小钢炮全部脱去炮衣，炮口对准云南省政府办公大楼所在地——五华山。我也亲自到卢公馆对面的观察点去窥视卢汉的行动。

显而易见，卢汉这几天的日子也不好过。他整夜在卧室里踱来踱去，香烟一支接一支地抽个没完。我也清楚，卢汉的焦虑不无道理。当时，龙云在香港已通电宣布云南起义，而卢汉又是龙云的亲戚，是龙云一手提拔起来的，蒋介石难道不会怀疑他与龙云采取一致行动，而把他骗到重庆去软禁起来吗？但如果他不去重庆，情况也许会更糟。昆明附近，二十六军的炮口正对着他；八十九军和第八军的部队也很快会向昆明靠拢，一场恶战迫在眉睫。我非常担心这种内乱外压的局面会迫使卢汉破釜沉舟，起义投共。所以我命令所有公、秘特务武装也进入一级战备，并随时与二十六军、第八军保持密切联系，一旦卢汉起义，就联合起来，一举把他镇压下去。

这种紧张局势持续了三四天，直到9月6日，蒋经国乘飞机专程来接卢汉，卢汉不得已随机飞走了，情况才有所缓和。不过这种缓和只是表面上的，卢汉的保安团仍然扼守要地，他的亲信、部属，日夜用长途电话了解他在重庆的情况。一旦他在重庆被扣，他的部下定会大闹起来，昆明的局势必定混乱不堪，因此我和余程万、李弥等人丝毫也不敢有所松懈。

龙云（1884—1962），国民党滇军高级将领，国民革命军陆军一级上将

幸亏当时西南军政长官公署长官张群，在蒋介石面前极力担保卢汉，加之李宗仁也想在云南发展自己的势力，已派桂系的张先炜兵团从百色逼近云南，蒋介石担心中央军与卢汉保安团发生冲突后李宗仁会乘虚而入，所以当卢汉被迫答应在昆明来一次大搜捕，镇压云南的反蒋人士后，蒋介石就于9月9日把卢汉放回了昆明。

卢汉安然归来，我猜测他一定是答应了蒋介石的某些条件。果不出所料，卢汉专机刚到不久，我就接到电话，说徐远举已带十几名特务乘另一架专机前往昆明。放下电话，我马上让人为他们准备汽车和住房，并亲自开车去接徐远举。进了机场，我见到他们乘坐的飞机已经降落了。

我上前几步，抓住徐远举的手说：“你来得好快！我刚接到电话，你们就来了。”

他狡狯地冲我一笑：“这是老规矩，就是要让他们防不胜防嘛！”

我急于想要知道毛人凤派徐远举来昆明的目的，所以一上汽车就问：“毛先生有何新指示？”徐远举也不急着回答，而是先掏出烟点着，然后对我说：“你呀，怎么搞的？毛先生对你至今没干掉杨杰很生气。这是老头子指定的人，你懂吗？杨杰仗着自己在陆大当过校长，在军队将领中大搞反蒋活动，老头子恨透了他！”

杨青田（1889—1980），对争取卢汉起义、云南和平解放做出了贡献

听了他的话，我想，毛人凤看来要处分我了。可又一想，管他呢，如果撤销我的全部职务更好，我早就不想在云南这个火山口上待着了。我一声不响地把车开回家。一进家门，徐远举就掏出一份名单递给我，说："你看看，这是毛先生和老头子定的抓人名单，让咱俩负责。"

一听这话，我知道毛人凤并没有要处罚我的意思，而是想让我"将功折罪"。于是我打开名单，扫了一眼，第一个就是杨杰，第二个是云南省参议会副参议长杨青田。我不禁问："卢汉能同意吗？"

徐远举又狡狯地一笑说："你老弟就放心吧，卢汉在重庆已经答应老头子啦！我们马上就抓杨杰，押送重庆。其余的人也赶紧逮捕。"

我走到阳台上，把杨杰家的住宅指给徐远举看，并把我原先的计划告诉了他。他点点头说："那好！就按原来的计划去抓杨杰，晚上全城再来个大搜捕。"

谁知这天去抓杨杰时，竟扑了个空，经调查才知道，杨杰已在当日上午乘客机逃往香港了。

没抓到杨杰，毛人凤气急败坏，命令我们立即来个全市大搜捕。当天晚上10点钟，全市开始戒严。军警、宪兵全部出动，马路两边都布上了铁丝网，三步一岗，五步一哨。抓人的警车和三轮摩托车不时地在大街小巷呼啸而过，远远看去那一串串的车灯宛如黑夜中的鬼火。我和徐远举分头率领军警、宪兵去查封各进步报刊、印刷厂，搜捕省参议会的进步参议员、各大专院校的进步师生以及各进步报社印刷厂的工作人员。为了减轻放走杨杰的责任，我们见人就抓，不管是不是黑名单上的人，抓住再说。9月9日这一夜工夫就抓了300多人，把个昆明市搞得乌烟瘴气，后来，此次搜捕被称作"九九整肃"。

10日早上，市内的大搜捕刚一结束，徐远举又亲自率领特务，前往城郊的53兵工厂去逮捕黑名单上的人。

我领人搜捕了一夜，刚回到办公室就接到云南省警察局刑警大队长的电话，他说：“抓的人太多了，看守所已经装不下了，怎么办?”

我让他把能关犯人的房子全部腾出来。他答道：“能腾的都腾出来了。犯人连坐的地方都没啦!”

“那就让他们站着!”我没好气地说。

“现在站也站不下了。一间18平方米的牢房，就挤了40多个人!”

我想了想，说：“那就把刑事犯、小偷、强盗都放了。”

对方半晌没答话。我不耐烦地问：“你怎么不说话?”

对方这才吞吞吐吐地反驳道：“那社会上不就乱了套?”

一夜的搜捕，虽抓了300多人，但我清楚，其中真正的共产党负责人并未抓到一个。杨杰走了，毛人凤对云南站的工作极为不满，现在又没抓到要犯，我必将再次遭到毛人凤的指责。所以我很烦躁，听见刑警大队长没完没了的询问，就更没好气地说：“你怎么那么笨?现在你、我的责任是保住云南，对付共产党，那些刑事犯放出去，虽然乱了社会，但乱不了国家!”说完，我把电话一摔，冲身边的秘书说：“马上请示毛先生，如何处理抓到的这些犯人!”

毛人凤的回电很简单：继续搜捕，我一两天内即赴昆明。

听说毛人凤要亲自来处理这些犯人，我倒松了口气。有他在，许多棘手的问题我就可以少担些责任了。何况我心里清楚，这种疯狂的大搜捕不仅不可能挽救大局，而且还会激起民愤，导致云南丢掉得更快。我身为云南站负责人，明知如此，却也不能有其他选择，只好等毛人凤前来，看看他有何高招。

第二十九章　旧恨新仇

9月12日上午，毛人凤带着保密局高级法官徐钟奇及随从乘专机到达昆明，我和徐远举等人前往机场迎接。毛人凤见到我们时，皮笑肉不笑地向每个人都寒暄了一番。

看到他，我就不由自主地又想起了他在南京排挤我以及不许我“擅自离开”云南的那些事，恨得咬牙切齿，心想，哪天落到我手里，我非杀了他不可！正在这时，不想他走到我身边，声音很低地说：“老沈啊，这次你可有点让我失望啊！没干掉杨杰，老头子就很生气，‘九九整肃’事先也没准备好。这样可不行哟！”

他声音虽低，态度也很和蔼，但却有一种居高临下的劲头儿。我心想：神气什么？不是老子，你能坐上保密局局长的宝座？但我装成很驯服的样子答道：“是，云南工作没做好，你来了就好啦！”

他哈哈一笑，说：“哪里，我只能在这里待四五天，主要工作还得靠你老弟干呀！今天，我们就开个会，成立个临时指挥部，一面继续搜捕，一面进行审讯和清理。”

当天下午，毛人凤在原昆明市警察局局长王巍家亲自主持了一次汇报会，大家具体分析了“九九整肃”未能抓住中共地下党负责人的原因，一致认为这一方面是云南站的工作没做好，另一方面也是最主要的，那就是卢汉并未真正配合这次大搜捕。他答应蒋介石进行大搜捕，不过是一种权宜之计，实际上却在与这次大搜捕唱反调。

原来，卢汉从重庆回来的当天下午，立即派人去查封了莲湖公园附近的参议会，并派人事先通知学校当局做好被搜查的准备。与此同时，他还发表了一个布告，说省参议员半年来的发言和决议越出了常轨，还说许多报刊制造云南要解放的谣言，为共产党张目，扰乱社会人心等等。他这样做，无疑起到了打草惊蛇的作用，如同给中共地下工作者和进步人士发了个信号。更为明显的是，大搜捕前，他扣押了云南省原警保处处长、保密局骨干邱开基。因为此人是当地人，对昆明的社会、人员情况都非常熟悉，卢汉把他押起来，显然是怕他给我们提供情况。

通过分析，毛人凤和我们都认为卢汉太不可靠了。面对这种情况，毛人凤决定在昆明多停留些日子，把“九九整肃”的事情寻出个眉目来再返台，否则他也不好向蒋介石复命。于是他决定，由当时昆明市市长兼警察局局长曾恕怀为临时指挥部指挥，我和其他的人负责行动组，担任搜捕工作，周养浩等负责审讯。

开始，毛人凤住在保密局特务裴存藩家中。但他只住了四天，就觉得活动很不方便，又搬到了我家。因为我家中有直接与台湾、重庆联系的电台，而且我的家眷都迁走了，空房不少。

最初他搬到我家时，我心里别提多高兴了。这可真是天赐良机啊！这下，他总算落到我的手里了，我只需在他的饮水或饭菜里放一点点毒药，他毛人凤就会一命呜呼，他与我之间的宿怨也就一了百了啦！当然，我绝不会让他死在我家里，那样蒋介石一定会怀疑是我所为。我决定在他临走之前，把一种慢性发作的毒药放在他的食物里，只要他吃下去，半个月或一个月之后就会发作，要他的命。到那时，他早已回到了台湾，谁能想到是我下的毒？当年我被挤出保密局局本部时，就曾想过“君子报仇十年不晚”，想不到刚一年多的时间，就遇到了这送上门来的良机。不过，我必须准确掌握他的行期后，才能动手。

主意一定，我的情绪也好了起来，可表面上仍对毛人凤恭恭敬敬，有令必行。这天，毛人凤拿出一份局本部的通报问我：“朱惠清的事传达了没有？”

我接过看了一眼，心想，不就是老同事朱惠清和黄绍竑等44人在香港通电起义，只有朱惠清没被中共接纳的事吗？这与我们有什么关系？但我嘴上还是说：

“我看过了。因为太忙，没有普遍传达。”

“这可不行！老头子说，这件事一定要立即传达。让大家知道，共产党对当过特务的人是决不会原谅的。我们只有反共到底，否则没有别的出路。这事我亲自传达吧！”

毛人凤的话使我立即想到了姐夫。他不也是曾在军统多年的大特务吗？上海解放后，他到哪里去了呢？共产党能接受他吗？毛人凤是知道我姐夫已投向共产党的，他对我强调这番话，是不是对我也不放心呢？

想到这些，我对毛人凤的反感有增无减，但还是讨好地说：“谁要是背叛党国，那就太对不起你和戴先生的栽培啦！”

毛人凤听了，满意地点点头说：“我也相信，我们的同志是不会给团体丢脸的。”

为了消除毛人凤对我的怀疑，我更加不遗余力地带着特务四处搜捕进步人士。几天工夫，被捕的人已有400多了，但仍未抓到一个中共在云南的负责人。

对此，毛人凤非常恼火。他不仅责怪云南站办事不力，而且向蒋介石报告说，卢汉靠不住，随时都有反水的可能，要求撤换他。可是蒋介石当时听信了张群的话，认为卢汉虽然靠不住，但不至于反水，所以不同意撤换。而且蒋介石为了保住云南，还一再强调现在不要刺激卢汉。毛人凤说服不了蒋介石，就决定自己来制伏卢汉，迫使他不得不跟着蒋介石干到底。

一天，他把我叫去，和我商量制伏卢汉的办法。我想了想，告诉他说，卢汉很爱杀人，今年2月间，因中央银行发行的50元票面的紫色金圆券发现有伪造的，昆明中央银行就拒绝兑换，群众一怒之下砸了银行，为此事，卢汉一下就枪毙了21个人。如果这次也让他批准杀一些人，老百姓就更不会原谅他，共产党也再不可能谅解他，这样他想投共也不可能了。

毛人凤一听，高兴地一拍大腿说：“好！我们就来个‘请君入瓮’，一箭双雕！”

第三天，我陪着毛人凤去见卢汉。他一见我们，立即让人送茶、递烟，显得非常热情。毛人凤坐在沙发上，边抽烟边把被捕的200多人的名单递给卢汉，说：

"我是特来请主席签字的。"

原来，毛人凤已在名单上写上了"立即枪毙"几个字。只要卢汉在上面写上"同意"二字，那我们的计划就算大功告成了。

不想卢汉接过名单，看了一眼，慢腾腾地说："杀这么多人，怕是不妥吧？"

毛人凤站起身，走到卢汉跟前，态度异常和蔼地说："主席，这是委座的旨意啊！要确保云南，我们就不得不处决一批不法分子。据了解，省参议会的杨青田等人确有共党嫌疑，我亲自审理了很长时间，初步决定先杀这200人，其他的押往重庆。"

卢汉听了，不紧不慢地打着火，抽着烟说："这些人罪证不足，如果草率从事，就怕难以服众啊！"

"那减一半，总可以吧！"毛人凤从办公桌上拿起名单，揭下了一页，然后递给卢汉。卢汉还是继续推托，说："如此重大问题，我看还是慎重点好！"

毛人凤显然有些老羞成怒，他紧咬了一下牙关，然后强装笑脸地说："你若连一半也不批准，我可如何向老头子复命？"

说着，他又把那张名单从中间裁开："那你是不是就批这50个！"说话时，他斜眼望了一下卢汉。

毛人凤早有他的打算。他认为只要卢汉在名单上签上"同意"二字，那么杀多杀少，就完全由我们掌握了，因为名单的页数、人数都可以往上添。毛人凤说："哪怕他卢汉只同意杀10个，那我们就可以杀100个。犯人在我们手里，杀多杀少我们掌握，可血债却要让卢汉一起分担！"

毛人凤万没料到，此时中共方面早已与卢汉取得了联系，并对他做了大量的工作。卢汉已明白，中共原谅了他以往的罪恶，但这以后若再为虎作伥，屠杀进步人士，共产党和人民将永远不会原谅他。所以面对毛人凤的步步紧逼，他最初采取拖的办法，可逼急了，他的态度也变得强硬起来。这时，他把脸一沉，说："要这样的话，我这个省主席也当不下去了！"

毛人凤见事情闹僵了，忙作谦恭状，说："依主席的意思？"

卢汉果断地答道："让军法处派人与沈专员一起复查，审核后再定吧，何必

卢汉

如此着急？”

听卢汉这么一说，毛人凤皮笑肉不笑地咧了咧嘴，想说什么又没说出来。

回到我家，毛人凤气急败坏地把公文包往办公桌上一拍，骂道：“卢汉这只老狐狸！”

骂完，他又转身对我说：“他不是嗜好杀人吗？现在怎么变得慈悲了？”

我耸了耸肩，无言以对地把两手一摊。毛人凤见我这样，就不满地责备我：“你们云南站的工作，做得太差了！”

我当时没说什么，心里却很生气，认为他是想到蒋介石面前邀功而迁怒于我，因而更加恨他。

正巧这天晚上昆明突然停电。停电时，毛人凤正在批阅台湾方面发来的文件，灯一黑，他吃惊地一抬手，把办公桌上的水杯碰翻了，水正好全洒在文件上。他恼怒地大喊副官。

当时，我正坐在隔壁自己的办公室里。听到喊声，我立即打着手电奔了过去，见我的亲信副官正手忙脚乱地打着手电找蜡烛。等他找到蜡烛，点上送到办公桌前时，毛人凤才发现文件已全被水浸湿了。我忙帮毛人凤收拾，不想他竟把桌子一拍，对着我的副官破口大骂：“浑蛋！你怎么搞的？为什么不事先准备好蜡烛？你不知道我正在批阅重要文件？”

他的怒骂把副官的脸都吓变了色儿。副官边手忙脚乱地擦着桌上的水，边祈求地望着我。

我当时也被他冷不防地一拍桌子吓了一跳，但见他如此粗暴地责骂我的副官，我顿时火冒三丈。可我硬把火压了下去，冲副官说：“快！你下去拦在楼梯上，不许任何人上来。毛先生要在楼上办公，我们要绝对保证局长的安全！”

副官这才如获大赦地拿起湿抹布退了出去。他刚退到门外，我又喊着补充一句：“你以后在局长办公室里随时都要准备好蜡烛，一停电，你就来点上。今晚你就坐在楼道口，听候局长吩咐!”

我这样说的目的，一方面是替副官解围，另一方面是让毛人凤知道，我会对他的安全负责的。因为楼里住了许多人，有徐远举从重庆带来的特务，也有我和毛人凤的随从，谁能保证其中没有人被对立面收买而想要杀害毛人凤的呢？毛人凤每天都工作到很晚，万一有人趁停电在我家把他干掉，这个责任我可担当不起。

我把一切安排好后，就回到自己卧室里去睡觉。但我躺在床上，越想刚才的事越有气。你毛人凤怎么能在我家对我的副官如此粗暴？常言说：“打狗也要看主人。”你这不是明明不把我放在眼里吗？以往的事又一件件地涌上了我的心头，真可谓是复仇之火熊熊燃烧。

我从床上起来，走到卧室墙角的一个小保险柜前，从里面取出了两个纸包，这是自毛人凤来昆明后我就准备好了的两包毒药。一包是国外进口的，无臭无味，只要在茶水或饭菜里每天放耳勺那么一点，连放三天，半月后，他就必死无疑。据说这种药对心脏有一种慢性的破坏作用。另一包是少数民族配制的一种土药，无味，呈褐色，只要把它拌在菜或面条里，就看不出来了。这种药吃后，半年才发作，发作时浑身痉挛，一直把人抽死，无药可救。我在山区打猎时，曾亲眼见过服这种毒药而死的人，那样子很惨。原先我还不准备用这种药来害毛人凤，但这天晚上的事让我太恨他了。我索性来个一不做，二不休，准备第二天早上，在他的水杯和早餐里同时放进这两种毒药。

第二天清晨，我把两包毒药装在衣兜里，准备去他的卧室，伺机下手。进门时，毛人凤刚刚起床，穿着一身很讲究的睡衣，正在开阳台门。我关切地问他昨夜睡得怎样，他有些感激地说：“很好！亏你想得周到啊!”

我明白，他是指我让副官通夜守护他的事，于是装作十分认真地说：“保护你的安全是责无旁贷的嘛!”

这时他已走到阳台上，正伸着胳膊做深呼吸。听了我这句话，他突然转过身来看着我，又走过来拍着我的肩头，用感激而又有些羞愧的口吻说：“老沈啊！这些年来，你待我始终如一……”下面的话他没说出来，但从那低垂下去的眼睑和脸上的表情不难看出，他自己也觉得对不起我，态度显得很诚恳。

蒋介石与蒋经国

不知怎么，他的这半句话和那诚恳的面部表情，竟使我深受感动。顿时，我没有勇气去执行自己昨夜的计划了。

回到卧室，我摸出了那两包药，把它们重新放进保险柜。但我心里很烦躁，我问着自己：难道你与毛人凤个人的私仇就这样了啦？你怎么这么窝囊？他这么一句话，你就心软手软了？当初，你拼着命帮他挤走郑介民，让他登上了局长的宝座，他可曾想过你的好处？他把你挤出南京时可曾手软？

想到这些，我不由得又要开柜取药。我不能听了人家一句好话就善罢甘休。我刚要再打开柜门，突然一声“报告”，惊得我手里的钥匙都掉在了地板上。我没好气地问：“什么事？”

译电员推门进来，递给我一封重庆来电。我接过一看，不禁忙把保险柜门锁好。我此时已经顾不上考虑杀毛人凤之事了，因为蒋经国已从重庆动身来昆明。我的脑子马上转开了，他再度来此，不知有何要事？

我立即拿着电报去找毛人凤。他正好刚吃完早点，正在抽烟，一听说蒋经国要来昆明，忙摁灭烟头，对我说：“经国先生很可能是为老头子打前站的。你马上布置一下警戒，我们可要绝对保证老头子的安全！”

原来，毛人凤头天晚上已将卢汉拒绝签字的事用电话向蒋介石做了汇报。蒋介石仍坚持先不要刺激卢汉，并说他在几天之内就要飞台湾，有可能的话，他要亲自到昆明一趟，对卢汉表示一些关切，他认为凭着他的威信是能够暂时稳住卢汉的。

果不出毛人凤所料，蒋经国确实是来替蒋介石打前站的。他一下飞机就向我们询问昆明的情况，了解蒋介石路过昆明会不会有危险。毛人凤、徐远举和我都认为，卢汉虽靠不住，但目前还不至于敢危及蒋介石的安全。不过，蒋介石来之前最好不要让卢汉知道，这样即使卢汉有心搞第二次西安事变，也没有时间策划准备。

蒋经国

蒋经国听了我们的意见后点点头，说："委员长也是这个意思，先不要告诉卢汉。此人靠不住，但目前只能争取，必要时再干掉他。"说着，他又转向我问："若在昆明干掉卢汉，有没有把握?"

"只要委员长下令，他就能干掉他!"毛人凤抢先替我回答道。但蒋经国并不理会，仍用询问的目光盯着我。

我考虑了一下，说："干掉卢汉这样大权在握的人，不是那么容易的。必须事先周密布置、安排，要干就得一次成功，不能打草惊蛇!"

蒋经国赞同地点了下头，然后对毛人凤吩咐道："必要的时候，他要人给人，要钱给钱，一定要干得利索。这可是关系到云南这一基地得失的大事啊!"

毛人凤一脸媚笑，满口称是，那股邀宠献媚的奴才相，又一次激起我对他极大的反感。

9月22日，我们得到通知，说蒋介石上午10点钟到昆明。我在机场内外都布置了警戒，为了不引人注意，所有的警卫人员全部穿便服，只是用左手拿报纸做标记。我和毛人凤、徐远举三人，都到机场空军第五军区副司令沈延世的办公室等候。可是，10点已经到了，天空中仍不见飞机的影子，毛人凤有些担心地问蒋经国："委员长不会不来了吧?"

蒋经国却肯定地说："一定会来，昨晚我们通过电话。"

果然，10点50分，蒋介石的专机发出了呼叫，让机场做好接机的准备。这时蒋经国才用电话通知卢汉。

卢汉赶到机场时，蒋介石的专机已经降落。蒋介石刚一走下舷梯，卢汉就领着我们迎上去向他敬礼。蒋介石身着便服，昂头挺胸地走下来。他只和卢汉握了握手，而对我们仅点点头，鼻子里哼了几声，算是对我们的答礼。

上汽车前，他与卢汉并排走着，我们几个都紧紧地跟在他身后。快上汽车时，他回过头，当着卢汉的面对我说："你在这里要同地方把关系搞好，有事多向卢主席请教！"我连连称是。

汽车从机场直接开到卢公馆，卢公馆内外早已戒备森严。蒋介石一下汽车，龙泽汇就带着杨文清、余程万等人迎上来向他敬礼。他也只是似笑非笑地哼两声，随着卢汉大步向客厅走去。

卢汉的大客厅极为华丽，紫红色的大地毯，乳白色的莲花吊灯，一幅湘绣屏风遮住通往餐厅和内室的玻璃门。南面那乳黄色的墙上，镶着一幅半裸体女人的西洋油画，正对着那排落地玻璃窗外的大花园。

蒋介石走进去，在中间一个单人沙发上坐下，并示意卢汉、毛人凤也入座。

1949年9月，张群（左）陪同蒋介石在重庆会见云南省主席卢汉（右）。

他有意识地环顾了一下客厅，故作惊异地说："哦！你这个客厅蛮不错嘛！这次我回台湾，一定在那里给你准备一座比这还要好的公馆，你可以让宝眷到那里去住。"

卢汉笑着客气地答道："多谢委座爱护。不过，我在美国和澳洲的儿子，都坚持要接贱内到他们那里去。这样我个人就毫无牵挂了。"

蒋介石有点尴尬地点点头。

这时副官送上了茶水、瓜果。蒋介石端起水喝了一口，然后扫了每个人一眼，说："云南是我们反攻的重要基地。我这次回台湾，特意到这里看看，是希望各位以党国利益为重，同心协力保住云南。我准备把李弥的第八军，火速编练成四个新军，恢复第十三兵团番号，把二十六军扩编为第九兵团，由余程万为兵团司令。望你们大家与卢主席密切配合，精诚团结，抵御共党进犯，并消灭他们。共党不灭，吾辈将死无葬身之地啊！"

说完，他又转向卢汉说："永衡兄，你的担子不轻啊！"

卢汉恭恭敬敬地答道："愿为党国效劳！"

蒋介石满意地点点头，又对毛人凤说："你暂时先可不必回台湾，在这里协助永衡搞好整肃工作。"

这时，副官走进来对卢汉说："主席，午餐已准备好！"

卢汉站起身来，对蒋介石说："委座，特备一桌滇南名菜，为您送行。"

蒋介石笑笑站起身，随卢汉向屏风后面走去。

蒋介石在昆明只停留了两个多小时，就回台湾去了。可是卢汉并未因他此行而改变态度，仍坚持没有确凿的证据不能杀人。毛人凤审理了很久，也没找出一个中共云南的负责人。到10月初，台湾方面几次来电催毛人凤回去，而他不甘心一无所获地走，一拖再拖，直到10月13日才回台湾。

在这段时间，毛人凤心情很烦躁，时常对我们云南站的工作表示不满，这又激起了我想干掉他的决心。第一次看到催他返台的电报时，我矛盾万分，知道再不下手放毒，他毛人凤一飞回台湾，我就可能永远失去了报私仇的机会。可是我又想到，现在干掉他，保密局的大权势必落在副局长徐志道的手里。而这位副局

长是黄埔学生，也就是说，保密局的大权又被黄埔生控制了。当初我“拥毛挤郑”不就是想把保密局的大权从黄埔生手里夺过来吗？而今若再让它落在徐志道手里，不仅大权尽弃，而且以后也很难再有晋升的机会了。可不干掉毛人凤，我心里又实在是怨恨难平、怒气难消。尽管如此，我还是想到，目前局势如此紧张，若真杀了毛人凤，还确实无人能担起保密局这副担子。徐志道虽系黄埔生，却对保密局的整个工作并不太熟悉；即使叶翔之能被提升为副局长，他也毕竟在军统时间短，经验不足，如何收拾得了这个烂摊子？我自己现在根本谈不上，因为我已被钉在云南，前程未卜，吉凶难料。这样一来，戴先生一手创下的这份家业岂不就毁在了我的手里？我又何以对得起九泉之下的戴笠？

这天上午，公与私的矛盾、个人与党国的利益，在我脑子里反复斗争着，搅得我心神不宁，坐立不安。最后我想，大丈夫能屈能伸，小不忍则乱大谋，何况大敌当前，家国难保，正如蒋介石所说“共党不灭，吾辈将死无葬身之地”，我现在还报什么私仇？

想到这些，我毅然把那两包毒药扔进了抽水马桶，决心抛开私怨，与毛人凤密切配合，尽全力以保云南这一反共基地。

可让我寒心的是，毛人凤临上飞机前，我问他：“情况万一发生突变，我怎么办？”

他笑笑说：“你可以学学王佐，诈降嘛！不过可以不断臂，留着它还有大用场呢！”

这句话说得我透心凉。我未置他于死地，他却想置我于死地！学王佐？那不就是说，即使云南解放，卢汉起义，我也不得离开云南，相反要冒着生命危险伪装起义，打入共产党，继续为他卖命吗？哼！你想让我死在云南，我偏不！我要力挽云南危局，做个样子给你瞧瞧！

第三十章　被迫起义

毛人凤走后不久，重庆解放了，残留在重庆、成都的部分国民政府中央机关纷纷来到昆明。蒋介石下令，在滇西保山县建立据点，让卢汉的云南省政府也迁到那里，以便在昆明与解放军对抗。因为保山距缅甸很近，便于从国外运来物资、军火，同时，其四周地势险要，共产党难以攻破。

接到命令后，我一方面催促卢汉赶快处理“九九整肃”所逮捕的人，杀一批，放一批；另一方面向卢汉推荐一个保密局的特务去保山附近的凤仪县当县长。我想在那里建立一个自己的据点。当时，毛人凤已任命我为国防部云南游击中将总司令，任命苏子鹄为副总司令。我想自己带一部分特务武装到凤仪，苏子鹄带一部分到滇南，即使昆明解放，我们也可以凭着险山峻岭与共产党周旋，以等待第三次世界大战爆发。到那时，我自是有功之臣了。

谁知，卢汉不仅不加紧修筑昆明通往保山的公路，而且以经费困难、人员无法安排等种种理由，拒不执行西迁的命令。每次我去找他，他都拒不见我，连我推荐的那个凤仪县的县长也迟迟不任命。种种迹象表明，卢汉是准备投共了。我把情况向毛人凤汇报，他来电让我逼卢汉杀掉几个被捕人士，并密切监视卢汉，随时准备干掉他。

我奉命在所有卢汉经常活动的地方布置监视他的特务，并加强了青云路那个据点的监视工作，卢公馆的房前屋后都有特务的身影。就在这时，李宗仁来到了昆明，毛人凤又命我密切监视他。这下更是忙上加忙、乱上加乱了。

李宗仁夫妇来到昆明之时，卢汉竟用迎接总统的盛大仪式来欢迎他。他让人动员了几千群众，在从机场到市区的公路上，打着“欢迎李代总统来滇视察”的横幅标语，夹道欢迎；还用五辆摩托车排成三角队形在前面开路，他亲自陪李宗仁站在一辆敞篷吉普车上，频频向群众招手致意。

在这种非常时期，卢汉竟举行如此盛大的欢迎仪式，我真是百思不得其解。不仅如此，卢汉还让昆明市各工商界、文教界、妇女界等各方人士，在昆明胜利堂召开欢迎李宗仁的大会。卢汉到底要干什么呢？直到李宗仁夫妇离开昆明后，我才恍然大悟。

这一天，我正在办公室与苏子鹄商量“应变计划”。我们准备先把一部分特务撤到凤仪，潜伏一部分在昆明市郊区，等解放军进攻昆明前夕，表面上来个假撤退，让工商界一些肯为我们做事的人出面，成立一个所谓的“欢迎解放军入城筹备会”的组织，这时肯定会有许多进步人士和中共地下党负责人出来活动，于是我们趁他们集会之机来个大搜捕，这样就可以杀害或抓走一大批进步人士或中共党员。同时，我们还商量在临撤退之前，炸毁昆明所有的工厂、发电站和公用建筑，一点东西也不留给共产党。

就在这时，电话铃突然急骤地响了起来。我抓过电话，就听见市监狱典狱长那紧张而急切的声音：“沈主任，不好了，被抓的人通通都放走啦！”

我一听，就着急地怒斥道：“谁让你放的？”

对方结结巴巴地说：“有李代总统的手谕，卢主席下令放的！”

这句话使我目瞪口呆。我沮丧地把电话一摔，对苏子鹄说：“这两个老狐狸，把人都放走了！我去了解一下情况。”

我出了门，开车直奔乐乡餐厅。时局虽然紧张，却仍有不少醉生梦死的人在那里玩乐。我刚走进餐厅，就看见余素秋正和卢汉的亲信副官处长朱子英在一起聊天。我故作未见的样子与其他熟人打招呼，余素秋闻声，也装腔作势地尖声喊道：“哟！处长今天怎么得闲啊？你好几天都不露面啦！”

我正想找朱子英探听些情况，忙凑过去说：“李代总统来滇，我忙得不可开交，他走了才出来散散心。”说完，我又冲着朱子英说：“你老兄是知道的。卢主席这些日子为欢迎李代总统，不也是很辛苦吗？那天，卢主席宴请代总统一定很热闹吧？”

朱子英虽属卢汉的亲信，但与军统关系很深，我常常用关怀卢汉的口吻与他聊天，借机探听有关卢汉的情况。这时，他听我说卢汉辛苦，又问起宴会的情况，便绘声绘色地对我和余素秋讲起了宴会的情况。

原来，卢汉在宴请李宗仁的同时，也请了许多各界知名人士，这些人在宴会上提出了宽大处理“九九整肃”被捕人员的要求。李宗仁并不了解“九九整肃”之事，便问卢汉是怎么回事。卢汉趁机说：“这是蒋委员长的命令，我也没办法。其实在押人员中有不少社会贤达，也有不少是一般工人和学生。我认为，只有从宽释放，才能安定民心。”

李宗仁当时与蒋介石的矛盾十分尖锐。他到昆明来的真正目的，是推行他的所谓“第三路线”：既反共，又反蒋。他想在云南发展自己的势力，因而一听说是蒋介石的命令，就立即在一份要求宽大释放被捕人员的请愿书上批下了“交卢主席，从轻处理”八个字。这既是为了与蒋介石唱对台戏，又是为了笼络人心。卢汉正是利用了李宗仁的这一心理，达到了释放被捕人员的目的。

得知这一情况，我立即向毛人凤做了汇报。毛人凤自然很生气，又把这情况向正在成都的蒋介石汇报了，并要求干掉卢汉。后来，我听目睹者说，蒋介石得知这一情况后，大发脾气。他对张群命令道：“马上撤销卢汉云南省主席和绥靖公署主任的职务，让李弥和余程万代替。他的胆子也太大了，竟敢把抓到的人全都放了，这还了得！”

张群当时却对着怒不可遏的蒋介石微微一笑，摇摇头说：“这事主要怪李宗仁太专权。永衡身为云南主席，自然想息事宁人喽！但没李宗仁的批示，他也不敢这样干的。现在如果撤了卢汉，势必使云南局势更加混乱，这将影响到‘应变计划’的实施啊！”

蒋介石听了张群的话，稍微平静了一点，反问道：“依你的意思呢？”

“依我之见，还是不要撤换卢汉。我再去昆明一趟，说服卢汉尽快西迁。等胡宗南的部队赶到云南以后，再另做安排。目前只有极力稳住卢汉，让他与我们

张群（1889—1991）任国民政府行政院院长时照

一同实行‘应变计划’，方为上策。我的话，卢汉还是肯听的!”张群仍然在蒋介石面前力保卢汉。

蒋介石想了想，说：“目前共军距昆明还很远，而且云南还有李弥、余程万的部队，料他卢汉也不敢怎样。那就按你的意思办吧!”

“我了解永衡，他是不会投共的。他早已把钱财汇往国外，他的眷属也已去国外。他最多是丢弃云南往国外跑。”张群仍把握十足地说。他哪里知道，此时，卢汉早已做了大量的准备工作，随时都有可能率部起义。

张群由成都动身前往昆明之前，先给卢汉打了电话，劝卢汉设法尽快西迁。可是，卢汉则以西迁所需的汽油、安家费、遣散费尚无着落为由，为自己迟迟未西迁寻找借口。张群在电话中告诉他说：“委员长准备晋升你为西南军政长官，代替我的职务。”

不料卢汉却生气地答道：“不给钱，不给枪，莫说升我为西南军政长官，就是尊我为卢皇帝，我也没办法呀!”

张群对他这种强硬态度感到很吃惊，但仍心平气和地说：“委员长已向美国借款，很快将由菲律宾银行转汇到滇，枪支可由联勤总部拨给。这次委员长赶到成都，就是要解决云南的问题。你和李弥、余程万来一趟，向委员长把问题提出来，他一定会尽快解决的。”

可是卢汉推说身体有病，不能前往。最后，只好又让龙泽汇代替他，和李弥、余程万三人一起去成都面见蒋介石。

龙泽汇是卢汉夫人的弟弟，曾与滇边人民武装游击司令朱家璧是同窗好友，又是共产党理论家艾思奇的妹夫。他在东北时，因常与艾思奇鱼雁往来，险些被当成通共分子抓起来。回云南后，他在卢汉手下任过保安旅旅长和军长，直接替卢汉掌握兵权。此人思想左倾，对卢汉影响很大。特别是“三大战役”后，卢汉逐渐有了起义的想法，他便从中做了不少工作。他曾三次派人给朱家璧送枪支、弹药，并亲自去与朱家璧秘密会面过一次，共同商讨起义之事。他到成都后，只尽力敷衍蒋介石。

张群对卢汉未亲自来成都很不放心。他决心亲自到昆明。凭着他与卢汉的多年私交，来说服卢汉与中央采取一致行动，迅速西迁。

12 月 9 日中午，张群和龙泽汇、李弥、余程万四人同机来到昆明。与他们一同前来，准备第二天转机飞台湾的还有徐远举、成希超和保密局主管经费的经理处处长郭旭。因为当时很多国民党高级军政官员都聚集在成都准备逃台，可是机少人多，所以就让一批人先到昆明，再从昆明逃往台湾。

徐远举他们一下飞机就来找我，让我给他们准备第二天飞台的机票，并告诉我说，张群已到昆明，被接往卢公馆。

一听这消息，我心里就嗵地一下，猛地意识到事情可能发生突变。因为中午我就得到情报说，卢汉已下令控制机场，飞机只许进，不许出。

前几天，我曾去找卢汉，想商量西迁前在昆明进行一场大破坏之事。开始他拒不见我，后来我趁他乘汽车回家之时，紧跟在他车后，他一下车，我也下车迎上去，他这才不得不见我。当我谈到要炸毁昆明所有公用建筑和电厂时，他却摇着头说：“不要着急，以后再说吧！”

我这次是特为试探他而去的，见他如此态度，就说：“现在共军已从西北和华中向四川大举进军，我们撤走后，这些财产岂不留给了共产党?”

卢汉仍不紧不慢地说：“昆明这些公用建筑，建起来也不容易，还是不要破坏的好。如果昆明真的保不住了，再破坏也不迟嘛！”

当时，我对他的回答和一举一动都很疑心，而今天的情况就更让人怀疑了。另据情报说，保安团也已向碧鸡关等险要地带增防。这一切是否与张群的到来有关？张群的到来是否会促成卢汉提前起义？

我越想越觉得要出问题，心里焦躁不安，但又不便对徐远举等人明说。我陪他们三人去乐乡餐厅吃午饭时，徐远举看出了我有心事，我这才把自己的忧虑告诉他们。可徐远举却满不在乎地说："别太紧张，有张群在这里，料他卢汉也不敢轻举妄动!"

我对他的话也只是将信将疑。这时，他又问起我今后的打算。我告诉他，国防部已委我为中将云南游击总司令，只要昆明一失守，这道命令就马上公布，云南所有的军队和特务武装都由我统一指挥。我建议徐远举留下同我一起干，我宁愿让他当总司令，我听他指挥，当他的副手，因为我确实觉得有时候他的办法比我多。他沉思片刻，连连摆手说："不！他们本让我接替张群的工作，委我为西南军政长官，我都不干。到这个时候才来加官晋级，顶个屁用！我看你也趁早走吧!"

他的话真算说到我心里去了。谁说不是？按一般规矩，少将干五六年后，就可提升为中将，可我少将干了七八年，直到今天，才给我晋级为中将。而且毛人凤还执意不让我离开云南，一旦云南失守，即使来不及上山打游击，也得像王佐那样诈降，打入对方阵营，这不是明摆着让我去送死吗？但这些话我还不能说出来，于是我说："我一个人走了，跟我们这么多年的旧部和大批家属，怎么走得了呢?"

徐远举冷冷一笑，说："你管这些人，谁来管我们？这次他们可以坐飞机直飞台湾，把我们送到这里担惊受怕，这个教训还不够吗?"

我只好无可奈何地摇摇头，什么也没说。

就在这时，周养浩在机场附近打电话给我，说他刚下飞机，让我给他准备机票。我让他马上来找我，可他说什么也不肯，而要我把机票给他送去。从口气中不难听出，他如今就像惊弓之鸟。这也难怪，他奉命在重庆渣滓洞、白公馆屠杀了几百名革命者，如今又被推到这随时都可能爆发起义的昆明，怎能不让他提心吊胆？我只好尽量安慰他，并保证明天一定给他找张机票。其实，我心里也没把握。

下午，我把成希超和郭旭安排到皇后饭店休息。徐远举因要去他的朋友朱家材家过夜，故留了下来。我陪他吃完晚饭，正要送他出门时，突然接到一封张群邀我于当晚10点钟去卢汉家开会的通知。徐远举抢过去看了一遍，说："对，这是张群召开的会议，你看这图章就是他平日常用的。"

尽管这样，我仍不放心地说："你看我今晚去不去开这会？"

"去，当然要去！说不定张群带来了什么新的办法，你不去怎么能知道？即使没新办法，去摸摸情况也好啊！"

送走徐远举后，我越想越觉得事情不那么简单。我往其他部门的几个负责人那里打电话，看看他们是否也接到了开会通知。结果发现，得到通知的只有中央驻昆明的几个单位，而云南省地方所属的单位都未接到通知。我又直接往卢公馆挂了个电话找张群，想询问一下开会的内容，得到的回答却是："张长官正有事，不能来接电话，你有什么事，等10点来开会时再问吧！"

得到这样的回答后，我脑子里立即跃出这样一个念头：张群是不是被卢汉扣押了？这开会通知单上的图章，是不是被他们强用的？

想到此，我又马上给卢公馆对面的那个据点打了个电话，询问卢公馆是否有什么不正常的情况。负责监视的特务告诉我说，卢公馆正在举行盛大宴会，宴请驻滇各国领事，宾客如云，情况完全正常。

举行盛大宴会，在卢公馆是常有的事。可今天这个宴会，是卢汉有意放的烟雾弹，还是我自己太神经过敏？我想来想去，觉得不怕一万，就怕万一，根据卢汉扣留飞机、调动军队等情况看，他起义是完全可能的。

于是我急忙驱车赶到保防处，召开紧急会议。我把几天来所有情况的变化分析了一遍，认为形势严重。我与副处长胥光辅研究决定，如果我11点钟以后再不回来，而且也无电话，那就由他率领全处人员，携带文件、电台和仓库中的武器弹药等，前往二十六军军部。

布置好之后，我又分别给徐远举、郭旭打了电话，告诉他们情况随时可能发生变化，让他们提高警惕。随后，我又给毛人凤发出了最后一个电报："时局已发展到无法挽回之势，我当尽力而为之，如不成功，只有来生再见。"

这时，胥光辅和两路警务处处长苏子鹄，都焦躁不安地在沙发上抽着烟。我

一看表，已经是八点一刻了。于是我把身上的手枪、证件、钢笔等物都一一掏出来，交给胥光辅保存，自己只带了10两黄金在身上。

他俩默默地送我到汽车旁，紧紧地跟我握了握手。胥光辅拉着我的手说："我等你的电话。"

我默默地点点头，转身钻进汽车。可我立即又退了出来，对胥光辅说："把我这部新车给你用吧，有事可以跑快点，我开你的吉普车去。"

汽车在灯光昏暗的街道上慢慢行驶着，我边开车，边掏出烟斗吸了起来。此时，我心里七上八下的，知道此去凶多吉少。我想到，如果此刻不去开会，而直接到二十六军军部去，情况一旦有变，我便能安全地逃出昆明。如果情况正常，余程万回来后，我也能知道开会的内容。但是，我只身逃出后会怎么样呢？我把所有的人和东西都扔下逃走，毛人凤能饶我吗？我即使逃到香港，毛人凤也会派特务到香港去暗杀我，那样不仅自身难保，而且还可能祸及妻儿老母。看来，逃是逃不得的。那么去开会，万一卢汉起义了，我怎么办？真的像毛人凤所说的那样诈降？先保存实力，以后伺机东山再起？不！不行！蒋介石百万大军都被共产党打败了，我一个人顽抗到底，岂不是螳臂当车？若真降吧，我又如何对得起戴笠和蒋介石多年的栽培重用？已经送到香港的老母妻儿又怎么办？毛人凤岂能饶过他们？想来想去，我觉得自己已经是无路可走了，眼下只有先去开会，再随机应变。

我边想边开车，不觉来到了卢公馆旧宅的大门口。我并没有把车开进去，而是慢慢地开过大门，再顺街道继续往前开，以仔细地观察卢公馆内和四周的情况。看来一切正常，卢汉招待各国领事的宴会还没有结束，卢公馆里灯火通明，大客厅那垂着帏幔的落地玻璃窗上还映出幢幢人影，花园里也停放了不少小汽车。

我又绕到翠湖东路卢汉的新公馆。此公馆与旧公馆相连，有一小门相通，但大门却是对着另一条马路。我到大门外，也仔细观察了一下动静，觉得一切正常，才把车子开了进去。

不料我刚要下车，就瞅见过道暗处有两个持枪的卫士。我心里一惊，迅速地退到驾驶台上，准备把车倒出去。可是就在这一瞬间，大门已经关闭了。我全明白了，只好无可奈何地下了车，往客厅走去。

刚走到大客厅门口，就见张群一人垂着头坐在沙发上。我刚要向他走去，就被过道旁的一个卫士拦住说："请到前面会客室休息。"

我看了看警卫，又看了看张群。只见张群已闻声抬起头，冲我滑稽地两手一摊，舌头一吐，同时还耸了耸肩，一副毫无办法的样子。我知道事情已经无法收拾，就急忙去抓过道上的电话机，当下又被那警卫拦住了。他客气地说："对不起，电话线断了。"这时我已相信，自己被软禁了。

警卫领着我从小门来到卢公馆的旧宅会客室里。这是一个只能容纳十多个人的小客厅，猛看是一片古铜色——古铜色沙发、古铜色地毯，只有窗帘是深黄色，整个客厅显出一种典雅、舒适的情调。

我走进客厅时，看见李弥和余程万等人都来了，只有空军副司令沈延世还未到。先到的人好像还并未感到事情的严重，都在抽烟、聊天，见我进来还客气地打招呼。我刚想把自己的看法说出来时，沈延世匆匆地走了进来。他递给李弥一封电报，说："这是总裁下午 5 点通过空军电台转拍的限即刻到的电报。"

李弥接过一看，顿时怒目圆睁，恼怒地把电报往地下一摔，指着沈延世质问道："你为什么不早通知？"

沈延世自知理亏，低声答道："当时我找不着你们，以为晚上开会可以碰到，所以没再找。"

李弥一听更气了，指着沈延世的鼻子说："你！你贻误军机，你知道不知道？"

沈延世也生气了，不服气地说："我又不是故意的，你喊什么？"

我捡起电报一看，不觉轻声念道："速通知李、余二军长返防，立即率部向昆明进发，务必迅速遵办。蒋介石。12 月 9 日。"

在座的听我这样一念，都惊愕地瞪大了眼睛。李弥、沈延世仍然在争吵，大家无可奈何地劝解说："事已至此，吵有何用？还是等卢汉来了再说吧！"

就在这时，墙上的挂钟当的响了一下，大家不约而同地看着挂钟，此时已是 9 点半了。

“卢主席怎么还不露面?”不知谁问了一句。是啊!卢汉向来开会总是很早就到的，今晚为何不露面?

这时，许多人都明白发生了什么事。二十六军师长石补天走出客厅，看见几个持枪的士兵在过道上走动。他迅速地闪到过道边面对花园的窗户前，想越窗而逃。可他双手刚一按到窗沿上，一个士兵立即走过来说：“石师长，请回客厅去!”

石补天气冲冲地回到客厅说：“他娘的，我们被软禁啦!”

在座的人都紧皱双眉，一言不发，低头猛抽香烟。只有李弥使劲地捶着沙发扶手，恨恨地瞪着沈延世。

大约又过了两个多小时，卢汉的警卫营龙营长带着14个持手枪的士兵进入会客室，毫不客气地说了声“奉命检查”，便每两个士兵看住一个，龙营长亲自搜查。

可能他认为我最年轻、最难对付，所以第一个就是搜查我。他在我身上搜查了一遍，除了10两黄金之外，竟一无所获。龙营长急躁地问我：“你天天挂在身上的手枪在哪里?”我笑着说：“早放在家中，才来开这个‘会’的。”我心里明白，当时只要一反抗，他们就会立即开枪，先打死我。“好汉不吃眼前亏”，我索性双手高举，任他们全身搜遍。

突然，啪的一声枪响，我不由得一惊，心想，卢汉要在这间豪华的客厅解决我们了。我知道反抗已无济于事，就把眼睛一闭。随后，却听到龙营长训斥士兵的声音，才知道原来是一个士兵不小心，枪走了火。我睁眼一看，地板被打了个窟窿。

搜查完毕，龙营长带着士兵走了。我们七个人都气愤地坐在沙发上，有的紧握着拳头，恨得咬牙切齿；有的用拳头捶打着沙发扶手，发泄心中的恼怒。我咬着牙，紧紧地抓住沙发扶手，恨不得一下把它捏成粉末。尽管我有充分的思想准备，但事到临头，仍然觉得受了很大的侮辱似的，后悔自己对情况估计不足。

当夜两点半左右，卢汉的副官把李弥、余程万叫了出去，坐上汽车走了。我以为是分别拉出去解决掉，心想，自己才36岁，就这样轻易地死了，实在有点不甘心。可是不甘心又有什么办法呢？死就死吧，这样倒也能落个“忠君报国”的“美名”。片刻，卢汉的副官又把我和宪兵司令部代司令李楚藩带上了汽车。看到汽车一直往五华山省政府办公大楼驶去，我这颗悬着的心才放了下来。

下车后，我们被带到四楼卢汉的办公室。进去一看，李弥正在和张群的秘书处长周君亮谈话。周君亮告诉我们说，张群到昆明后，卢汉根本没与他见面，就把他软禁在自己家中，张群的随员都被扣留在五华山卢汉的办公室。卢汉派人把张群的图章抄走后，便给我们发了开会通知。大家这才明白自己上了卢汉的当，都愤愤地骂了起来。

这时，几个看守走了进来，请我们休息。我一看，办公室里摆了几张行军床，床上放着干净的新被褥，便脱去上衣往床上一躺。李弥见了，走过来不由分说地踢了我一脚。我故作不解地问：“你干什么？”他气愤地说：“这么严重的情况，不好好商量，你还睡觉？”我笑着说：“要杀头也是明天的事，让睡就睡！”因为我知道，在这种情况下是商量不出什么结果来的。同时，我用手指了指窗

卢汉公馆

1949 年 12 月 9 月，卢汉在五华山光复楼通电全国，宣布云南起义。

外，示意有人在监视我们。李弥这才没有再作声，恨恨地坐在沙发上生闷气。

我躺在床上，佯装睡觉。其实，哪里睡得着呢？局势已到了无法挽回的地步，自己还这么年轻，上有老母，下有妻儿，难道和蒋家王朝一同覆灭了不成？想起戴笠死后，毛人凤等人排挤我的事情，想起大难当头，毛人凤等人又把我推到第一线，他们却逃之夭夭的情景，心里不免有些愤恨。我想，若戴笠活着，他绝不会把我丢下来收拾这个烂摊子。现在名义上是委我重任，实际上是把我钉死在这里，若能守住云南，他们坐享其成；若守不住云南，我就是个替罪羊。

我又想到，眼下摆在我面前的只有三条路：一条是顽抗到底，以死相拼；另一条是假起义，真反共；再一条是真起义，把一切都交出来，彻底与国民党断绝一切联系，立功赎罪。我还想到，第一条路自然是必死无疑。第二条路有可能活着逃出去，也有可能未逃之前被发现。可是逃出去，毛人凤不会饶我；逃不出去，被发现了，共产党也不会饶我，到头来还是死路一条。而且这两条路无论走哪一条，毛人凤都会以我的死去到蒋介石面前夸口："看，我手下的人个个都是对党国忠心耿耿的！"让毛人凤用我的死换来取悦蒋介石的资本，我才不干！我恨透了毛人凤，不是他，我何以落到如此地步？我为什么要为毛人凤去送死？越想我越觉得自己只有走第三条路：真起义，真投降。只有这样才是一条生路。

主意一定，我的心反而坦然了。我准备亲自号召云南省 300 多公、秘单位的特务以及他们统率的特务武装部队，放下武器，交出电台和一切文件、器材，随

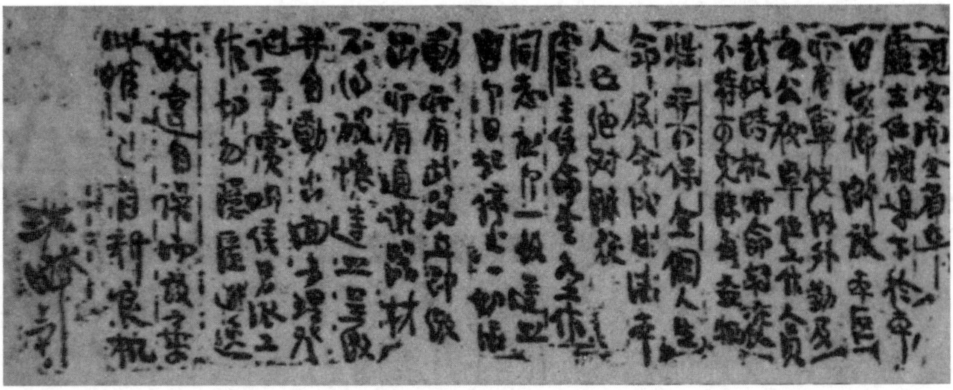

沈醉手令

我一同起义，并把我在上海藏匿的一些枪支、电台的地址供出来。我还想到当天中午才到昆明的四个老朋友徐远举、郭旭、成希超、周养浩，想把他们也交出来。因为卢汉控制了机场，他们已无法逃台，而且他们对昆明的情况根本不熟悉，若乱跑出去，弄不好就会被保安团抓住打死，还不如与我们一道参加起义。

第二天早上，士兵把我押到二楼的一个会议室。卢汉的民政厅厅长杨文清递给我一张拟好的起义电文，让我在上面签字。我看了一遍之后，觉得这种行文不符合我们特务的行文习惯，部下一看就会知道不是我的意思。于是我对杨文清说："这样不行！还是我亲自起草一个电文吧！"

杨文清看了一眼我四周那些荷枪实弹的士兵，说："在这种时候你自己越写越乱，还不如就在上面签个名。"

他哪里知道，我早已胸有成竹。我告诉他说，这种行文即使签了名，也起不了作用，还是我自己写为好。杨文清只好递给我一支毛笔和一张十行纸。我不慌不忙地把纸铺开，提笔一挥而就：

现云南全省在卢主任领导下，于本日宣布解放。本区所有保密局内外勤及各公秘单位工作人员，趁此时机听命转变，不特可免除无益牺牲，并可保全个人生命及今后生活。本人已绝对服从卢主任命令，各工作同志应即一致

遵照。自即日起停止一切活动，所有武器立即缴出，所有通讯器材不得破坏，遵照呈缴并自动出面办理登记手续，听候另派工作，切勿藏匿逃逸，故违自误，而放弃此唯一自新良机。

沈　醉

十二月十日

他们看到我亲笔写的手令后，非常高兴，后来还把这手令制成锌版，大量印发，到处张贴。这个手令在 12 月 11 日的《云南日报》第一版上刊登出来之后，广播电台又连续广播了三天，好让分散在各处的特务都能看到、听到。

当我如释重负地从三楼回到四楼时，看到李弥正伏在窗口。他一见我便热泪横流地说："你看，闹成这个样子，我们怎么对得起人？不如死了算啦！"说完就准备从四楼窗口跳下去。我忙走过去，一把抱住了他。经过再三劝慰，他才慢慢平静下来，气愤地说："他妈的，要起义，老子自己不会起？要等别人牵着鼻子干？"这时，我也只好摇头叹气，无言以对。

事情并不像卢汉他们想象的那么简单。起义通电发出的第三天，二十六军和第八军不但没有按起义通电的要求服从卢汉的指挥，反而开始了对卢汉的进攻。二十六军从东南方向开始向昆明进攻，第八军驻在大板桥的一个补充团也与卢汉的保安团打了起来，形势越来越紧张。这时，卢汉公布了李弥和余程万为云南临时军政委员会的委员，但是局势并没因此缓和下来。

一天上午，云南保安旅旅长龙泽汇陪李弥的妻子来见李弥，并传达了卢汉希望李弥命令部下不要攻打、听候改编的意见。李弥按卢汉的意见写了一封信，交给他的妻子，送到大板桥去。当天下午，李弥的妻子就回来了，并带来了一封复信，信中表示愿意接受李弥的命令，并提出让李弥本人早日返回部队的要求。李弥把信交给了杨文清，杨文清便拿着这封信送给卢汉去了。

等杨文清他们一走，李弥的妻子见室内没有旁人，便把自己的旗袍掀起，向李弥示意。李弥俯身一看，原来在他妻子的旗袍里子上，用毛笔写了几行小字。这也是李弥部下给他的一封信，内容却与刚才那封完全相反，说全军官兵表示：

不但不准备停止进攻，而且要竭尽全力攻打昆明，救出李弥。

第二天，二十六军和第八军果然集结了所有部队向昆明进行猛烈袭击。在不得已的情况下，卢汉便将李弥和余程万放了出去。二十六军还是不罢休，一定要师长石补天返回部队，卢汉只好又把石补天也放了出去。他们出去之前都满口答应，归队后，一定制止部队攻打昆明。然而出去后，部队不但没有停止对昆明的进攻，反而打得更加激烈了。这两个军的装备和人数，都远远超过卢汉的几个保安团，形势越来越紧迫，昆明眼看就要被攻下了。卢汉怕我们出去后会与李弥等一起攻打昆明，就继续把我们软禁在五华山省政府办公大楼里。

12 月 19 日上午，台湾派来的飞机开始轰炸五华山，卢汉已做好了随时突围的准备。因为怕昆明被攻破时带着我们突围会增加麻烦，他便将我和李楚藩、沈延世（国民党空军五军区副司令）、童鹤莲（宪兵西南区司令部副司令兼参谋长）四人移送到了钱局街陆军模范监狱。由于飞机不断地轰炸五华山，我们也乐意离开那里，免遭不测。

尽管李弥等实力雄厚，但卢汉在云南人民的全力支持下，终于击溃了他们的进攻。加上人民解放军已经向云南挺进，李弥只好率部仓皇逃往滇缅边境，后来还在边境骚扰了多年。

1950 年 3 月，人民解放军进驻昆明后，实行了军管。而卢汉为报答张群以往的恩情，在起义之后擅自放走了张群，打乱了周总理想用张群换回张学良的计划。卢汉因而怕共产党不能原谅他，于是在办理移交时，把我们在陆军监狱的人全部当成要犯，交给了昆明军管会。当时，我对这些情况一点也不知道，还满以为我的绝大部分部下已按我的手令将电台、武器都交了出来，并没有参加李弥和余程万的反攻战斗，现在战局平定了，我的问题总该得到处理了吧。

我 18 年的特务生涯至此结束。